Monumente
Großer
Kulturen

Islam

Monumente
Großer
Kulturen

Islam

Vorwort von
John Johansen

Text von
Umberto Scerrato

Kunstkreis Verlag
Luzern – Stuttgart

Frontispiz:
Samarra (Irak). Das außerhalb der Umfassungs-
mauern stehende Minarett der Großen Moschee
des al-Mutawakkil, das unter dem Namen «al-
Malwija» (die Spirale) bekannt ist.

© *1972 by Mondadori, Milano/Kodansha, Tokyo*
© *1972 by Kodansha Ltd., Tokyo, für die Illustrationen*
© *1972 by Mondadori, Milano/Kodansha, Tokyo, für den Originaltext*
Titel der italienischen Ausgabe:
Grandi Monumenti, Islam. Milano 1972
Alle Rechte der deutschen Ausgabe vorbehalten:
© *1974 by Hasso Ebeling Verlag, Luxembourg*
ISBN 3-921195-05-5
Deutsche Übersetzung: Julia Schlechta, Jugenheim/Bergstraße
Typographie: Wolfgang Dohmen, Frankfurt am Main
Printed in Italy by A. Mondadori Editore, Verona
ISBN 90 6017 415 1

Vorwort von John Johansen

Der Leser soll wissen, daß das Vorwort zu diesem Buch über Bauten der Vergangenheit nicht von einem Gelehrten stammt, sondern von einem praktisch tätigen Architekten.

Architektur ist alles in allem eine dem Menschen dienende Kunst. Wenn man die Grundvoraussetzung, ihn unterzubringen, ausschließt, so gibt es für die Architektur keinen Anlaß, keinen Inhalt und keine Leistung. Zu Beginn der vom Menschen gestalteten Umwelt schuf die primitive Gesellschaft den Pfad, die ebene Terrasse sowie Einhegung und Dach, die aus Erdbrocken, Zweigen und Gras errichtet wurden. Schon früh treten dann die architektonischen Prototypen in Erscheinung: Grab, Tempel, Palast und Festung, – noch heute gibt es sie bei uns. Es hat nicht lange gedauert, bis der Mensch seine Bauten mit Gefühl und Ausdruck, mit Ornamentation und Stil zu gestalten begann.

Bauen wird zur dienenden Kunst, wenn für den Bewohner über den praktischen Zweck hinaus eine Unterkunft geschaffen wird, die für seine Zeit und ihre Lebensbedingungen charakteristisch, angemessen und ausdrucksvoll ist. In einer klaren, zuverlässigen, wirksamen und spannungsreichen Lösung dieser Aufgabe liegt demnach die Schönheit der Architektur. Der unmittelbare, visuelle Eindruck eines Baus mag noch so blendend sein, er kann trügen, wenn das Gebäude nicht seinen Zwecken entspricht.

Bauten können in gewissem Sinne als Erweiterungen des Menschen angesehen werden. Betrachten Sie für einen Augenblick Gebäude und Bewohner als eine Einheit, und sehen Sie im Bewohner das lebendige, kinetische Element, das den Bau ergänzt. Die Moschee erfüllt sich mit Leben, wenn eine Prozession durch das große Portal einzieht; der weite Hof wird lebendig, wenn sich die Massen der Gläubigen versammeln; das fließende Wasser bekommt hohe Bedeutung in den religiösen Reinigungszeremonien, – Gebäude und Bewohner sind nicht zu trennen.

In einem anderen Sinn kann man Architektur als Umweltkunst bezeichnen. Laut Definition ist Umwelt «die Summe aller äußeren Bedingungen und Einflüsse mit Wirkung auf Leben, Entwicklung und Verhalten eines Lebewesens», in diesem Fall des Lebewesens Mensch. Architektur ist vom Menschen konzipierte Umwelt, durch die das Verhalten des Menschen beeinflußt werden soll. Sie schafft den Rahmen, um menschliche Ereignisse so zu gestalten, daß das Leben, die Verhaltensweisen und die gesellschaftliche Situation eine klarere Deutung erhalten. Die im Laufe der Zeiten immer wieder von neuem geformten architektonischen Prototypen sind ein Beweis dafür. Der Leser wird aus den Bildern und durch textliche Hinweise erkennen, daß die Festungen aus Angst und Mißtrauen errichtet worden sind, daß die Gräber im Glauben an das ewige Leben gebaut wurden, die Tempel der Besänftigung der Götter gedient haben und die Paläste Reichtum und Macht kundtun sollten.

Die universale und nicht endende Anteilnahme an diesen menschlichen Ereignissen und Erfahrungen verbindet die gesamte Menschheit und alle Architekturen. Wir können die Bauten der Vergangenheit nicht als leere Schalen betrachten, auch wenn sie aufgegeben oder für uns heutige Menschen unbrauchbar sind. Ein eben erst vollendeter Bau, der nicht unmittelbar Nutzen oder Befriedigung bietet, kann, kaum entstanden, schon tot sein, während ein Jahrhunderte altes Gebäude für uns noch voller Leben sein kann, wenn wir empfinden, daß es einmal, zu seiner Zeit, gute Dienste geleistet hat.

Ein weiterer verbindender Faktor aller Bauten in der Vergangenheit und Gegenwart ist die Bautechnik. Wenn zum Beispiel ein Ort öffentlicher Zusammenkünfte abgeschirmt werden soll, – welche Konstruktionsmöglichkeiten hat der Architekt für das Dach, wenn er die Bautechnik seiner Zeit beherrscht? Es bedeutet für den Laien keine technische Überforderung, Druck und Schub eines Bogens, eines Gewölbes oder einer Rippe nach unten und in seitlicher Richtung gegen Pfeiler und Verstärkungen bis zum Boden hin zu verfolgen. Er kann sich mit den Traditionen des islamischen Ziegelbaus vertraut machen, kann Kenntnisse über die Steinbearbeitung oder die Fliesenherstellung gewinnen und kann das System der sich schneidenden Bogen oder der Pendentifs begreifen, mit denen der Übergang vom quadratischen Grundriß des Unterbaus zum Rund der Kuppel ermöglicht wird. Ist man imstande, das Wirken der Kräfte im Bau zu erkennen, dann hat man für die Schöpferkraft und die Befriedigung aller Architekten in allen Zeiten Verständnis gewonnen.

In diesem Buch wird der Leser nicht nur den vier architektonischen Prototypen begegnen, sondern er wird auch ihre wesentlichen Bauelemente kennenlernen, und er wird erfahren, wie und wofür die Bauten errichtet wurden. Um die Moschee begreifen zu können, muß man eine Vorstellung vom islamischen Kult haben. Die Heiligkeit Mekkas als geistiges Zentrum der islamischen Welt hat nicht nur zu den Pilgerfahrten geführt, sondern hat die Orientierung aller Moscheen bestimmt. Auf diese Vorstellung ist der «Michrab», die in jeder Moschee zu findende Nische, zurückzuführen; sie sollte das Symbol für Mekka sein. Für die in der Pflicht des gemeinsamen Gebets zusammenkommenden Menschenmassen hat man geräumige, ummauerte Bezirke und Hallen mit vielen Stützen gebraucht. Minarett und Turm haben nicht nur als Schmuck gedient, sondern halfen den Reisenden sich zu orientieren. Aus dem Ritual sind auch der «Minbar», der Predigtstuhl, sind Koranpult und Reinigungsbrunnen zu erklären.

Auch der Lauf der Geschichte läßt sich aus der Gesamtheit der hier vorgestellten Bauten erkennen, vor allem wie sich der Bereich des islamischen Einflusses im Mittelmeerraum und im Nahen Osten erweitert, beziehungsweise verringert hat.

Daß eine Kultur die Werke der vorangegangenen zerstört und wiederbenutzt hat, dafür gibt es genügend Beweise. Schön geschnittene Steine, sogar Skulpturen sind zuweilen für neue Fundamente oder als Füllmaterial verwendet worden. Die in sieben Schichten übereinander gebauten Städte von Troja sind dafür vielleicht das eindrucksvollste Beispiel. Der Islam hat sich mit dem frühen Christentum den Reichtum an römischen Säulen und Kapitellen geteilt, die von dem ausgedehnten Imperium übriggeblieben waren. Uns sind aber auch hinduistische Steinskulpturen bekannt, die in Indien in islamische Bauten eingegliedert wurden.

Den erregendsten Aspekt in der Geschichte der Architektur bilden für mich die bilateralen oder multilateralen Beziehungen zwischen verschiedenen Bautraditionen. Ein Beispiel dafür ist die Stabkirche der christlichen Wikinger als Vorläufer der romanischen normannischen Steinkirchen. Der Einfluß, den die burgundische Romanik durch die Wallfahrtskirchen auf die Architektur des 12. Jahrhunderts in Frankreich ausgeübt hat, ist ein anderer. Der Einfluß von Byzanz auf Rußland ist ein weiteres Beispiel. Im Falle der islamischen Baukunst kann man die Einflüsse am besten durch das Studium der regionalen Stile erkennen. Nach außen wirken sich die Beziehungen von Mekka nach Istanbul, von Nordafrika nach Spanien, vom Iran nach Indien aus. Im allgemeinen handelt es sich um kulturelle Einflüsse; in der Baukunst finden sie darin ihren Ausdruck, daß die Baumeister ihre Entwürfe für eine bestimmte Lebensart, für die Verteidigung und für eine besondere Form des Kults schaffen müssen. Im Inneren der islamischen Welt sind in diesen Wechselbeziehungen regionale Eigenarten fremder Kulturen, sind deren handwerkliche Fertigkeiten und künstlerische Überlieferungen bei den islamischen Bauten übernommen worden. Die frühen ägyptischen Moscheen sind aus Ziegeln erbaut, sind verputzt und bemalt; die byzantinische Tradition hat die Weiterverwendung von kostbarem Marmor verlangt und Schmuckleisten aus Metall sowie Mosaiken. Warum aber ist im westlichen Teil der islamischen Welt die Vielstützenhalle verglichen mit dem offenen Hof größer geworden? Warum hat es in Persien eine Vorliebe für große Flächen mit kontinuierlichem Ziegelornament gegeben? Oder warum ist in Indien im allgemeinen der polychrome Dekor zugunsten bearbeiteter Flächen aus Naturstein verworfen worden? Ich bin nicht genügend gelehrt, um alle diese stilistischen Variationen erklären zu können, und mein Anliegen ist auch weniger der Stil. Für mich liegt das Erregende am Studium der Architektur in dem, was sich hinter den Stilen verbirgt. Wieder tauchen Fragen auf: Wer sind diese Baumeister gewesen, welche lokalen Handwerker haben für sie gearbeitet, welche Architekten sind vielleicht aus einem anderen Gebiet verpflichtet worden? Wie stand es um die klimatischen Unterschiede und wie um die rassischen Verschiedenheiten? Was wissen wir von der Kommunikation: Wie verliefen die Karawanenstraßen, wo gab es Handelsposten, und wo befanden sich die Zentren der Macht?

Inhalt

Einleitung

In einer langsamen, tausendjährigen Wanderbewegung haben die Beduinenstämme Arabiens unter wechselhaftem Geschick die Grenzen des «Fruchtbaren Halbmondes» bedrängt, jenen Streifen Land, der im Regenfeldbau genutzt werden kann, die Wiege antiker Kulturen, der sich halbkreisförmig von Osten nach Westen spannt, zuerst in Richtung der Flüsse Euphrat und Tigris hinaufzieht und schließlich entlang der Küsten des Mittelmeeres verläuft, wobei er die syrisch-mesopotamische Wüste, die im Süden in die der arabischen Halbinsel übergeht, umfaßt. Gegen diesen Druck, der von Zyklen völkischer Wachstumskrisen auf der arabischen Halbinsel ausgelöst und durch Hoffnungen auf Beute in den reichen Siedlungen geleitet wurde, hatten diese wirksame Gegenmaßnahmen organisiert, indem sie entweder einen Streifen des semiariden Landes zum Schutz der dichtbesiedelten Gebiete erschlossen oder die arabischen Stämme durch Beteiligung am intensiven Handel, der mit seinen Karawanen dieses Gebiet durchquerte, sozial zu befriedigen suchten. In der antiken Welt, das heißt dem größten Teil der damals bekannten Welt, war man auf diese Handelswege angewiesen. Um die Mitte des 7. Jahrhunderts nach Christus nahm dieser Druck jedoch derart zu, daß er dauerhafte Veränderungen herbeiführen sollte. Es gab nicht mehr nur die Überfälle der häufig untereinander verfeindeten Stämme, die in ihre Gebiete zurückkehrten, wenn sie in lokalen Einsätzen ihre Angriffswut ausgetobt hatten oder sich doch auf die eine oder andere Weise in den Kreis der großen Herrschaftsbereiche des «Fruchtbaren Halbmondes» einbeziehen ließen, sondern alle Stämme vereinten ihre Kraft und überfielen mitleidlos diese Gebiete uralter Kultur, welche damals zu Byzanz oder dem Sassanidenreich gehörten. Innerhalb weniger Jahre verlor das byzantinische Reich den größten Teil seiner asiatischen Besitzungen und außerdem sämtliche Gebiete in Afrika. Das Sassanidenreich wurde vernichtet.

Die arabischen Stämme hatten in einer neuen Religion demokratischer Gesinnung einen Zusammenhang gefunden, der sie - zumindest vorübergehend - ihre alten Gegensätze vergessen ließ, eine Religion, die das gesamte Leben des Einzelnen bestimmte, ihn entweder auf geistiger oder sozialer und politischer Ebene in die Gemeinschaft eingliederte und damit die Möglichkeit schuf, daß sich eine Art theokratischen Staates bilden konnte. Es war der Islam, die letzte unter den großen Religionen der Geschichte, die von Mahomet verkündet worden ist (Mohammed, «der Gottgesandte», «das Siegel der Propheten»). Im Verlauf von zwanzig Jahren - etwa von 612 bis zu seinem Tod im Jahre 632 - hatte Gott ihm sein Wort und sein Gesetz kundgetan. Diese Offenbarungen sind später im *Koran* (Rezitationsstück), dem heiligen Buch des Islam, gesammelt worden und sind dem Dogma nach nicht geschaffen, sondern in Anwesenheit Gottes und von ihm selbst offenbart worden. Der Islam ist eine absolut monotheistische Religion, was in der Formel des Glaubensbekenntnisses, der *shahada* klar formuliert ist: «Es gibt keinen Gott außer Allah, und Mohammed ist von Gott gesandt». *Islam* bedeutet «Ergebung in den Willen Gottes» und bestimmt demzufolge das gesamte Leben des *muslim* (der, der dem Islam angehört, - woraus vom Persischen über das Türkische unsere Bezeichnung *Muselman* entstanden ist). Die Glaubensquellen des Islam oder die Gesetzesquelle *sharia* (der gerade Weg, der eingeschlagene Weg) sind in erster Linie der *Koran* und die *Sunna,* letztere bedeutet die «Handlungsweise» des Propheten, die aus den ihm zugeschriebenen Aussprüchen und Entscheidungen abgeleitet ist, welche in den *hadith* (der Überlieferung) zusammengefaßt sind und nach dem vom Koran bestätigten Grundsatz der *imitatio Muhammadis* eine Glaubensquelle darstellen.

Mohammed stammt aus einer Kaufmannsfamilie aus Mekka, den Banu Hashim, die dem Klan der Koraisch *(quarishita)* angehörte. Mit seiner Verkündung begann er in Mekka, wo er eine kleine Anhängerschaft von überwiegend sozial Niedrigstehenden um sich sammelte, die von der in Mekka herrschenden Aristokratie heftig bekämpft wurde, bis sich Mohammed entschloß, Mekka zu verlassen und nach Jathrib zu gehen, das später Medina genannt wurde *(Medina an-Nabi,die*

«Stadt des Propheten»). Dies geschah im September 622, und mit der *Hidschra*, das heißt der «Auswanderung» setzt die islamische Zeitrechnung ein. Mit großer politischer Begabung gelingt es Mohammed, in Medina eine Gemeinde zu schaffen, die von einem Rat regiert wird, in dem die verschiedenen Volkselemente gemeinsam vertreten sind; damit hat er die alten, auf Verwandtschaft beruhenden Stammessitten gebrochen. Daß «die Gläubigen des Stammes der Koraisch und jene von Medina sowie die, die ihnen folgen, sich mit ihnen verbinden und gemeinsam mit ihnen kämpfen, ein einziges Volk seien, das sich von allen anderen Menschen unterscheide» bestimmt Mohammed im ersten Kapitel seiner «Verfassung von Medina». «Eine religiöse Vorstellung vom Volk als Gemeinde, *umma*, geschaffen nach göttlichem Plan und von Gott geleitet, der sich durch seinen Propheten kundtut» (A. Bausani), setzt sich hier durch. Im Jahre zwei der Hidschra bestimmt der Prophet, daß die Gebetsrichtung, die Kibla *(qibla)* nicht mehr nach Jerusalem sondern zur Ka'aba von Mekka ausgerichtet sei, einer Kultstätte, die der Urvater Abraham geschaffen habe, der als erster an einen einzigen Gott glaubte, und die nur im Laufe der Zeit zur Stätte eines Götzenkults geworden sei. Daß Mohammed die Ka'aba von neuem Allah geweiht hat, ist mit Recht als eine seiner genialsten und revolutionärsten Handlungen gewertet worden. Damit hat er das uralte Heiligtum der Väter und demnach auch die vorgeschriebene Pilgerfahrt nach Mekka dem Islam integriert, nämlich die beiden wesentlichen Aspekte des panarabischen Heidentums, und er brauchte nicht mehr als Rebell, sondern konnte jetzt als Reformator auftreten, den Gott mit der Reinigung der gemeinsamen Kultstätte aller arabischen Völker beauftragt habe. Im Jahre 630 zieht er siegreich in Mekka ein und gewinnt für seinen Glauben ständig wachsende Scharen von Anhängern in ganz Arabien. Sein theologisch einfaches Glaubensbekenntnis mit seiner Botschaft der Gleichheit ist leicht zu verstehen. Der Islam ist in der Shahada kurz und bündig und beruht auf den «fünf Säulen»: dem Glaubensbekenntnis *(shahada)*, dem vom Ritus vorgeschriebenen Gebet «Salat» *(salàt)*, dem Spenden von Almosen «Sakat» *(zakaàt)*, dem Fasten im Monat Ramadan «Saum» *(sawm)*, der Pilgerfahrt nach Mekka «Haddsch» *(hajj)* und hinzukommt noch die Pflicht zum Heiligen Krieg, «Dschihad» *(jihàd)*, gegen die Ungläubigen, wozu der Koran häufig auffordert. Die Welt ist in zwei Teile geteilt, den «Sitz des Islam», *dar al-Islam,* und den «Sitz des Krieges», *dar al-harb,* wohin die Heiden und das «Volk des Buches», Juden und Christen, gehören. Die Heiden müssen nach islamischer Vorstellung entweder erschlagen werden, oder sie sollen sich bekehren lassen. Judentum und Christentum sind als Staatsreligionen bis zur Unterwerfung zu bekämpfen, danach kann man ihnen gegen Tributzahlungen *(jizya)* Religionsfreiheit gewähren; sie werden allerdings einem niedrigeren sozialen Stand zugerechnet, aber durch Personalstatut geschützt *(dhimma).*

Bei Mohammeds Tod droht der kleine von ihm gegründete Staat, der neben Mekka und Medina im Hidschas noch einen beträchtlichen Teil der Beduinenstämme Arabiens umfaßt, zusammenzubrechen. Der Tod des Führers läßt die alten Stammesfehden wieder aufbrechen, – die berüchtigte *ridda* (Sezession) ist da. Mohammed hatte bei seinem Tod keine Nachfolger hinterlassen, und die Gemeinde nimmt sich einen Führer, einen Kalifen, das heißt einen Stellvertreter des Propheten als Wahrer und Vollstrecker des Rechts und zeitweiliges Haupt der Gemeinde. Der erste Kalif ist der tatkräftige Abu Bekr, ein Schwiegersohn Mohammeds. Ihm folgte durch Designation im Jahre 634 'Omar I. Dieser hat in den zehn Jahren, während der er die islamische Gemeinde bis zu seinem Tod im Jahre 644 leitete, die Grundlagen für den künftigen islamischen Staat der ersten Jahrhunderte gelegt. Er hat die Gelegenheit zu nutzen gewußt und hat die ungestümen Energien der Beduinenstämme über die Grenzen Arabiens hinausgelenkt zur Erweiterung des Dar al-Islam; religiöser Eifer für den Heiligen Krieg sowie die Aussicht auf reiche Beute wurden zum Ansporn. In kürzester Zeit geriet, wie bereits erwähnt, das byzantinische Reich in größte Schwierigkeiten, und das Reich der Sassaniden wurde zerstört. Syrien und Palästina werden schnell besetzt, 635 fällt Damaskus, und in der Schlacht am Jarmuk, einem Nebenfluß des Jordan, wird 636 die byzantinische Armee geschlagen. Jerusalem wird 638, Caesarea 640 eingenommen. In den Jahren 640/41 wird Ägypten erobert, und

Die rechte Frömmigkeit

Die Gerechtigkeit besteht nicht darin, daß ihr das Gesicht nach Osten oder Westen (beim Gebete) richtet, sondern Der ist gerecht, der an Gott glaubt und an den jüngsten Tag und an die Engel und an die Schrift und die Propheten, und mit Liebe von seinem Vermögen gibt den Anverwandten, Waisen und Armen und Pilgern, überhaupt Jedem, der darum bittet; der Gefangene löset, das Gebet verrichtet, Almosen spendet, der da festhält an eingegangenen Verträgen, der geduldig Noth und Unglück und Kriegsgefahr erträgt; Der ist gerecht, Der ist wahrhaft gottesfürchtig.

[Koran, Sure 2, 177]

das einstmals römische Babylon am Nil fällt in die Hände der Araber. Später entstand in seiner Nähe das heutige Kairo (das von den Arabern nach dem Namen seiner Schutzwehr *fossatum* al-Fustat genannt werden sollte). Im Jahre 642 findet schließlich die Übergabe von Alexandria statt. Gleichzeitig werden die iranischen Gebiete angegriffen: mit dem Sieg von Kadisija bei Hira wird die sassanidische Armee im Jahre 636 oder 637 in die Flucht geschlagen, jetzt fallen die arabischen Heere in das babylonische Gebiet ein und besetzen Ktesiphon; 641 oder 642 entscheidet die Schlacht von Nehawend bei Hamadàn das Los des Sassanidenreichs, und damit liegt die iranische Hochebene für die islamische Eroberung offen dar.

Mit politischem Wirklichkeitssinn und weil sie aus Mangel an Kaderkräften garnicht anders handeln konnten, lassen die Araber die frühere Verwaltung soweit wie möglich unangetastet. Beinahe die ganze christliche und jüdische Bevölkerung des «Fruchtbaren Halbmondes» wird nicht zum Glaubenswechsel gezwungen, muß aber dafür die Jizya zahlen, womit der Staatskasse der neuen islamischen Macht zusätzlich zur Kriegsbeute recht erhebliche Einnahmen gesichert sind. Diese Faktoren allein reichen jedoch nicht aus, um den Erfolg der Eroberung und die Erhaltung der Macht zu erklären, man muß vielmehr berücksichtigen, daß der Islam seine Kraft aus der Tatsache bezieht, daß er sich in einem Gebiet, dem antiken Orient, festgesetzt hat, in dem sich innerhalb von Jahrtausenden eine mehr oder weniger einheitliche Kultur und eine gemeinsame ideale, religiöse Einstellung herausgebildet haben.

In den iranischen Gebieten sollte sich der Triumph des Islam noch schneller vollziehen. Das Volk, das von der regierenden Minderheit durch einen Abgrund getrennt war, fühlte sich von der neuen, einfachen Religion angezogen, «die mit ihren antimetaphysischen, stark ethischen, traditionsfeindlichen, voluntaristischen und die soziale Gleichheit befürwortenden Tendenzen . . . gegenüber der archaischen, iranischen Tradition ein (man möge den Ausdruck cum grano salis nehmen) modernes und demokratisches Element darstellte.» (A. Bausani.)

Im allgemeinen wurden unter dem Islam die Glaubensübertritte freiwillig und oft unter ökonomischen Gesichtspunkten vollzogen, nämlich um weniger Steuern zahlen zu brauchen. Es ist auch kein Zufall, daß die Großgrundbesitzer die ersten unter der Elite waren, die sich bekehren ließen. Fragen des sozialen Aufstiegs spielten ebenfalls eine Rolle. Im allgemeinen ging die Bewegung von den Städten aus und erfaßte dann das Land. Der Islam ist im wesentlichen eine Religion der Stadt, er entstand in einem städtischen Milieu, den Kaufmannskreisen von Mekka, denen der Prophet angehörte, und er ist auf die Stadt angewiesen, um seine religiösen und sozialen Programme verwirklichen zu können. Im Leben des Bauern oder Nomaden sah der Prophet sogar eine Gefahr, und einige seiner Hadith, in denen sich diese seine Furcht spiegelt, sind berühmt. Daraus erklärt sich auch, warum der Bauer auf der sozialen Stufenleiter des Islam seinen Platz ganz unten haben sollte, während eine ausgesprochen städtische Klasse, nämlich die Kaufmannschaft, vom Recht bevorzugt worden ist. Das wichtigste Problem des Islam war demzufolge, die Masse der Beduinen zur Zucht zu erziehen und seßhaft zu machen. Da die arabische Halbinsel nur in geringem Maße oder überhaupt nicht urbanisiert war, konnte sich dieser Prozeß leichter außerhalb dieses Gebietes vollziehen, und zwar dort, wo die wirtschaftlichen Umstände es ermöglichten. Insgesamt ist diese Entwicklung ziemlich schnell vor sich gegangen, ist aber nie ganz abgeschlossen worden und sollte später von anderen, die islamische Welt bedrängenden Nomadenhorden gestört werden.

Nach dem Tode 'Omars I., den ein persischer Sklave erdolcht hat, wurde 'Othman zum Kalifen erwählt. Dieser, ein Schwiegersohn des Propheten, gehörte zur reichen Kaufmannsfamilie der Banu Umaiya aus Mekka, die auch dem Klan der Koraisch angehörte, und er ist einer der ersten Schüler des Propheten gewesen. Seine hohe soziale Stellung hat ohne Zweifel zum Erfolg der neuen Religion beigetragen. Er war zwar ein' frommer Mensch von echtem Glauben, aber er hatte einen schwachen Charakter und stellte keine große Persönlichkeit dar. Seine Wahl schuf Unzufriedenheit, insbesondere weil die Macht damit wieder an die Aristokratie von Mekka fiel, die sich lange gegen den Propheten gestellt und den Islam nur aus Opportunitätsgründen angenommen hatte. Die Schar der

Der Islam, einzige Religion Gottes

Wenn sich aber einer eine andere Religion als den Islam wünscht, wird es nicht (als Ersatz für den wahren Glauben) von ihm angenommen werden. Und im Jenseits gehört er zu denen, die (letztes Endes) den Schaden haben.

[Koran, Sure 3, 85]

Unzufriedenen wuchs noch durch das nepotische Verhalten des 'Othman. Große Erbitterung entstand dann, als das von 'Omar geheiligte Prinzip, das den Arabern Landbesitz außerhalb Arabiens verbot, aufgegeben wurde. Auf Grund dieser Anordnung mußten eroberte Ländereien, die von ihren alten, ehedem zum byzantinischen oder sassanidischen Hof gehörenden Besitzern aufgegeben worden waren, Gemeingut des islamischen Staates werden. Dieses Prinzip wurde nun mit einem System von Konzessionen umgangen, was zur Bildung ungeheurer Vermögen auf Kosten der Gemeinschaft führte. Alle diese wirtschaftlichen, finanziellen und sozialen Gründe der Unzufriedenheit, die in der islamischen Welt zwangsläufig noch von ethnisch-religiösen Faktoren mitgeprägt wurden, führten im Jahre 656 zur Ermordung des 'Othman, worauf eine Zeit blutiger Auseinandersetzungen folgte, die den Islam für lange Zeit belastet haben.

Zum nächsten Kalifen wurde 'Ali erwählt, ein Vetter und Schwiegersohn Mohammeds, dessen Tochter Fatima er geheiratet hatte; er war also der Vater einer ex filia direkt vom Propheten abstammenden männlichen Nachkommenschaft. Da 'Ali aber die für die Ermordung des 'Othman Verantwortlichen nicht verfolgen wollte oder konnte, wurde seine Wahl von den Omajjaden angefochten; sie verlangten Genugtuung für die dem Kalifat zugefügte Beleidigung und forderten Sühne für das Blut ihres Vetters. 'Ali galt als hervorragender Kenner und gewissenhafter Interpret der Sunna des Propheten und war berühmt als begabter Redner; gewiß aber war er kein großer Politiker, und übertriebener Rigorismus hat ihn gehemmt. Mu'awija, der mächtige Statthalter Syriens, erhob sich gegen ihn. Der Kampf entschied sich zugunsten dieses Omajjaden, der 658 von seinen Truppen zum Kalifen gewählt wurde. 'Ali ist 661 in Kufa ermordet worden. Diese Ereignisse waren für den Islam insofern von ungeheurer Bedeutung, als sich jene Risse zeigten, die zu den Schismen geführt haben, welche noch heute weiterwirken. Es gibt einesteils die Majorität der sogenannten Sunniten, die die Legitimität nicht nur des Mu'awija, sondern auch der ersten vier sogenannten «rechtgeleiteten» Kalifen anerkennen, deren Autorität für sie auf dem Prinzip beruht, das zur Zeit der Wahl des Abu Bekr aufgestellt wurde, nämlich daß das Kalifat ein Vorrecht des Klans der Koraisch sei, welchem Stamm der Prophet angehört hatte, und daß aus dessen Mitgliedern der anerkannt Gläubigste und Fähigste zu wählen sei. Ferner gibt es die Parteigänger des 'Ali, die man Schiiten nennt (von *shiat Ali*, der Partei des Ali); sie bestreiten die Legitimität der ersten drei Kalifen und behaupten, daß allein 'Ali das Recht hatte, gewählt zu werden, und daß das Kalifat der Familie des Propheten vorbehalten sei. Über diesen politischen Aspekt hinaus vertreten die Schiiten noch eine abweichende religiöse Grundanschauung. Für die Sunniten ist der Kalif der Stellvertreter des Propheten als Wahrer des Rechts und Haupt der Gemeinde, während die religiöse Autorität ausschließlich auf dem Buch und der übereinstimmenden Interpretation der Gemeinde, «Idschma» *(ijma),* beruht. Die Schiiten erkennen die gemeinsame Interpretation des Buches und der Überlieferung nicht an, sondern halten den «Imam» *(imàm),* das heißt den Vorsteher der Gemeinde, für die entscheidende Autorität in der Lehre und behaupten, Mohammed habe 'Ali zum Nachfolger und Interpreten seines Wortes ernannt und dieser wiederum seinerseits einen anderen. Diese Nachfolger sind nach Meinung der Schiiten durch einen besonderen Grad von «göttlicher Inspiration» ausgezeichnet, – was für die Sunniten hingegen eine Lästerung ist. Zwischen den Sunniten und Schiiten stehen die sogenannten «Charidschiten» *(Khawarij),* «die Ausziehenden, die sich Widersetzenden»; es sind Rigoristen, die den Angehörigen des Klans der Koraisch alle Rechte bestreiten und geltend machen, jeder Muslim ohne Rücksicht auf seine Rasse und «auch ein abessinischer Sklave» könne Kalif werden, wenn er die notwendigen Qualitäten aufzuweisen habe, die ihn zum «frömmsten Muslim» machten. Durch ihren fanatischen Rigorismus haben sie jedoch, verglichen mit den Sunniten und Schiiten, immer mehr an Bedeutung eingebüßt.

Selbstverständlich kann man in den ersten Dezennien noch nicht von einer Orthodoxie sprechen, die erst noch zu definieren war, doch ist man vom Islam Mohammeds bereits weit entfernt, der, wie mit Recht bemerkt worden ist, nur eine von den Möglichkeiten des Islam war. Der Islam «blieb zwar weiter das von Arabien ausgehende dominierende und assimilierende Element, aber im

Ihr Gläubigen!

Ihr Gläubigen! Steht (wenn ihr Zeugnis ablegt) als Zeugen (die) Gott gegenüber (ihre Aussagen machen) für die Gerechtigkeit ein, auch wenn es gegen euch selbst oder gegen die Eltern und nächsten Verwandten (gerichtet) sein sollte! Wenn der Betreffende reich oder arm ist (und ihr deshalb glaubt, zur Rücksichtnahme auf den einen oder anderen verpflichtet zu sein), so steht Gott ihnen beiden näher (als ihr). Und folgt nicht der (persönlichen) Neigung (von euch), (anstatt) daß ihr gerecht seid! Wenn ihr (das Recht) verdreht (?) und euch (davon?) abwendet (bleibt das nicht verborgen). Gott ist wohl darüber unterrichtet, was ihr tut. Ihr Gläubigen! Glaubt an Gott und seinen Gesandten und die Schrift, die er auf seinen Gesandten herabgeschickt hat, und die Schrift, die er (schon) früher herabgeschickt hat! Wer nicht an Gott, seine Engel, seine Schriften, seine Gesandten und den Jüngsten Tag glaubt, ist (damit vom rechten Weg) weit abgeirrt.

[Koran, Sure 4, 135-136]

Arabisch, Sprache der göttlichen Offenbarung

Dieser Koran ist wahrlich eine Offenbarung des Herrn des Weltalls, und der getreue Geist hat ihn in dein Herz gelegt, damit du predigest in der deutlichen arabischen Sprache. Seiner ist auch schon erwähnt in den Schriften der Frühern.

[Koran, Sure 26, 192-195]

Kontakt mit der hellenistischen Kultur und unter dem Einfluß des antiken Nahen Ostens, das heißt nach der Eroberung Irans, Mesopotamiens, Syriens und Ägyptens, nahm er seinen universalen Charakter an, der nach einem Prozeß der Erstarrung noch Jahrhunderte überdauern sollte» (A. Bausani). Demzufolge ist der Islam genauso wie die Kultur, die sich auf ihn beruft, trotz der auf dem Koran begründeten Einheit nicht einförmig. Er ist eine komplexe Kultur «zweiten Grades», um Max Webers Terminologie zu gebrauchen, assimilierend und eklektizistisch, jedoch von starker bildender Kraft und großer Vitalität.

Wir haben unter diesem Begriff Islam aber «nicht nur das Glaubensbekenntnis, das am Anfang der Bewegung stand» zu verstehen, «sondern die Gesamtheit der Länder und Völker, deren Kultur im Laufe der Jahrhunderte direkt oder indirekt durch die Verkündung dieses Glaubensbekenntnisses geprägt worden ist. Direkt durch Wechsel der Religion, den der Islam verlangt oder angeregt, und durch die politische Haltung, die er bestimmt hat, außerdem durch die architektonischen Formen, die von ihm inspiriert worden sind. Indirekt durch die Folgen, die die Bildung eines großen Reiches an einer der entscheidenden Stellen, wo die Straßen der Erde zusammenlaufen, mit sich bringt, eines Reiches, das aufgeschlossen für den Austausch von Handelsgütern und geistigen Ideen war und demzufolge am Schicksal der Welt teilgenommen hat.» Der Islam ist eine spirituelle und eine materielle Kultur, die allen, die sich zu ihr bekennen, ungeachtet gewisser Kontroversen, einen festen Halt für eine Anzahl von Glaubensfragen und Prinzipien bietet.

Den wesentlichen und für die islamische Kultur unentbehrlichen Beitrag haben die Araber geleistet mit der Religion und ihren Ausdrucksmitteln Sprache und Schrift, die als einheitsfördernder Oberbau entscheidende soziale Bedeutung hatten. Weiter zu erwähnen sind das Erbe einer großen Poesie und die Freude an der Redekunst. Da der Islam als gesetzgebende Religion im täglichen Leben seiner Gläubigen jeden einzelnen Augenblick regelt, mußte er auch sämtliche Äußerungen und alle Ausdrucksformen, unter ihnen insbesondere die bildenden Künste, mitbeeinflussen. Trotz aller beachtlichen regionalen Unterschiede ist die islamische Kunst, wie der Islamist Louis Massignon nachgewiesen hat, in ihren verschiedenen Zweigen durch eine fundamentale ästhetische Einheit gekennzeichnet. Nach islamischer Vorstellung ist die Zeit nur eine – auch umkehrbare – Aufeinanderfolge voneinander unabhängiger Augenblicke, alles ist wandelbar und veränderlich, vorübergehend und zufällig; die Formen sind irreal, sie bestehen nicht von sich aus, sondern sind Schöpfungen des einzigen, immateriellen, allgegenwärtigen und allmächtigen Gottes. Das mußte zu einer immer stärker werdenden Ablehnung der die Natur nachahmenden Kunst führen, in der man eine Lästerung sah, den frevelhaften Versuch, das unnachahmliche Werk Gottes nachzuäffen. So kommt es in der islamischen Kunst zur Entwicklung von abstrakten und in Andeutungen spielenden Ausdrucksformen. Die natürlichen Formen werden stilisiert und irreal umgestaltet, sie werden ständig wiederholt und sind fragmentarische Hinweise auf die Vergänglichkeit des irdischen Lebens verglichen mit der Unendlichkeit, auf die Wandelbarkeit angesichts der Ewigkeit. Diese Haltung bestimmt auch den Einsatz von oft billigem Material in der Architektur, wo zum Beispiel Stuck, ungebrannte Ziegel und Lehm benutzt werden, und zeigt sich in der Tendenz zur «Auflösung» der Strukturen, gleichgültig ob es sich um Gegenstände oder Bauten handelt, deren Oberflächen von abstrakten Dekorationen überzogen werden, um die darunterliegende Struktur zu verhüllen, oder diese wird, besonders in der Architektur, in abstrakt ornamentalem Sinn zum Teil wieder freigelegt, um Auflösungseffekte und den Eindruck der Zerbrechlichkeit zu erzielen. Diese von theologischen Vorstellungen bestimmten ästhetischen Tendenzen manifestieren sich vor allem in der Arabeske und in der grandiosen Rolle, die sie in der islamischen Kunst spielt; sie ist eine abstrakte Umgestaltung vegetabiler Formen mit Einfügungen von geometrischen und kalligraphischen Elementen. Die Kalligraphie gilt im Islam sogar als die Kunst an sich, da mittels der Schrift das Wort Gottes im Koran festgehalten und dann durch sie verbreitet worden ist. Mit ihren Möglichkeiten zur Abstraktion und Stilisierung konnte die Schrift die legalen und emotionalen Ansprüche der Religion voll befriedigen. So wurde die Kalligraphie mit ihren beiden Hauptschrifttypen, dem eckigen, so-

Der Gebetsruf (Adhán)

1. Allahu akbar! Gott ist groß! (viermal)
2. Ašhadu an la ilaha illa llah!
   Ich bezeuge, daß es keinen Gott gibt
   außer Gott! (zweimal)
3. Ašhadu anna Muhammadan rasulu llah!
   Ich bezeuge, daß Mohammed der Gesandte
   Gottes ist! (zweimal)
4. Haiya 'ala s-salah!
   Herbei zum Gebet! (zweimal, das Gesicht
   nach rechts gewendet)
5. Haiya 'ala l-falah!
   Herbei zum Heil!
   (zweimal, das Gesicht nach links gewendet)
6. Allahu akbar! Gott ist groß! (zweimal)
7. La ilaha illa llah!
   Es gibt keinen Gott außer Gott!

Im Gebetsruf, der zum Morgengebet auffordert, wird nach Satz 5 gerufen:
   as-salatu hairun mina n-naum!
   Das Gebet ist besser als der Schlaf!
(zweimal)

genannten *Kufi,* das angeblich in Kufa erfunden wurde, und der Schrift mit rundem, kursivem Duktus, deren älteste Form das *Neszchi* darstellt, zum Gegenstand ständiger Bemühungen, und die Entwicklung des künstlerischen Geschmacks ist in den islamischen Ländern von ihr bestimmt worden.

Die Kunst hat im Islam also keinen autonomen Rang, sondern ist den Zwecken der Religion unterworfen, und der Künstler hat keine Möglichkeit zu freiem Ausdruck. Gewiß ist das Bild, das wir oben entworfen haben, schematisch und «orthodox» und sollte erst in späterer Zeit der Norm entsprechen, doch gibt es die Grundtendenzen wieder. So ist etwa die Verdammung der Darstellung von Menschen oder Tieren im Islam, vor allem in den ersten Jahrhunderten, weit eher eine theologische Einstellung, die praktisch nicht befolgt wurde. Im Koran ist keine ausdrückliche Verdammung zu finden, es sei denn im Hinblick auf Statuen, die Idole darstellen. Das Gebot entspricht vielmehr einer Tradition der Strenge, wodurch Verlockungen zu heidnischen Tendenzen abgewehrt werden sollten. Es handelt sich aber weder um ein Verbot, das solche Darstellungen eindeutig ausschloß, noch wurde das Gebot zu allen Zeiten und in allen Gegenden in der gleichen Weise beachtet. Figürliche Darstellungen wie Statuen, Reliefs oder Bilder findet man sowohl in der Architektur wie im Kunsthandwerk vor allem im privaten Bereich. Ihnen haftet etwas Außergewöhnliches an, sie dienen den aristokratischen Lebensansprüchen und für eben dieses Leben, zur Verherrlichung des Fürsten, sind sie geschaffen worden. Es ist kein Zufall, daß sie bevorzugt in den Privatgemächern des «Palastes» anzutreffen waren, nicht aber in den Repräsentationsräumen. Janine Sourdel-Thomine bemerkt dazu: «Alles ging vor sich, als könnte der Künstler die vom Gesetz auferlegten Beschränkungen umgehen, nur um den derzeitigen Herrn zu befriedigen. Dieser schien die figürlichen Darstellungen, die man ihm zur Verschönerung seiner Umgebung bot, genauso zu schätzen, wie er das ebenfalls verbotene und doch bei den Gewohnheiten der Mächtigen stets offen geduldete Trinken genoß, oder mit Vergnügen den schlüpfrigen Gedichten und Liedern jener lauschte, die ihn gewöhnlich unterhielten. Außerhalb dieses Bereichs aber, wo sich im übrigen durch die Macht des Mäzens eine Form von echtem Akademismus herausgebildet hat, galten die Verbote des Islam unangefochten.»

Die Miniatur, die in der islamischen Kunst eine besondere Bedeutung genießt, ist, um mit Massignon zu sprechen, dennoch keine eigentlich islamische Kunst, sondern verdankt ihre Blüte dem begrenzten Kreis von Eliten, unter denen sie verbreitet war. Die soziale Stellung der in den bildenden Künsten Beschäftigten war nicht hoch; hierin kommt das alte Mißtrauen der erst seit kurzem urbanisierten arabischen Bevölkerung zum Ausdruck, bei der alle an eine manuelle Tätigkeit Gebundenen verachtet wurden und zumeist dem dienenden Stand angehörten. So wie in unserem Mittelalter der Künstler fast immer anonym blieb, begannen auch im Islam erst mit dem 15. und 16. Jahrhundert, und zwar außerhalb des arabischen Milieus, in der persischen und türkischen Welt, Künstler und Handwerker individuelle Gestalt anzunehmen, in die herrschende Klasse aufgenommen und geehrt zu werden.

Im Islam spielt die Kunst im wesentlichen die Rolle der *ancilla religionis,* und dennoch ist sie trotz aller dieser Umstände alles andere als einförmig. Sie weist eine überraschende Mannigfaltigkeit von Stilen auf, in denen sich die ethnischen, kulturellen, künstlerischen und technischen Überlieferungen jener Länder spiegeln, in welchen sich ihre Entwicklung vollzogen hat. Zu den beredtesten Zeugen gehört die Architektur, in der sich der Islam mit besonderer Kraft manifestiert und seine Programme in einer grundsätzlichen Form realisiert hat.

Der Islam ist, wie bereits erwähnt, im wesentlichen eine Religion der Städte. Seine architektonischen Hauptelemente, die sich in den ersten Dezennien der Eroberung herausbildeten, als nach dem Auszug aus Arabien das Bedürfnis entstand, den Triumph sichtbar zu gestalten, sind in den Städten zu finden. Als solche Grundtypen hat Georges Marçais die Moschee, das Bad und den Basar *(bazàr)* herausgestellt.

Der islamische Bau an sich ist die sogenannte «Große Moschee». Sie ist der Versammlungsort, an dem sich die Gemeinschaft – vor allem in der ersten Zeit des Islam – nicht nur zu dem vorgeschriebenen gemeinsamen Gebet trifft, sondern auch um an allen sie angehenden Entscheidungen teilzunehmen. Das in Arabien ehemals unbekannte Bad ist eine Entlehnung aus der römisch-byzantinischen Welt, und der Islam hat es seinen Bedürfnissen ritueller Waschungen angepaßt. Der Basar ist der Sammelplatz für die in der Wirtschaft, in der handwerklichen Industrie und im Handel Tätigen, wird aber nur von denen bewohnt, die ein bestimmtes Handwerk ausüben und nach Berufszweigen eingeteilt dort eigene Quartiere haben. Er stammt aus der klassischen und orientalischen Welt. Unbekannt sind dort – zumindest unter bestimmten Gesichtspunkten – die Bindungen durch Innungen. Diese haben im Basar keine eigenen Rechtsbefugnisse, sondern sind, wie in der byzantinischen Welt, Kontrollinstrumente der Regierung; demzufolge ist der islamische Handwerker voll vertragsberechtigt. Sein sozialer Einfluß ist von ungeheurer Bedeutung gewesen.

Eng verbunden mit dem Wirtschaftsleben des Basars sind zwei andere Typen von Bauten: das zum Speichern der später zum Verkauf gelangenden Waren dienende Gebäude, das im Nahen Osten allgemein *qaisariyya* heißt (der Name stammt aus dem Griechischen und weist auf eine in ihren Ursprüngen staatliche Gründung hin), während das zu erwähnende zweite Bauwerk den persischen Namen *khan* trägt und für Waren bestimmt ist, die gerade befördert werden; hinsichtlich seines Zwecks und seiner Gestalt unterscheidet es sich nicht von den Karawansereien an den Handelsstraßen.

Der Heilige Krieg und die Notwendigkeit von Grenzbefestigungen führen zur Entstehung der *ribat,* einer Art befestigter Klöster, die mit kleinen Zellen ausgestattet sind, in denen die kriegerischen Mönche *(ghazi)* leben, außerdem weisen sie einen Betsaal auf und einen Beobachtungsturm.

Mit wachsender Differenzierung der Bedürfnisse entsteht die *madrasa* (Medresse). Es handelt sich hierbei um staatliche Kollegien, die über die Orthodoxie wachen und auf die Lehre der Religionswissenschaften spezialisiert sind. Schließlich werden noch Hospitäler, Hospizien und Speisehäuser gebaut.

Ungeachtet der großen Mannigfaltigkeit, die man bei den Plänen der Privathäuser in dem unermeßlichen Gebiet des Islam beobachten kann, spiegeln alle die sozialen mohammedanischen Vorschriften wieder, die in der Abkapselung nach außen und in den den Frauen vorbehaltenen Räumen zu erkennen sind. Verglichen mit den Bauten von öffentlichem Interesse werden bei den Privathäusern im allgemeinen Materialien gebraucht, die leichter zerfallen. Abgesehen von wenigen Ausnahmen – in Mekka, Kairo und Bagdad – ist bei den Häusern die Horizontale betont, was fast stets für die islamische Architektur kennzeichnend ist, – als solle damit der Stolz der Erbauer erniedrigt werden.

Auch im Haus des Herrschers, dem Palast, der gleichzeitig Sitz der Regierung *(dar al-imarà)* ist, spiegeln sich die sozialen Vorschriften des Islam. Zwar bemüht man sich auch bei seinem Bau nicht um Solidität, die man vor allem den eindeutig sakralen Gebäuden zu verleihen bemüht ist, doch wird er immer mit besonderer Vornehmheit ausgestattet, «weil er die zeitliche Autorität symbolisiert, die im Islam als unbestritten und dauernd anerkannt wird...» (J. Sourdel-Thomine.) Die Kunst ist demzufolge in überwiegendem Maße vom Hof inspiriert worden und besonders mit dem Geschmack des Fürsten verbunden gewesen.

In Übereinstimmung mit seinen leitenden Idealen hat der Islam intensiv das städtische Leben gefördert, was in einigen Gebieten besonders zu erkennen ist, und hat zahlreiche Städte gegründet (aber auch viele andere für immer zerstört). Verglichen mit der Situation der europäischen Städte im Mittelalter, ist das eine ganz erstaunliche Erscheinung, denn im christlichen Abendland gab es – mit der einzigen Ausnahme von Konstantinopel – nur einige wenige Städte, die zehntausend Einwohner erreichten, während der Islam ihnen eine ganze Anzahl volkreicher Städte gegenüberstellen konnte, die nicht selten mehr als hunderttausend Einwohner hatten, etwa Bagdad und Kairo. Hingegen kann man kaum von «der islamischen Stadt» sprechen, da dieser Begriff sich einer Definition entzieht.

Die Architektur, die die Programme des Islam in erster Linie realisiert hat, ist für die Kunst der islamischen Kultur ganz besonders kennzeichnend. Ihre Motive sind zwar stets die gleichen gewesen, aber die Werke, die ihnen zu verdanken sind und die in einem Zeitraum von mehr als tausend Jahren unter Beteiligung von drei Kontinenten mit reichem Erbe an mannigfaltigen künstlerischen Traditionen entstanden, sind alles andere als einheitlich.

14

Die Ursprünge

Als die Araber zur Eroberung ihres Reichs mit dem Ziel der Verbreitung des Islam aufbrachen, haben sie weder eine echte Architektur gekannt noch sie besessen. Ihre bescheidenen Wohnsitze in den Hauptsiedlungen des Hidschas, Mekka und Medina, hatten keine architektonische Überlieferung zu bieten, die dieses Namens würdig gewesen wäre, und die konstruktiven Fähigkeiten der Masse der Beduinen, aus denen das Heer bestand, reichten nicht über den Zeltbau hinaus. Von der Moschee, *masjíd* (Ort des Niederwerfens), die nicht nur eine Kultstätte, sondern auch politisches und soziales Zentrum im Islam war, hatten die Araber keinerlei architektonische Vorstellung, und ihre endgültige Gestalt ist das Ergebnis eines langen Entwicklungsprozesses, der mindestens eine Generation in Anspruch genommen hat. Daß die Araber keine Erfahrungen im Bauen hatten, geht aus Quellenberichten hervor, denenzufolge sie im Jahre 608, als der Stamm der Koraisch die halbzerfallene Ka'aba wiederherstellen wollte, einen gewissen Baqum zur Hilfe in Anspruch nehmen mußten, der als «Maurermeister und Zimmermann» bezeichnet wird. Dieser hatte zur Mannschaft eines gekenterten Schiffes gehört und ist vielleicht ein Äthiopier gewesen. Für den Bau der Mauern der Ka'aba soll er das Holz seines gestrandeten Schiffes mitbenutzt haben, die dabei angewandte Mischbauweise aus Stein und Holz ist eine typisch äthiopische Technik. Für die Wiederherstellung der Großen Moschee von Kufa im Jahre 670, die der omajjadische Statthalter Ziyàd ibn Abihí befahl, berief man nach dem Bericht des Historikers Tàbari (gestorben 923) einheimische Baumeister «aus der Zeit der Unwissenheit» *(bannà al-jahiliyya),* das heißt Nicht-Muslimen, da «er sich außerstande erklärte, auszudrücken, was er benötige».

Die ersten Moscheen, von denen wir etwas wissen, sind in den Städten des Irak ohne jeden architektonischen Anspruch errichtet worden. Die Moschee von Bassora (Basra), das ursprünglich ein einfaches arabisches Militärlager war, aus dem sich später die bedeutende Stadt entwickelt hat, ist lediglich auf der Erde abgesteckt und vielleicht mit Reisigbündeln umfriedet worden, 638 wurde dann auf der Seite der Kibla ein Schutzdach zugefügt. In Kufa bestand die Moschee im gleichen Jahr nur aus einem Erdquadrat, dessen Seitenlängen von etwa hundert Metern durch auf die vier Hauptpunkte abgegebene Schüsse eines Bogenschützen bestimmt worden waren. Diese Lagermoschee war nicht von Mauern oder Zäunen eingefaßt, aber durch einen Graben begrenzt. Bei ihr war die Kiblaseite mit einem Schutzdach versehen, das von Säulen getragen wurde, die man aus lachmidischen Bauten in al-Hira entfernt hatte. Nach Tàbari ist das Dach *(zulla)* nach allen Seiten offen gewesen.

Die 641 - 642 in al-Fustat von Amr ibn al-As, dem Eroberer Ägyptens, errichtete Moschee ist ein kleiner Bau von 29 mal 17 Metern gewesen und hatte zwei Türen auf jeder Seite mit Ausnahme der Kiblawand. Es gab noch keinen Hof *(sahn),* der ein späteres Beiwerk ist, und das flache Dach war wahrscheinlich von Palmstämmen gestützt. Vielleicht ging dieser einfache Bau auf das Vorbild des ägyptischen Hypostylos zurück, während in Kufa möglicherweise persische Säulenräume vom Apadana-Typ zur Anregung gedient haben. Im syrischen Gebiet haben die Araber mit Vorliebe die Kirchen als Moscheen benutzt und sie entweder enteignet oder gelegentlich auch mit den Christen geteilt.

Aus dem soeben kurz Skizzierten sieht man, daß die ersten Muslimen kein klares architektonisches Programm für ihre Moschee gehabt haben. Es darf dabei nicht vergessen werden, daß die ursprüngliche Moschee nicht nur eine Kultstätte war, sondern auch der Versammlungsort, an dem die Gemeinschaft in allen wichtigen Augenblicken zusammentraf. Dorthin wurden die Männer gerufen, um Entscheidungen zu fällen, zu besprechen oder entgegenzunehmen. Es war ein Ort, der allen Muslimen zugänglich war, dort haben sie über ihre Geschäfte verhandelt, dort wurde der Schatz aufbewahrt, in ihr wurde Gericht gehalten und der Koran gelehrt. Wie man sieht, war sie der Mittelpunkt der Stadt und auch als sich ihr sakraler Charakter in einer langsamen Entwicklung, wie der Historiker

Das getroffene Roß

Sie riefen: Antar! während der Speere
mancher, lang
Wie Brunnenstrick, in meines treun Rosses
Brust eindrang.
Ich stieß von meines Rosses Halse und Brust
in Wuth
Auf sie so lange, bis es war ganz bedeckt
mit Blut.
Da wandt es sich, ob jener Speer in der
Brust, bei Seit
Und klagte mir mit Weinen und Wiehern all
sein Leid.
Hätts sprechen können, hätt es geklaget tief
gerührt,
Hätts sprechen können, hätt es Reden mit
mir geführt.

[Antara, einer der Sieben des
«Muallakat», «Muallakat», Seite 77]

Gedicht von aš-Šaufarà

Auf, ihr meine Brüder! Lasset aufstehn der
Kamele Brust;
Denn zu andrem Volk, als ihr seid, mich zu
wenden hab' ich Lust.
. . .
Mein Geselle sei statt eurer nun das glatte
Panthertier,
Und die struppige Hyäne und der Schakal sei
es mir.
Was du diesen anvertrauet, wird bei ihnen
treu verhehlt;
Nie wird um des Fehlers willen hier ver-
stoßen, wer gefehlt.
Tapfer sind sie all', unnahbar, nur daß in
des Kampfes Glut
Tapfrer als sie all' entbrennet meines ersten
Angriffs Wut.
. . .
Und ein wallend Haargelocke; wenn der
Wind der Wüste braust,
Wird rings flatterndes Verfilztes ungekämmt
von ihm zerzaust.
Lange Zeit hat es kein Salböl, keine Pflege
mehr gespürt,
Eine feste Kruste hat es, Waschen hat es
nicht berührt.
Manche öde Wüste, wie ein Schild so kahl, hab
hab' ich durchquert,
Deren Rücken zu betreten Menschenfüße
sonst verwehrt.
Und vom einem End' zum andern sie
durchmessend zog ich fort.

[Littmann, Seite 9 und 16/17]

*Diese Miniatur des Abd al-Razzàq stammt aus
einem 1494 - 1495 in Herat geschaffenen
Manuskript, einer Kopie der «Chamsä» (Die fünf
Epen, auch Die fünf Schätze genannt), ein Werk
des berühmten persischen Dichters Nisami aus
Gandscha (1141 - 1209). Im ersten dieser Epen
besingt er in romantisch-symbolischer Form die
Himmelfahrt des Propheten, die nach der Legende
von der Ka'aba aus erfolgte; unten auf der Miniatur ist sein in konventioneller Weise dargestellt.
Diese Himmelfahrt fand in der Nacht statt, und
Mohammeds schnelles Reittier hatte die Gestalt
eines Maulesels mit dem Kopf eines wunder-
schönen Engels.*

Leone Caetani nachwies, klarer herausgebildet hat, sollte sie in mancher Hinsicht weiter mehreren Aufgaben dienen. Das läßt sich leichter begreifen, wenn man sich daran erinnert, daß die Moschee an den Aufgaben des *majlis,* des Rates der arabischen Stämme (vor dem Islam ein Synonym für Masjíd), teilhat und sich, nach Lammens, sogar direkt davon herleiten läßt. Gleich dem Majlís ge-nießt auch die Moschee das Privileg der Unverletzbarkeit *(hima)* und der Heiligkeit *(haràm).* Sie ist vor allem ein Ort der Zusammenkunft, bei dem die Richtung nach Mekka, die Kibla, deutlich gemacht werden muß, um den Gläubigen die Orientierung für ihr Gebet zu geben, zu welchem Zweck Mohammed eine Lanze *(anaza)* in den Boden gestoßen haben soll. Erst später sollte die Kibla durch den «Michrab» *(mihràb,*eine Nische) hervorgehoben werden, wofür die frühesten, sicheren Zeugnisse vom Beginn des 8. Jahrhunderts stammen. Über die ideologische Bedeutung des Michrab gibt es unterschiedliche Meinungen, wahrscheinlich kann man ihn auf eine Nachbildung der *Thora*-Nische in den Synagogen orientalischen Typs zurückführen, aber auch andere Möglichkeiten sind, wie wir später noch sehen werden, nicht auszuschließen. In der *masjíd al-jamaa* (Moschee der Gemeinschaft), die oft auch Dschami-Moschee, Haupt-moschee, Große Moschee oder Freitagsmoschee genannt wird, und nur in ihr befindet sich der «Minbar» *(minbàr),* ursprünglich ein Thron als Symbol der Herrschaft und Sitz des Gemeindeoberhauptes (des Kalifen oder seines Stellver-treters). Von dort wurde die «Chutba», *khutba* (Rede), gehalten, die in den ersten Zeiten des Islam einer politischen Ansprache gleichkam und erst allmählich zur «Homilie» wird, wie auch der Minbar erst später seinen sakralen Charakter er-hält. Die Chutba war kein feststehender Bestandteil des Freitagsgottesdienstes (dieser Tag hatte sich allmählich zum Feiertag entwickelt), sondern wurde jedes-mal gehalten, wenn es dem Führer angebracht erschien, die Gemeinschaft zur Salàt al-jamaa zusammenkommen zu lassen. Letzteres hatte nichts mit einem rituellen Gebet zu tun, sondern war eine politische Pflicht, der sich kein männ-licher Muslim entziehen konnte, und fand nur in den Masjíd al-jamaa (Großen Moscheen) statt.

Die Bedürfnisse des islamischen Kultus sind denkbar gering: die Grundbe-dingungen sind, daß die Gebetsrichtung (Kibla) angezeigt ist, und daß der Raum ausreicht, um die Gemeinschaft aufzunehmen. Die Predigt darf im Freien statt-finden, wie wir es bei der primitiven Moschee von Basra gesehen haben, und auch die «Musalla» *(musallàh)* bezeugen Orte, wo bei bestimmten Gelegenheiten das Gebet, Salàt, verrichtet wird. Aus Bequemlichkeitsgründen und um die Stätte des Kults und der Versammlung würdiger zu gestalten, wird ein Teil des zur Masjíd bestimmten Platzes bald mit einem Schutzdach bedeckt. Dieser überdachte Raum ist der Betsaal, der einem «großen Saal» gleichen sollte, das heißt daß die Eingänge an der parallel zur Kiblawand ausgerichteten Breitseite lagen.

Der Ruf zum Gebet *(adhàn),* der zu dem bescheidenen islamischen Ritual ge-hört, erfolgte in Medina vom Dach des Hauses des Propheten. In Damaskus, wo in der ersten Zeit der zur Kirche umgestaltete Jupitertempel von den Muslimen übernommen worden war, wurde der Adhàn von den vier Türmen des einstigen Temenos ausgerufen. Erst sehr viel später hat man turmähnliche Anbauten in die Pläne einbezogen, die neben dem praktischen Zweck des Rufs zum Gebet ein sichtbares Zeugnis für den Sieg des Islam sein sollten. Diese allgemein «Minarette» genannten Türme entstehen nicht zufällig gerade im syrisch-ägyptischen Raum, wo die Bevölkerung in den Städten noch überwiegend christlich oder jüdisch war. Die ersten Beispiele eigens errichteter Türme findet man an den vier Ecken der Moschee des Amr ibn al-As, die auf Befehl des Mu'awija 673 wiederhergestellt und erweitert worden ist.

Die Moschee von Kufa sollte für Jahrhunderte zum kanonischen Typ werden, und bei ihrer bereits erwähnten Rekonstruktion im Jahre 670 haben zum ersten-mal «Heiden» beim Moscheebau mitgewirkt. Sie zeigt uns einen breiten Gebets-saal, der die eine Seite eines Hofes einnimmt, während dieser an den drei anderen Seiten von Arkaden umgeben ist.

Auch diese Anlage eines breiten Saals in Verbindung mit einem von Säulen-gängen umgebenen Hof kommt bereits bei den orientalischen Synagogen vor und ist der Überlieferung nach ein hellenistisches Schema. Im Entwicklungsprozeß der Moschee kann natürlich auch der Typ der forensischen Basilika aus den römischen Städten des Orients Einfluß gehabt haben. Dort findet man eine breitere und nicht die langgestreckte Anlage wie etwa in Kremna, in Smyrna oder in Antiochia. Zu erwähnen wäre auch, worauf Monneret verwies, daß ein solcher Typ von den südarabischen Tempeln bezeugt ist, obwohl der Nachweis schwierig sein dürfte, daß hier ein jemenitischer Beitrag zur Architektur der Moschee vorliegen könnte. Auch der oft überschätzte und gelegentlich im Gegenteil glatt bestrittene Einfluß, den bei diesem Entwicklungsprozeß der Moschee das Haus *(dar)* des Propheten in Medina *(al-Madina)*, wenn auch indirekt, ausgeübt haben dürfte, soll nicht verschwiegen werden. Dieses stellte eine denkbar einfache Anlage dar: ein Grundstücksquadrat von etwa fünfzig Metern Seitenlänge war von einer etwas mehr als drei Meter hohen Mauer aus ungebrannten Ziegeln umgeben. An der Ostseite, nach außen gerückt, standen die dürftigen, sich auf den Hof öffnenden Lehmhütten für die Frauen des Propheten. Ein Teil der Nordseite wurde von einem Schutzdach aus Reisig und Lehm, von Palmstämmen gestützt, eingenommen, – hier waren die ärmsten Anhänger des Propheten, die mit ihm aus Mekka gekommen waren, untergebracht. Ein anderes Schutzdach war auf der Südseite, in der Richtung nach Mekka, erstellt worden, dort unterhielt sich Mohammed mit seinen Anhängern, verrichtete die Salàt und empfing Besuche. Später ist der Prophet in seinem Haus in einem Zimmer auf der Westseite bestattet worden.

Wie Caetani nachgewiesen hat, besaß Mohammeds Haus einen durchaus privaten Charakter, und so blieb es im wesentlichen erhalten bis zum Tod des dritten Kalifen 'Othman, der 656 ermordet wurde. Allerdings ist es schon zu Lebzeiten des Propheten im Jahre 628 erweitert worden, später erneut im Jahre 644 durch den Kalifen 'Omar, zum drittenmal zwischen 649 und 650 von dem eben erwähnten 'Othman. Weiter bemerkt Caetani, daß Mohammeds Haus sich nur allmählich zu einem öffentlichen und dann heiligen Bau entwickelt hat: «Die große Veränderung erfolgte, nachdem 'Ali den Sitz der Regierung jenseits von Arabien verlegt hatte, Medina zu einer Provinzstadt herabsank und ein Ort der Erinnerungen wurde.»

Die im Islam untrennbare Verbindung von Religion und Politik, die bereits in den ersten Zeiten bei der «Großen Moschee» mit ihren verschiedenen Aufgaben in Erscheinung trat und von der sie nie ganz frei werden sollte, wird durch die Tatsache bekräftigt, daß sich in der Mehrzahl der Fälle neben ihr der Sitz der Regierung, Dar al-imarà, befand, wo der Kalif oder sein Stellvertreter residierte. Wenn auch später dort, wie wir sagen würden, die Fäden der Regierung zusammenliefen, hat sich dieser Bau als Residenz des Führers seinen im wesentlichen privaten Charakter erhalten, die «Große Moschee» hingegen erfüllt vor allem eine öffentlich gemeinschaftliche Aufgabe, auch wenn die Formulierung des französischen Gelehrten Jean Sauvaget vielleicht übertrieben ist, daß sie «eine Art öffentlichen Anbaus zum Palast» darstelle.

Trotz des allgemeinen Mangels an archäologischem Beweismaterial für den frühen Islam haben wir das Glück, eine islamische Residenz zu kennen, die als älteste gilt und von irakischen Archäologen in Kufa freigelegt worden ist. Auch wenn sie nicht, wie einige glauben, auf 637 bis 638 zu datieren ist, könnte sie doch mit jener identisch sein, von der Tàbari berichtet, daß sie von einem persischen Adligen aus Hamadàn namens Ruzbih ibn Buzurgmihr ibn Sasàn, der noch ein sassanidischer Beamter gewesen ist, in den ersten Jahren der Omajjaden-Herrschaft (670) errichtet wurde. Dieser Palast ist eine typisch sassanidische Anlage und besteht aus einem Hof, auf den sich in kreuzförmiger Anordnung vier «Iwane» *(ivàn)* öffnen. Bemerkenswert ist die axiale Anordnung, die vom Hauptiwan ausgeht, an den sich ein quadratischer Saal anschließt, der wahrscheinlich überkuppelt war, – eine für sassanidische Repräsentationsbauten typische Anlage.

Nach und nach hat der Islam aus dem reichen Erbe an Traditionen, mit denen er in Berührung kam, seine Wahl getroffen und hat sich damit für eine neue und lebendige Synthese gerüstet, die sich mit der Differenzierung der Bedürfnisse und zu gegebener Zeit vollziehen sollte.

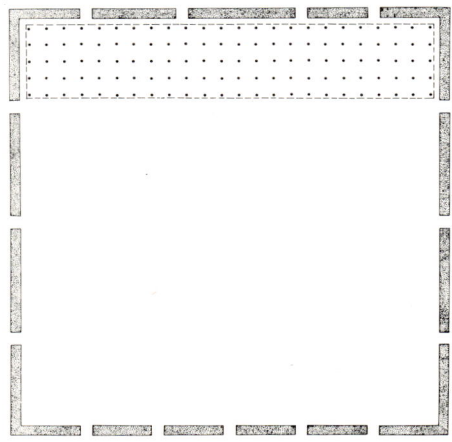

Kufa. Grundriß der ursprünglichen Moschee, deren Maße durch vier Bogenschüsse bestimmt worden waren. An der Seite der Kibla hat man ein einfaches Dach errichtet.

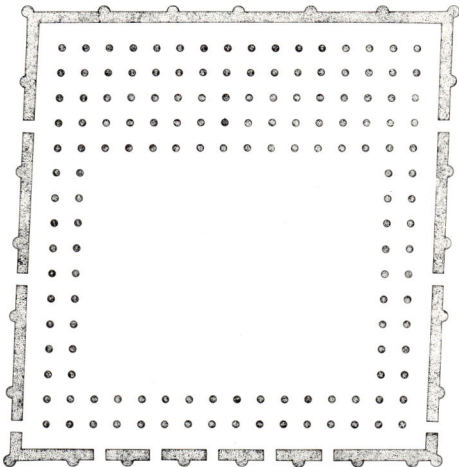

Kufa. Grundriß der Großen Moschee nach der Rekonstruktion durch den omajjadischen Statthalter Ziyàd ibn Abihí. Die Moschee hatte fünf parallel zur Kiblawand verlaufende Schiffe. Es gibt noch keinen Michrab, der erst später eingeführt wird.

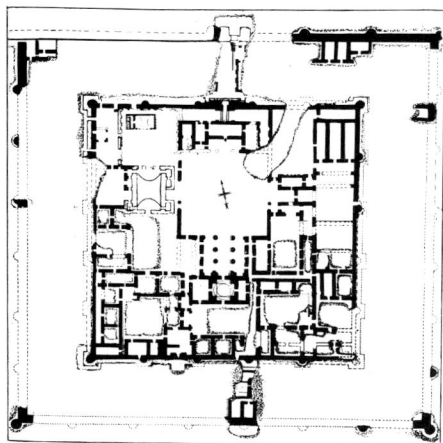

Kufa. Grundriß des dar al-imarà (Haus des Herrschers), das vielleicht auf 670 zurückgeht. Diese Residenz gleicht einem sassanidischen Königspalast mit der dafür typischen Anlage von vier Iwanen, wobei sich an den Hauptiwan der überkuppelte Thronsaal anschließt.

Der Euphrat bei Hochwasser

Nein, nicht der Euphrat - wenn der Wogenschwall,
vom Sturm getrieben, an die Ufer schäumt,
wenn jedes wilde Wasser, Muscheln und Geäst bewegend, ihn noch weiter füllt,
wenn bange Schiffer, ihre Müdigkeit bekämpfend, fest sich an das Steuer klammern
– ist überströmender in Gunsterweisung als er, der heute gibt und morgen auch.
So ist das Lob; wenn du es gerne hörst,
ich habe damit - Gott bewahre - nicht angespielt auf ein Geschenk.
Es ist nur eine Entschuldigung; denn wenn es nicht genützt,
hätte sein Verfasser nur am Unglück teil.

[an-Nabigha adh-Dhubyani,
arabischer Dichter am Hofe der Lachmiden
und der Ghassaniden,
zweite Hälfte des 6. Jahrhunderts n. Chr.]

Medina. Rekonstruktionszeichnung vom Haus des Propheten, das später zu der berühmten Moschee umgestaltet worden ist:
1. *Die Zimmer für die Frauen des Propheten*
2. *Das nach Mekka ausgerichtete Dach, unter dem Mohammed predigte und sich mit seinen Anhängern unterhielt*
3. *Das Dach, unter dem die Gäste schliefen*

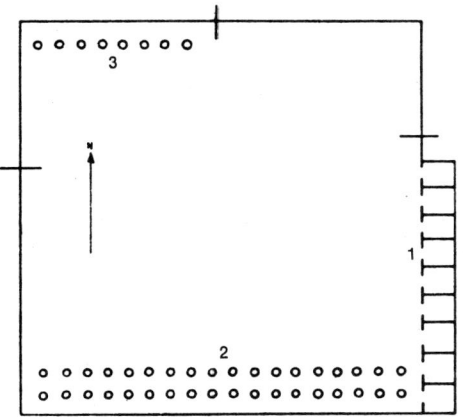

Die große Epoche der Gestaltung
Die Omajjaden

Aus den Nachfolgekämpfen um das Kalifat ging 661 mit dem Tod des 'Ali und der Niederlage seiner Parteigänger, der Schiiten, Mu'awija aus der Familie der Omajjaden siegreich hervor. Diese Familie gehörte zum Stamm der Koraisch, aus dem auch der Prophet stammte. Zu den nicht geringen Verdiensten des Mu'awija ist zu rechnen, daß er die Erbschaft für das Kalifat durchgesetzt hat, womit die Möglichkeit zu blutigen Auseinandersetzungen stark beschränkt wurde. So sind die Omajjaden die erste Kalifendynastie geworden und haben bis 750, das heißt fast ein Jahrhundert lang, die Geschicke des neuen, von den Arabern gegründeten Reiches gelenkt. Die arabischen historischen Quellen stammen alle aus weit späterer Zeit und sind fast ohne Ausnahme gegen die Omajjaden eingestellt, die von ihnen als weltlich und ruchlos dargestellt werden. Die moderne Geschichtsschreibung hat ihnen jedoch Gerechtigkeit widerfahren lassen, indem sie bewies, daß das Arabertum unter ihnen seine größten Erfolge errungen hat. Die Omajjaden standen vor der ungeheuren Aufgabe, für den islamischen Staat die Grundlagen zu schaffen; dazu gehörte im Inneren die Organisierung der ungezügelten arabischen Stämme und die Bekämpfung von Aufständen und Aufruhr, während nach außen hin, in Asien und Afrika, die Eroberungskriege fortzuführen waren, durch die bereits früher, in der ersten Hälfte des 8. Jahrhunderts, die Grenzen der «klassischen» islamischen Welt vom Atlantik bis zum Indischen Ozean in ihren Hauptlinien festgelegt worden waren. Die Politik der Omajjaden ist durch Toleranz und die Integration von Siegern und Besiegten bestimmt; letzteren ließen sie gegen Tributzahlung Schutz angedeihen, während sie aus den Reihen der Sieger die Mehrzahl der für einen zentralisierten Staat unentbehrlichen Verwaltungsbeamten holten. Ihr Vorbild ist der byzantinisch-orientalische Herrscher gewesen, und die von ihnen geförderten Künste waren entsprechend orientiert, sodaß sie alle Kennzeichen einer dynastischen Kunst tragen.

Über die Bedeutung der Omajjaden-Zeit für die Kunst steht uns ausreichendes architektonisches und archäologisches Beweismaterial zur Verfügung, das es uns erlaubt, die Omajjaden-Zeit als die Gestaltungs-Periode innerhalb der islamischen Kunst zu definieren. Damals wurden in einem schwer durchschaubaren Prozeß von Übernahmen und wechselseitigen Beeinflussungen Beziehungen angebahnt und Tendenzen bestimmt. Ein Ereignis von entscheidender Bedeutung, das den damaligen politischen Erfordernissen entsprach, war in diesem Zusammenhang der Beschluß des Mu'awija, die Hauptstadt von Medina nach Damaskus zu verlegen. Ohne Zweifel erhielt damit die arabische Hegemonie ihren ersten Stoß, – aber zugleich ist auch einer der ersten Schritte auf dem Weg zu einer universalen Islamität damit durchgeführt worden, der weitreichende historische und kulturelle Folgen haben sollte. Wir kennen die Kunst der Omajjaden vor allem aus Syrien, dem von ihnen bevorzugten Gebiet, wo ein fruchtbarer Kontakt zwischen der semitischen und der hellenistisch-römischen Welt zustandekam. Dieses Gebiet hatten die arabischen Stämme der Ghassaniden, die Byzanz tributpflichtig waren, und der Lachmiden, die den Sassaniden Tribute zu zahlen hatten, in beachtlichem Maße schon für jene Synthese vorbereitet, die der Islam zwischen der spätantiken und der Kunst des Orients vollziehen sollte. In Syrien hat die erste Komponente größeres Gewicht gehabt, wodurch die islamischen Werke einen im wesentlichen mediterranen Charakter bekamen, wenn auch iranische Einflüsse oder durch den Iran vermittelte Strömungen zur Belebung beigetragen haben, die in der darauffolgenden Zeit der 'Abbasiden das Übergewicht erlangten.

Die vorliegende Dokumentation über die Kunst der Omajjaden beschränkt sich auf die Architektur und beginnt mit einem im Islam einzigartigen Bauwerk: dem Felsendom *(Qubbàt al-Sakhra),* den 'Abd al-Malik (685 - 705) in Jerusalem errichten ließ. Fast in der Mitte des weiten Tempelplatzes Haram el Sharif, wo der Tempel des Salomon gestanden hatte, wurde er über einem Felsen erbaut, der nach der Überlieferung Schauplatz von Abrahams Opfer gewesen ist, den die Araber als Stammvater ansehen. Der Felsendom ist ein Bauwerk von vorislamischem, genauer gesagt syrischem Typ. Seine sowohl im Grund- wie im Aufriß erkennbaren harmonischen Proportionen beruhen auf der Kombination von Polygon und Stern, einem von den Griechen entwickelten Prinzip, das für die gesamte islamische Ornamentation zum Leitmotiv werden sollte. Einige Einzelheiten, wie das die Kapitelle verbindende Holzgestänge und die mit durchbrochenen Rahmen geschmückten Fenster verbinden den Bau eher mit byzantinischen als mit syrischen Bautraditionen. Außen hingegen - und jetzt von späteren Dekorationen verborgen - finden wir ein Arkadengesims mit kleinen Doppelsäulen nach iranischer Überlieferung, eine Tradition, die wahrscheinlich bereits in der Ghassanidenzeit nach Syrien gelangt ist, wie die Dekors des Tores von Ammàn und der Flachreliefs von Qasr al-Abyàd beweisen. Der Dom war im Inneren unten mit Marmorinkrustationen und oben mit Mosaiken reich geschmückt. Auch außen ist er mit Mosaiken verkleidet gewesen, die um 1550 durch einen Belag aus glasierten Fliesen ersetzt wurden.

Der reiche Mosaikschmuck mit seinen prächtigen und kunstvollen Darstellungen läßt sich mit größerer Wahrscheinlichkeit direkt auf byzantinische Traditionen zurückführen, die durch die kaiserlichen Gründungen an den heiligen Stätten der Christenheit bezeugt sind, als auf lokale syrisch-palästinensische Überlieferungen. Eine Erklärung dafür findet sich leicht in den Motiven zum Bau des Felsendoms, der dem politischen Ehrgeiz des großen Herrschers 'Abd al-Malik zur Repräsentation dienen sollte. Man darf nicht vergessen, daß 'Abd al-Malik im Rahmen des arabischen Staates Reformen von einer Reichweite verwirklicht hat, die die ganze spätere Geschichte des Islam geprägt und ihn von gefährlichen Abhängigkeiten befreit haben: unter ihm wird ein eigenes Münzsystem eingeführt und damit Freiheit von den byzantinischen und sassanidischen Vorbildern erreicht, das Arabische wird nicht nur zur Sprache der Religion, sondern wird auch Staatssprache, womit die Grundlagen für die sprachliche Einheit geschaffen werden, die eine der Kraftquellen des Islam sein sollte.

Als der Gegenkalif Ibn al-Zubayr sich empört und Mekkas bemächtigt hatte, ist der Felsendom auf Grund späterer Überlieferungen zum Ersatzwallfahrtsort für die Ka'aba geworden. Nach diesen neueren Legenden soll Mohammed sich zu seinem Flug ins Jenseits auf dem legendären Maulesel Burak von diesem Felsen erhoben haben. Die Mosaiken des Doms sind eine Komposition aus naturalistischen, der klassischen Überlieferung entlehnten und nach iranischem Geschmack stilisierten Pflanzenmotiven, aus königlichen Symbolen, wie der Krone und dem Geschmeide von byzantinischem oder sassanidischem Typ in Verbindung mit Schriftelementen, welche für die ästhetisch-ethischen Zielsetzungen des Islam kennzeichnend sind. Wie Oleg Grabor nachgewiesen hat, stellen sie in ihrer Gesamtheit eine Siegesverkündung über die beiden großen Feinde, Byzanz und die Sassaniden, dar sowie den Triumph der neuen, universalen Religion. Der Felsendom sollte demnach ein echtes Denkmal des Triumphes sein und sollte mit den christlichen Bauten Palästinas wetteifern, wofür wir auch ein ausdrückliches Zeugnis in den Schriften des aus Jerusalem stammenden Geographen des 10. Jahrhunderts, Muqàddasi, finden. Der Dom ist unter dem Eindruck der Grabeskirche von Jerusalem konzipiert worden, die jedoch mehr eine Basilika als ein Zentralbau ist; mit der wahrscheinlich auch von 'Abd al-Malik gegründeten al-Akza-Moschee, die uns nur in stark verändertem Zustand erhalten ist und kürzlich noch durch einen Brand beschädigt wurde, hat sie einen zusammenhängenden Komplex gebildet.

Die ursprüngliche al-Akza-Moschee hatte, wie sich aus der Untersuchung ihrer verschiedenen Umbauten ergab, Schiffe, die auf die Kiblawand zuliefen. Dieser Typ, der offensichtlich nach dem Vorbild der großen, christlichen Basiliken der konstantinischen Zeit zustandekam, bildet unter den Omajjaden-Moscheen Syriens eine Ausnahme. Diese haben einen völlig anderen Grundriß, der folgendermaßen beschrieben werden kann: auf einen Hof mit Arkaden (Sahn) öffnet sich ein Betsaal, bei dem die Breitenausdehnung betont ist und der meist in drei, parallel zur Rückwand (der Kiblawand) verlaufende Schiffe unterteilt ist, welche oft von einem axial auf den Michrab ausgerichteten Transept durchschnitten werden (das berühmteste Beispiel ist die Große Moschee von Damaskus). Der irakisch zu bezeichnende Regionaltyp hat hingegen einen beträchtlich tie-

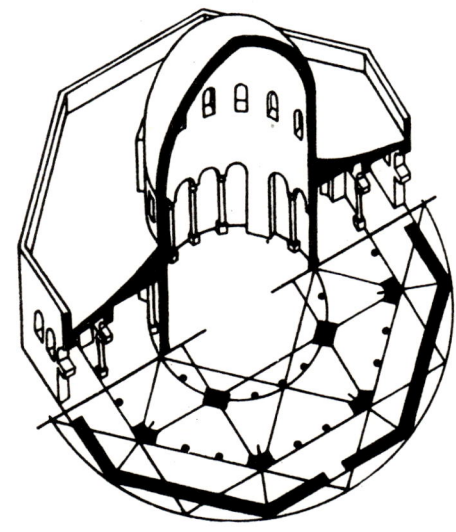

Jerusalem. Grund- und Aufriß des Felsendoms. Der oktogonale Bau hatte innen einen doppelten Umgang, dessen äußerer in Form eines Achtecks acht Pfeiler mit je zwei Zwischensäulen hatte, während der kreisförmige innere vier Pfeiler mit je drei Zwischensäulen aufwies. Auf diesem inneren Stützenkreis ruhte der zylindrische Tambour, der die hohe, doppelschalige Holzkuppel trug, die mit Metall verkleidet war.

Jerusalem. Rekonstruktionszeichnung der al-Akza-Moschee. Diese Moschee war nach einem basilikalen Plan erbaut, und zwar verlaufen die Schiffe rechtwinklig zur Kiblawand. Der hier wiedergegebene Rekonstruktionsversuch stammt von Creswell und bezieht sich auf die Restauration von 780 unter dem 'abbasidischen Kalifen al-Mahdi.

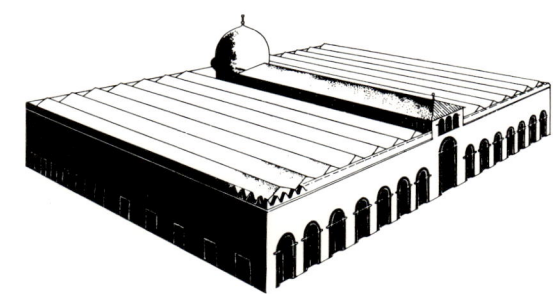

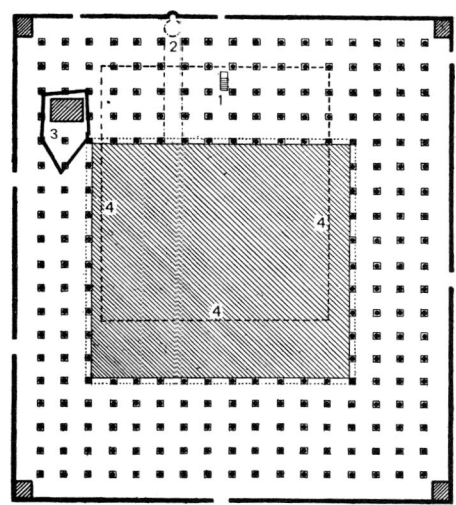

Medina. Rekonstruktionszeichnung von der Moschee zur Omajjaden-Zeit. Das ehemalige Haus der Propheten ist einbezogen:

1. Der Minbar steht am gleichen Platz, wo sich der Sitz Mohammeds befand, von dem aus er sprach. Er wurde auch nach der Erweiterung an dieser ursprünglichen Stelle gelassen
2. Der Michrab befindet sich nicht in der Achse des Baus, sondern soll an die ursprüngliche Kibla erinnern
3. Mohammeds Grab mit der unregelmäßigen Einfassung, die eine Gebetsorientierung in seine Richtung verhindern soll
4. Die Grenzen von Mohammeds Moschee

feren Betsaal mit Säulenstützen. Beide Typen können als Varianten des gleichen Programms betrachtet werden, nämlich einen Raum zu schaffen, der sich zur Aufnahme einer islamischen Gemeinde eignet.

Der Typ der irakischen Moschee war uns nur aus Beschreibungen bekannt, wie im Fall von Basra (665) oder Kufa (670), heute jedoch können wir uns eine genauere Vorstellung machen, nachdem in den Jahren 1936 bis 1946 eine Moschee freigelegt worden ist, die wir als älteste uns bekannte Große Moschee ansehen können, nämlich die Moschee der Omajjadenstadt Wàsit im Irak, die von dem berühmten Statthalter al-Hajjàj 703-704 erbaut wurde. Die allein erhaltenen Fundamente zeigen ein Quadrat von etwas mehr als hundert Metern Seitenlänge, auf drei Seiten ist der Hof von Arkaden umgeben gewesen, während sich auf der dritten Seite der Betsaal befand, der achtzehn Säulen in der Breitenrichtung und fünf für die Tiefe aufwies. Die Säulen waren aus Sandstein, und einige haben plastische Dekorationen im sassanidischen Stil. An der Kiblawand findet sich keine Nische für den Michrab, die in der Tat als eine Neuerung erst etwas später bei der Erweiterung und Wiederherstellung der Moschee des Propheten in Medina unter al-Walíd I. 707-709 eingeführt und von ihm mit reichen Marmorinkrustationen und kostbaren Mosaiken griechischer und koptischer Handwerker geschmückt worden ist. Die Moschee von Medina, die mehrere Male erneuert und wiederhergestellt worden ist, hat ihr ursprüngliches Aussehen eingebüßt. Nach der von Sauvaget geschaffenen Rekonstruktion wies sie eine Reihe besonderer Einzelheiten auf, die sich aus ihrem früheren Zustand als ehemaliges Haus des Propheten ergeben hatten, das zur Erinnerung an ihn umgestaltet worden war. Die Kibla zum Beispiel lag nicht in der Achse des Baus, und in der Moschee war das Grab Mohammeds untergebracht. Eine der großen Neuerungen war die Einführung des Michrabs zur Betonung der Kibla, er erhielt die Form einer Nische und war von einem Bogen eingefaßt, – eine Gestaltung, die später zum bleibenden Element der islamischen Sakralbaukunst werden sollte. Über die eigentlichen Ursprünge des Michrab sind die verschiedensten Hypothesen aufgestellt worden. Am überzeugensten ist die Auffassung von H. Stern, wonach der Michrab an den Platz gemahnen sollte, den Mohammed in der Moschee als Imam eingenommen hat, während seine Form auf die römischen Ehrenmonumente zurückzuführen sei. Aber auch die Interpretation von J. Sauvaget ist nicht zurückzuweisen, der den Michrab von der Apsis an der Schmalseite des basilikalen Audienzsaales ableitet: ursprünglich waren Religion und Staat nicht getrennt.

Die Große Moschee von Damaskus, die der Islam mit Recht als eines seiner Wunderwerke ansieht und die die älteste in ihren wesentlichen Bestandteilen erhaltene ist, stellt das großartigste Beispiel der Großen Moscheen Syriens aus der Omajjaden-Zeit dar und ist außerdem eines der vollendetsten architektonischen Werke dieser Zeit. Al-Walíd I. ließ sie zwischen 706 und 715 an dem Platz errichten, wo der heilige Bezirk des Jupitertempels gelegen hatte, und vom dessen Temenos sind ihre Maße bestimmt (157 mal 100 Meter). Die sich an drei Seiten um ihn herumziehenden Arkaden und der Betsaal an der Südseite umgrenzten einen Hof von 122 mal 50 Metern. Der Betsaal ist durch Säulenreihen in drei parallel zur Kiblawand verlaufende Schiffe unterteilt, wobei im Inneren zwei übereinander gruppierte Arkaden mit Säulen in zweifacher Anordnung als Stützen dienen, während sie zum Hof hin von Pfeilern abgelöst sind. Die hohe Fassade des Transepts beherrscht die Hofansicht, es durchschneidet die drei Schiffe axial zum Michrab. Über diesem Querschiff erhebt sich eine Kuppel aus neuerer Zeit, die einer alten von 1082-1083, die bei einem Brand zerstört wurde, nachgebildet ist. Die ursprüngliche Kuppel, ebenfalls eine Holzkonstruktion, muß sich näher beim Michrab und über der maqsura befunden haben, einer durch Holzschranken abgetrennten Fläche, die dem Herrscher und seiner Familie vorbehalten war und von den Kalifen Mu'awija oder Merwan (683 - 685) eingeführt worden ist, um gegen mögliche Attentate geschützt zu sein. Eine Reihe von Fenstern erleuchtete den Betsaal und das Transept; die Dachkonstruktion war aus Holz mit einem Dachstuhl mit doppeltem Giebel. Im Sahn sieht man im östlichen Teil einen kleinen Bau, der aus einem über einem Oktogon errichteten Raum und einer auf acht Säulen ruhenden Kuppel besteht, die ursprünglich mit Mosaiken geschmückt waren. Dies ist der bayt al-mal, das kleine Bauwerk, in dem der

Schatz der islamischen Gemeinde nach einem im frühen Islam üblichen Brauch aufbewahrt wurde, – wir wissen jedoch nicht, ob diese Gewohnheit noch für die Omajjaden-Zeit galt.

Die Moschee war mit einem hohen Sims von farbigem Marmorbelag byzantinischen Typs und prächtigen Mosaiken in den Wölbungen geschmückt, von denen jedoch nach den verheerenden Bränden, durch die der Bau heimgesucht worden ist, nur geringe Reste erhalten blieben. Sie reichen aus, um uns die hohe Qualität erkennen und damit den unersetzlichen Verlust beklagen zu lassen. Der Mosaikschmuck, bei dem keine Darstellungen von Menschen oder Tieren vorkommen, zeigt Ansichten von Städten sowie eine reiche Vegetation, die in einem illusionistischen Stil nach klassischer Überlieferung und in vollendeter byzantinischer Technik ausgeführt sind. Höchstwahrscheinlich sind sie auch von byzantinischen Handwerkern selbst geschaffen worden, wie die Mosaiken der Moschee von Medina, für die 'Abd al-Malik vom Kaiser von Byzanz Unterstützung erbeten und auch erhalten hatte, indem dieser ihm mit der Gestellung von Arbeitern und der Lieferung von Material behilflich war.

Die von al-Walíd I. errichtete Große Moschee sollte nicht nur den Bedürfnissen der an Zahl gewachsenen islamischen Bevölkerung von Damaskus genügen, sondern den Untertanen sollte ein Bau zu Verfügung gestellt werden, der in seiner Würde mit den großen christlichen Basiliken wetteifern konnte, von denen in Syrien eine große Zahl zu sehen war. Die Themen der Mosaiken sind in verschiedenster Weise interpretiert worden. Wenn man dem Geographen Muqàddasi

Jerusalem. Der Felsendom (Qubbàt al-Sakhra). Der Kalif 'Abd al-Malik (685 - 705) ließ diesen Dom über dem Felsen errichten, der nach alter Überlieferung als Schauplatz von Abrahams Opfer galt, den die Araber als Stammvater betrachten. Nach einer späteren Legende soll Mohammed von ihm aus seine Himmelfahrt auf dem mystischen Reittier Burak angetreten haben. Der Bau ist ein Triumphdenkmal und verherrlicht den Sieg über die beiden großen Feinde des Islam, Byzanz und die Sassaniden.

Damaskus (Syrien). Die Große Moschee der Omajjaden. Sie wurde 706 - 715 unter dem Kalifen al-Walid I. erbaut. Blick vom Hof auf den Betsaal mit der beherrschenden Fassade des Transepts.

Unsre Leute trennt . . .

Unsre Leute trennt, Botheina,
Feindschaft in zwei Teile,
Daß von dannen einer ziehe,
und der andre weile.
Wenn ich nun ein Weichling wäre,
würde mich die Ferne
Dämpfen, doch von vestem Schaft
bin ich und altem Kerne.
Zwischen uns ist keine Fehde,
ob sie in die Runde
Toben mag, wenn du nur bleibst,
Botheina, treu dem Bunde.

[Rückert II, Seite 115]

Ein froher Abend

Wie lieb ist mir der Abend in Dair Bawanna,
wo man uns Wein einschenkte und uns
vorgesungen wurde.
Wie immer da die Gläser kreisten, kreisten
wir (im Tanz).
Unwissende mochten uns für närrisch halten.
Und wir kamen vorbei an duftenden Frauen,
und Gesang und dunkelfarbigem Wein.
Da ließen wir uns nieder.
Und wir machten zum Kalifen Gottes den
Petrus
im Spott und zum Hofbereiter den Johannes.
Dann empfingen wir ihre Kommunion und
verneigten uns sodann
vor den Kreuzen ihres Klosters und wurden
so zu Ungläubigen.

[al-Walid II. Ibn Yazid II.,
omayyadischer Kalif, gestorben 744 n.Chr.]

vom Ende des 10. Jahrhunderts folgt, dann «gab es keinen Baum und keine berühmte Stadt, die nicht auf den Wänden der Moschee dargestellt wäre». Höchstwahrscheinlich sind die Mosaiken eine symbolische Darstellung der unter der Herrschaft des Islam befriedeten Welt, die einer idyllischen Vision des Goldenen Zeitalters gleichkam, also ein Motiv des Triumphes gleich jenem, der in der Architektur und dem Mosaikschmuck des Felsendoms zum Ausdruck kommen sollte. In der Moschee von Damaskus wird aber die Macht betont, die konkrete Herrschaft über die durch ihre Städte und ihre Vegetation gekennzeichnete Welt. Hier liegt der Schlüssel, um auch die Struktur der syrischen Omajjaden-Moschee besser verstehen zu können. Wenn man diesen Bautyp als absolutes Zentrum des Glaubens und als Brennpunkt der politischen Macht betrachtet, dann hat er unter den Ansprüchen, die der Islam übereinstimmend mit der Reichspolitik der Omajjaden für sich geltend machte, in der Großen Moschee von Damaskus die vollendete Form gefunden.

Diese doppelte, religiöse und politische Funktion der Moschee kam auch in ihrer örtlichen Lage zum Ausdruck, in der unmittelbaren Nähe zum Regierungspalast, die in der Zeit der Omajjaden und zum Teil auch noch unter den ihnen folgenden 'Abbasiden stets eingehalten wurde. Hiervon kann man sich noch in 'Andschar vergewissern, einer kleinen, an der Straße von Beirut nach Baalbek gelegenen Stadt, die uns in ihren Hauptzügen unversehrt erhalten blieb, nachdem sie beim Sturz der Dynastie aufgegeben worden war. In der Stadtanlage mit ihrem Mauerviereck und den vier Toren für die beiden mit Säulengängen versehenen Hauptstraßen, die sich rechtwinklig unter einer Viertoranlage wie in den römisch-syrischen Städten schneiden, haben wir den Beweis für das Fortdauern vorislamischer Traditionen. Die Einwohner waren auf die *insulae* verteilt, und der Baukomplex Regierungspalast-Moschee liegt im südwestlichen Viertel in der Nähe der Viertoranlage. Die Moschee mit nur zwei Schiffen liegt an einem Hof, dessen Ausmaße reduziert sind, was zeigt, daß man sich noch in einer Phase des Suchens nach der architektonischen Gestaltung befand. Der Palast hat einen Mittelhof, auf welchen an den Schmalseiten zwei Säle mit Apsiden münden - offensichtlich Repräsentationsräume –, bei einem von ihnen erkennt man eine basilikale Anlage

mit drei Schiffen. An den Breitseiten liegen die Reihen der Privaträume. In der Nähe des nördlichen Stadttors sieht man die Anlage eines öffentlichen Bades mit einem großen Saal, an den sich der eigentliche Thermalbau anschloß.

In Syrien und Palästina haben die Omajjaden zweifellos die territoriale Organisation der vor-islamischen Zeit übernommen und beibehalten, so kennen wir zum Beispiel Meilensteine des 'Abd al-Malik, die die Sorge um die Erhaltung des Straßennetzes bezeugen. Auch das System der Erschließung von semiariden Gebieten, das als syrischer *limes* in der römischen Kaiserzeit errichtet worden war, haben sie wiedereingeführt und neuhergestellt. Es diente der Sicherung des Verkehrs und dem Schutz gegen das Eindringen von aus dem Süden stammenden Nomaden. Von dieser intensiven Tätigkeit sind uns zahlreiche Gründungen der Omajjaden erhalten, die Wiederholungen der älteren römisch-byzantinischen und ghassanidischen Einrichtungen sind. Man kann sie in dichter Folge in der Wüste entlang der Niederschlagslinie von etwa einhundertfünfzig Millimeter Regenmenge finden, die als zarter Schutzsaum des westlichen Teils des «Fruchtbaren Halbmondes» in großem Bogen vom Euphrat bei Rakka bis nach Akaba ver-

Damaskus (Syrien). Die Große Moschee der Omajjaden. Die prächtige Ausstattung mit kostbarem Marmorbelag und Mosaiken, mit denen der ganze Bau ausgeschmückt war, wurde bei dem Brand von 1893 fast völlig zerstört. An den wenigen Überresten können wir noch die hohe künstlerische Qualität erkennen. Die Mosaiken in byzantinischer Technik aus farbigem und goldenem Glas enthalten keine Darstellungen von Lebewesen, sie zeigen Stadtansichten mit oft phantastischen Architekturen und Dekorationen gleich jener, die man in diesem Bild über der Tür erkennen kann, und außerdem dicht belaubte Bäume. Wahrscheinlich sollen die Mosaiken die unter islamischer Herrschaft befriedete Welt darstellen.

24

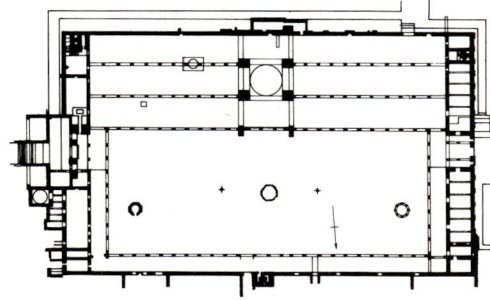

Damaskus. Grundriß der Großen Moschee der Omajjaden. Diese Moschee ist eines der vollkommensten Werke der Omajjaden-Baukunst und das großartigste Beispiel einer masjíd al-jamaa dieser Zeit. Typisch ist der Plan mit dem in drei Schiffe unterteilten Betsaal, die parallel zur Kiblawand verlaufen und von einem weiträumigen Transept durchschnitten werden, das sich mit drei Bogen auf den großen Arkadenhof öffnet.

'Andschar. Stadtplan. Diese Stadtanlage beweist das Fortdauern vor-islamischer Traditionen. Man beachte die großen, mit Säulengängen versehenen Hauptstraßen und die Unterteilung in insulae:
1. *Palast des Herrschers mit zwei sich gegenüberliegenden Apsidensälen*
2. *Moschee*
3. *Bäder*

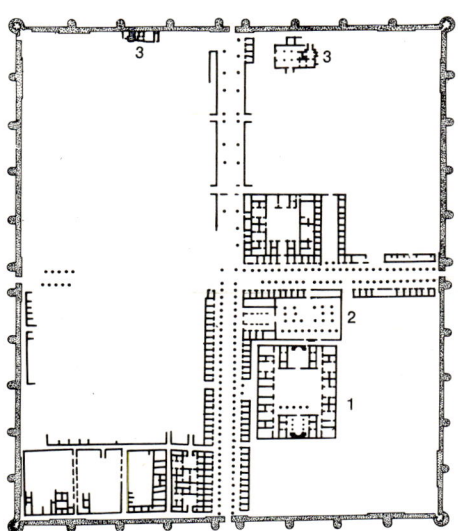

läuft. Diese unter dem Namen «Wüstenschlösser» bekannten Bauten sind nicht, wie man früher geglaubt hat, aus einer romantischen Sehnsucht der neuen Eroberer nach der Wüste entstanden, – ihre Führer haben im Gegenteil einer städtischen Aristokratie angehört. Wenn auch bekannt ist, daß die Omajjaden-Kalifen das Leben in den volkreichen und unruhigen Städten Syriens, deren Einwohner zum größten Teil noch nicht dem Islam angehörten, nicht geschätzt haben, so waren dafür vor allem politische Gründe entscheidend. Schon Monneret de Villard und Sauvaget haben darauf hingewiesen, und die jüngsten Untersuchungen haben es bestätigt, daß praktisch alle Omajjaden-Residenzen nicht nur für das Leben der Fürsten bestimmt waren, sondern Zentren landwirtschaftlicher Betriebe gewesen sind, die sich direkt auf die befestigte ländliche Villa des antiken Spätrom zurückführen lassen. Neben den prunkhaften Bauten, die man dem Kalifen oder seinen Familienangehörigen unmittelbar zuschreiben kann, sind auch kleinere und architektonisch bescheidenere Bauten bezeugt, die ohne Zweifel privaten Besitzern gehört haben.

Die Omajjaden-Residenz oder das Omajjaden-Schloß läßt sich ungefähr als ein Mauerquadrat mit runden Ecktürmen beschreiben, das nur einen einzigen Zugang hatte. Der zentral gelegene Hof war ganz oder zum Teil mit Säulengängen umgeben, auf ihn führten die Wohnräume hinaus, deren Verteilung außerordentlich verschieden war. Es scheint, daß bei der Entwicklung des von den *castra* des römisch-byzantinischen *limes* abgeleiteten Bautyps die halbseßhaften Ghassaniden einen entscheidenden Beitrag bei der äußeren Gestaltung geleistet haben. Augenscheinlich ist ihnen die Verteilung der Wohnräume entlang der Mauer zuzuschreiben und auch die Vermittlung von einigen typisch iranischen Elementen, wie etwa den runden Türmen. In diesen Schlössern bestand die Wohneinheit (*bayt*, ursprünglich das Zelt) meist aus vier sich paarweise an einem kleinen Hof gegenüberliegenden Räumen, und ist syrischer Herkunft. Fast immer gab es in diesen Palästen einen Betsaal.

Zu den ältesten dieser Schlösser gehört die al-Walíd I. zugeschriebene Residenz von al-Miniya am See Genezareth. Die Verteilung der Raumgruppen ist dort unregelmäßig, bemerkenswert sind eine Moschee mit drei querverlaufenden Schiffen, ein reich geschmückter basilikaler Saal und neben ihm ein Bayt. Zu den größten und prächtigsten unter diesen Kalifen-Residenzen gehört Chirbat al-Mafdschar in der Nähe von Jericho, das aber nicht wie die anderen Schlösser in der Wüste liegt. Dort ist ein vorhanden gewesener römischer Aquädukt sowohl für die Bedürfnisse des Palastes, dem ein großer Bäderbau angegliedert war, als auch für die Bewässerung der Felder im Jordantal und für die innerhalb der weiten Einfriedung des Palastes selbst gelegenen Kulturen weiterbenutzt worden. Das Wasser diente darüber hinaus zum Betrieb von Mühlen für Zuckerrohr, dessen Anbau hochgeschätzt war, seit die Sassaniden es aus Indien nach Susa gebracht hatten und es sich im 6. Jahrhundert zu verbreiten begann. Vor dem Zugang zum eigentlichen Palast lag ein von Arkaden umgebener Hof mit einem quadratischen Wasserbecken in der Mitte, über dem sich ein achteckiger Pavillon erhob. Von dort konnte man von außen her zur Moschee und zu den Bädern gelangen, die sich beide nach Norden erstreckten. Durch eine tiefe Vorhalle mit einem von Türmen flankierten Vorbau gelangte man in den Arkadenhof des Palastes. Dieser war in verschiedene Raumgruppen eingeteilt und hatte an der Südseite einen Betsaal sowie einen im Sommer zur Erfrischung dienenden, unterirdisch gelegenen Raum. Die Repräsentationsräume lagen im zweiten Stock. Über eine Treppe kam man in einen anderen Hof, an den sich im Westen die Moschee anschloß und im Norden die Anlage der Thermen. Den Bäderkomplex beherrschte ein großer, durch vier Reihen von Pfeilern unterteilter Saal, dessen Wände durch halbkreisförmige Nischen gegliedert waren und der in der Mitte von einer Kuppel gekrönt wurde. Im Gegensatz zu den anderen uns bekannten Omajjaden-Bädern und den Bädern aus späterer Zeit, hatte der große Saal noch die Aufgabe eines *frigidariums,* seine *natatio* lag im Süden. Der Saal diente auch als Ruheraum, und an ihn schloß sich ein kleiner, mit einer Apsis ausgestatteter Saal an, der als Audienzsaal diente. Das *caldarium* über den Pfeilern der Hypokaustenheizung stellt ein runder Saal mit radialer Nischenanordnung dar.

Der Palast, der - abgesehen von der Bäderanlage - nie vollendet worden ist,

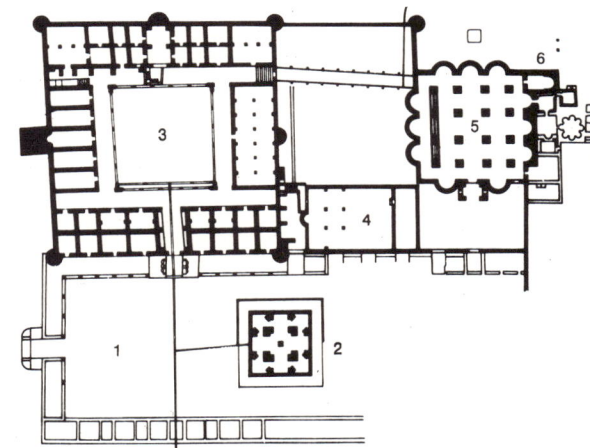

kann wahrscheinlich der Zeit des Kalifen Hischam (724 - 743) zugeschrieben werden. Die Residenz war reich mit Stuck- und Mosaikarbeiten ausgeschmückt. Beim Stuckdekor, mit seiner von den Sassaniden übernommenen Technik, findet man geometrische und vegetabile Motive, doch überwiegen figürliche Darstellungen von Tieren und Menschen, unter denen auch die Statue des Kalifen in einer frontalen und typisch persischen Darstellung zu sehen ist. Besonders kostbar waren die musivischen Arbeiten, von denen uns das prachtvolle Mosaik des Audienzsaales erhalten blieb, das einen Teppich nachbildet, auf dem ein Baum zwischen zwei Tierkampfszenen dargestellt ist; auch die Fußbodenmosaiken des *frigidariums* mit geometrischen Motiven nach klassischer Tradition blieben bewahrt. Mosaikfußböden mit geometrischen Darstellungen haben auch den vorher erwähnten Palast von al-Miniya und das Bad von Kusair 'Amra geschmückt. Das letztgenannte, von außen recht kahle Schloß unterscheidet sich in mancher Hinsicht von Chirbat al-Mafdschar. Das Hauptinteresse liegt bei den Wandmalereien, die jetzt fast völlig zerstört sind, früher aber alle Wände bedeckt haben. Sie waren von spätrömischem und byzantinischem Stil und es gab darunter Darstellungen von Badeszenen, gymnastischen Spielen, von nackten Frauen bei verschiedenen Arbeiten, Genreszenen, Personifikationen aus Geschichte und Poesie sowie den Tierkreis an der Decke des *caldariums*. In der Exedra des großen Saals mit den parallelen Tonnengewölben, der der Audienzsaal gewesen sein muß, gibt es eine Darstellung eines thronenden Fürsten, der wie ein Pantokrator nach byzantinischer Ikonographie wiedergegeben ist. Neben ihm sind sechs Figuren in reichen Gewändern zu sehen, von denen vier durch griechische und arabische Inschriften gekennzeichnet sind als Kaiser von Byzanz, als König von Persien, als Negus und als der letzte westgotische König von Spanien, Roderich, der 711 im Kampf gegen die Araber fiel; die beiden anderen Gestalten könnten vielleicht als die Kaiser von China und Indien interpretiert werden, das heißt die «besiegten Feinde des Islam» sollen wiedergegeben werden. In der Datierung

Chirbat al-Mafdschar bei Jericho (Jordanien). Das Schloß wird auf die Zeit des Omajjaden-Kalifen Hischam (724 - 743) datiert. Blick auf den zu den Thermalanlagen gehörenden großen Saal mit den Pfeilern und dem nach klassischem Geschmack mit geometrischen Motiven dekorierten Mosaikboden.

Chirbat al-Mafdschar. Stadtplan:
1. *Arkadenhof*
2. *Wasserbecken mit Pavillon*
3. *Palast*
4. *Moschee*
5. *Thermalanlage mit dem großen Saal mit den Pfeilern*
6. *Thronsaal*

26

Mschatta bei Ammàn (Jordanien). Detail von der mit reichem Reliefschmuck ausgestatteten Fassade des Omajjaden-Palastes, jetzt in den Staatlichen Museen, Berlin.

Chirbat al-Mafdschar. Rekonstruktionszeichnung des Thronsaals.

dieses bedeutenden Bilderkomplexes gehen die Meinungen auseinander, als späteste Zeit gilt jedenfalls 711, und man schreibt nach altem Übereinkommen die Residenz dem Kalifen al-Walíd I. (705 - 715) zu; erst in jüngerer Zeit ist die Auffassung vertreten worden, daß das Werk aus der Zeit des Kalifen Hischam (724 - 743) stammen könne.

Während bei den Wandmalereien von Kusair ʾAmra die westliche Ikonographie und westliche Stile vorherrschen, ist in dem «Wüstenschloß» von Qasr al-Hair aus der Zeit Hischams I., das westlich (al-Gharbi) an der Straße von Damaskus nach Palmyra liegt, der iranische Einfluß bei einigen Bodenmalereien offensichtlich, und zwar nicht nur in der Wahl der Themen – Hof- und Jagdszenen –, sondern auch in stilistischer Hinsicht, wie wir Ähnliches schon bei den Dekorationen von Chirbat al-Mafdschar feststellen konnten. Es ist nicht ohne Bedeutung, daß gerade unter Hischam I. Syrien-Palästina zwar noch bevorzugtes Gebiet der Omajjaden blieb, sich aber ein immer stärkeres Interesse für die östlichen Länder, insbesondere Mesopotamien, bemerkbar machte. Wenn dabei auch wirtschaftliche und politische Gesichtspunkte eine Rolle spielten, kann man hierin eine Vorwegnahme der späteren Entscheidungen der Kalifen aus der Abbasiden-Dynastie sehen. Auch auf der östlichen Seite des «Fruchtbaren Halbmonds» haben sich die Omajjaden für große Entwicklungsvorhaben und Unternehmungen zur Gewinnung von Land eingesetzt. Sie haben bewundernswerte Bauten oder Wiederherstellungsarbeiten für die Kanalisierung der Wasser des Euphrat veranlaßt, und sie haben neue Kulturen eingeführt. Vielleicht stammt aus ihrer Zeit der Baumwollanbau in Dschesire (dem mesopotamischen Bergland). Aus Zentralasien ist die Baumwolle eingeführt worden, hat sich immer stärker verbreitet und hat schließlich den Anbau des herkömmlichen Leinens verdrängt. Dem Kalifen Hischam wird unter anderem auch das zweite, östlich (ash-Sharqi) gelegene Schloß von Qasr al-Hair zugeschrieben, das der Römer Pietro della Valle in der Wüste zwischen Palmyra und dem Euphrat entdeckt hat. Diese Residenz

besteht aus einer Festung und einem Schloß in Verbindung mit einer Karawanserei von ganz einfachem Typ, die zu den ältesten islamischen Bauten ihrer Art gehört. Auch eine Reihe von Bauten in der Nähe von Rusafa/Sergiopolis, dem Wallfahrtsort der syrischen Christen, rechnet man dem gleichen Kalifen zu, – die alte, an der Straße nach Rakka gelegene Karawanenstadt scheint von Hischam zur neuen Hauptstadt gemacht worden zu sein. Aus der Endphase der starken Bautätigkeit der Omajjaden stammt das großartige, unvollendete Schloß von Mschatta bei Ammàn, dessen Datierung zu vielen Kontroversen Anlaß gab. Von außen gleicht der Bau mit seiner von Türmen flankierten Mauer einem üblichen Omajjaden-Schloß, wenn man von den Maßen (etwa 144 mal 144 Meter) absieht. Im Inneren jedoch ist die Anlage weit komplizierter und weicht von den bisherigen Bauten ab; hier sind die großen Paläste der 'Abbasiden vorangekündigt. Der Palastbezirk ist in drei gleich große Teile unterteilt, aber die Seitentrakte sind nicht einmal in Angriff genommen worden. Im ebenfalls dreifach unterteilten Mittelteil erkennt man den Bau für den Torbereich; zu ihm gehörte auf der rechten Seite ein Betsaal und außerdem ein Vorhof, dessen Wände durch Nischen belebt sind. Dann gelangt man in einen Ehrenhof, an den sich die eigentliche Residenz anschließt. Diese besteht aus vier Bayt, die den Audienzsaal umgeben. Mit drei Gewölben, wie ein Triumphbogen, öffnet sich dieser auf den Hof, und die Mittelhalle des dreischiffig basilikalen Thronsaales endet mit einem Trikonchenraum, – ein Beweis dafür, daß hier eine Verbindung von syrischen mit iranisch-mesopotamischen Bautraditionen zustande kam. Die Außenfassade bot einen

Eine berühmte Kanzelrede

Ja, ich sehe die Köpfe, die reif sind, und daß die Zeit gekommen ist, sie abzumähen, und ich schaue auf Blut zwischen den Turbanen und den Bärten. Mich, o ihr Leute des Iraq, drückt man nicht zusammen wie eine Feige, und trommelt mir nichts vor auf alten Schläuchen. Man hat nachgefühlt, daß mir Verstand zuzutrauen, und beim Wettrennen habe ich das Ziel erreicht. Der Beherrscher der Gläubigen, 'Abdelmalik, hat seinen Köcher ausgeschüttet und in die Hölzer desselben gebissen: da hat er mich erfunden als den härtesten Holzes und schwersten Zerbrechens. Deshalb hat er mich zu euch geschickt, denn ihr seid nur zu lange Galopp gelaufen in Empörungen und gewandelt den Weg der Verblendung: bei Gott, ich werde euch schälen, wie man Bäumen die Rinde abschält, und werde euch binden, wie

28

Kusair 'Amra. Grundriß:
1. Audienzsaal mit den drei von parallel gestellten Bogen getragenen Tonnengewölben
2. Die Exedra mit dem Thron, in der sich das Fresko mit der Darstellung des Fürsten befand
3. Apodyterium (Auskleideraum)
4. Tepidarium
5. Caldarium, dessen Kuppel mit dem Fresko des Tierkreises geschmückt war
6. Heizungsanlage

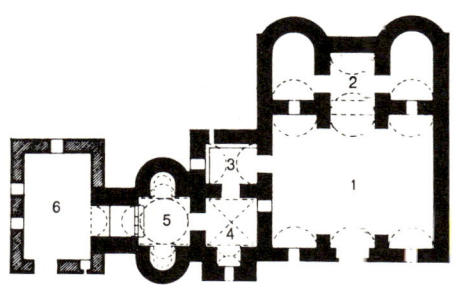

man Mimosen bindet, und werde euch prügeln, wie man ein fremdes Kamel prügelt. Bei Gott, ich verspreche nichts, außer ich halte es, und ich plane nichts, ohne es zu vollenden. Ich sehe diese Gruppen mit ihrem Hin- und Hergerede und mit dem, was sie alles schwatzen? Worin habt ihr es damit zu tun? Bei Gott, ihr werdet den rechten Weg gehen auf den Pfaden der Wahrheit oder ich werde jedem von euch zu tun geben mit seiner eigenen Haut. Wenn ich in drei Tagen noch einen vorfinde vom Armeekorps al-Muhallabs, dessen Blut lasse ich vergießen und dessen Besitz plündern.

[al-Hajjāj Ibn Yusuf (661-714), der berühmteste und fähigste Statthalter der Omayyaden, hielt diese berühmt gewordene Rede anläßlich der Übernahme der Statthalterschaft in Kufa im Jahre 694]

reichen Skulpturenschmuck von flachen Reliefs mit Pflanzenornamenten, die von Tieren belebt waren. Nur an der rechten Torfront fehlten sie. Bei diesem Fassadenschmuck kann man verschiedene Gruppen von Steinmetzen unterscheiden, was auf die sogenannte Leiturgie zurückzuführen ist, das heißt die Gestellung von Handwerkern aus allen Teilen des Reiches. So lassen sich bei der Ornamentation von Mschatta syrische, koptische und iranisch-mesopotamische Elemente erkennen.

Mit dem Fall der Omajjaden-Dynastie wurden die künstlich geschaffenen Oasen der semiariden Gebiete von Syrien und Palästina aufgegeben und ihre Paläste verlassen. Das Gebiet einer seßhaften Besiedlung wich unaufhaltsam an die Peripherie des «Fruchtbaren Halbmondes» zurück, und erst in jüngster Zeit konnte diese Bewegung wieder in umgekehrter Richtung vorangetrieben werden. Dieses Phänomen scheint unter den letzten Omajjaden eingesetzt zu haben, sei es, weil sich immer stärker eine nach Osten gerichtete Politik abzeichnete, sei es, weil die Erhaltung dieser künstlichen Oasen sich wirtschaftlich nicht mehr lohnte.

Mit dem Aufstieg der 'Abbasiden haben Syrien und Palästina ihre Rolle der bevorzugten Gebiete eingebüßt; sie hatten später im Verhältnis zum Osten und insbesondere zu Mesopotamien nur noch eine untergeordnete Bedeutung. Aus dieser Zeit stammt die traditionelle Rivalität zwischen den Bewohnern des Irak und Syriens. Die ersten Gebiete der islamischen Herrschaft können aber das Verdienst für sich in Anspruch nehmen, die Synthese zwischen den verschiedenen künstlerischen Strömungen der alten Welt eingeleitet zu haben. Im neuen mesopotamischen Schmelztiegel sollte sie zunehmend autonome Züge gewinnen.

Die Reichskunst der 'Abbasiden

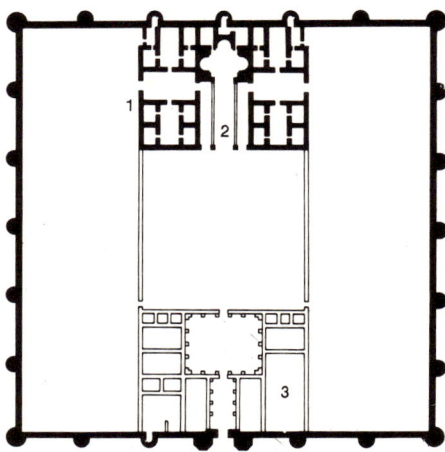

Als mit der ersten Hälfte des 8. Jahrhunderts die großen Eroberungen abgeschlossen waren, erfreute sich der von den Arabern gegründete Staat verhältnismäßiger Ruhe an seinen Grenzen; dadurch vermochte er einer schweren inneren Krise zu begegnen, die ihre Ursachen in sozialen, finanziellen und politisch-religiösen Problemen hatte, Schwierigkeiten, die zum Sturz der Omajjaden-Herrschaft führten. Von besonderer Dringlichkeit war das soziale Problem, das sich aus der Ungleichheit der Rechte zwischen der arabischen Aristokratie und den Neubekehrten ergab, die man wider den Grundsatz der Gleichheit aller Muslimen weiter als minderwertigen Stand behandeln wollte. Nicht minder belastend waren die wirtschaftlichen und finanziellen Probleme des Omajjaden-Staates, die sich teils aus der Verringerung der Einnahmen ergaben, weil durch das Stocken der Eroberungen keine Beute mehr gewonnen wurde, die vor allem aber durch die Unzulänglichkeit seiner Organisation bedingt waren. Der Aufruhr brach in einem Randgebiet aus, in Chorassan, das von allen Gebieten des Iran am stärksten islamisiert war, und zwar unter dem ideologischen Vorwand, an den Omajjaden Rache nehmen zu wollen, da sie die Familie des Propheten um die Rechte auf das Kalifat beraubt hätten. Die Nutznießer des Aufstandes waren die 'Abbasiden, die ihre Herkunft von einem Onkel Mohammeds ableiteten.

Das Kalifat der 'Abbasiden hat sich etwa fünf Jahrhunderte lang gehalten, zumindest dem Namen nach, denn seine tatsächliche Macht verringerte sich nach kurzem Glanz in zunehmendem Maße; es war schließlich kaum mehr als ein Ehrentitel. Der letzte Kalif aus der 'Abbasiden-Dynastie wurde im Jahre 1258, als die Mongolen Bagdad plünderten, ermordet.

Eine der ersten Handlungen der neuen Kalifen aus der 'Abbasiden-Dynastie war die Aufgabe von Damaskus als offizielle Hauptstadt des Reiches. Sie wurde nach Mesopotamien verlegt, wo der zweite 'Abbasiden-Kalif al-Mansur im Jahre 762 in der Nähe der alten Perserresidenz Ktesiphon Bagdad gegründet hat. Diese Verlagerung des Machtzentrums nach dem Osten war eine logische und politische Notwendigkeit. Schon die Beobachtung, die die letzten Omajjaden-Kalifen Mesopotamien haben zugedeihen lassen, zeigte, was für ein politisches und ökonomisches Gewicht die östlichen Provinzen im islamischen Staatenverband allmählich gewinnen konnten. Vom kunsthistorischen Gesichtspunkt bedeutete die Verlegung des Schwergewichts in den Osten, daß der Islam endgültig orientalisiert wurde, wobei sich in diesem Prozeß insbesondere persische Einflüsse behaupten sollten. Es war auch die Öffnung zur Aufnahme immer weiter reichender Einflüsse aus Mittel- und aus Ostasien damit verbunden.

Der in einem städtischen Milieu und in Handelskreisen entstandene Islam konnte seine kulturelle Aufgabe einer Förderung von Austausch und Verkehr voll erfüllen, als er für den Sitz der Macht Mesopotamien wählte, ein echtes Verkehrskreuz des Reiches, durch das die uralten Handelsstraßen zwischen Asien, Europa und Afrika gingen. Das dichtbesiedelte und von einem engen Netz alter und neugegründeter Städte bedeckte Mesopotamien erhielt mit der neuen Hauptstadt und dem prunkvollen Kalifenhof sowie der ungewöhnlichen Konzentration von Reichtümern ein Zentrum, von dem unerhörte Antriebe ausgingen. Die hohe Vorstellung von der Macht, die schon den Omajjaden eigen war, erfährt bei den 'Abbasiden noch eine Steigerung, deren Manifestation sich an dem Vorbild der alten orientalischen Königsherrschaften orientiert. Der Kalif verbringt sein Leben an einem prunkvollen Hof, fern vom Volk, und in dieser Umgebung voller Luxus und Pracht konzentrieren sich alle seine Bestrebungen auf die Manifestation seiner Macht, die zur eigenen Verherrlichung dient. Im Schatten des Kalifen entwickelt sich ein aus Kaufleuten, Verwaltungsbeamten, Grundbesitzern, Gelehrten und Künstlern bestehendes Bürgertum, dem es gerade wegen seiner ständigen Verbindung mit dem Herrscher zwar nie gelingt, echtes politisches Gewicht zu bekommen, das aber in überwiegendem Maße dazu beigetragen hat,

Mschatta. Grundriß des Omajjaden-Schlosses:
1. *Eine von vier Räumen gebildete Wohneinheit (bayt)*
2. *Der in einen quadratischen Trikonchenraum mündende Audienzsaal von basilikaler Anlage, der sich nach der Hofseite wie ein dreifach unterteilter Triumphbogen öffnet*
3. *Betsaal*

Mschatta. Rekonstruktion der einem Triumphbogen gleichenden Fassade des Audienzsaales.

Bacchisch

Freust du dich nicht, daß die Erde strahlt, während der Wein gleichzeitig weißhaarig und jungfräulich sein kann?

Es gibt keine Entschuldigung dafür, daß du dich des alten Weines enthältst, dessen Vater die Nacht ist und dessen Mutter grün ist (es ist wohl der Weinstock gemeint).

Eile; denn die Gärten von al-Karh sind lieblich! Nie griff eine staubbedeckte Hand des Krieges nach ihnen.

In ihnen gibt es verschiedene Arten von Vögeln. Zwischen ihnen und dem Wasser besteht kein Haß.

Wenn sie singen, lassen sie keine Brust ohne Freude, durch die die Krankheit geheilt wird.

Manches Haus eines Weinwirtes umkreise ich, während das Gewand der Nacht schwarz wie Pech war.

Da erhob sich ein Fülliger von seiner Lagerstatt. Er schwankte vor Trunkenheit. Seine Augen waren verschlafen.

Er sagte freundlich: «Wer bist du?» Ich sprach: «Ein Edler, wenn man von mir redet, habe ich gute Namen.»

Ich sagte weiter: «Ich begab mich zum Wein, um um seine Hand anzuhalten.» Er sagte: «Geld! Gibt es bei der Morgengabe auch keine Verzögerung?»

Als klar war, daß ich nicht mittellos war und daß ich nicht von dem Wein ablassen oder an ihm vorbeigehen würde,

Brachte er mir einen klaren Wein wie Moschus, gleich einer Träne, die ein wundes Auge der Wange schenkt.

Der Weinhändler tränkte mich fortwährend und ich trank, während ein vollbusiges, schönes, weißes Mädchen bei uns war,

Gut aussehend, scharfzüngig, spielerisch und wohlberedt, eine Kuhistanerien von Körperbau bezüglich der Füllung des Hemdes, eine dickschenklige.

Wie sang sie, ohne daß eine Tadel uns behelligte: «Unterlaß es, mich zu tadeln; denn der Tadel stachelt mich nur an!»

[Wagner, «Abu Nuwas», Seite 293]

daß eine hochkultivierte, glänzende und lebendige Gesellschaft entstehen konnte, von der die typischen Modelle islamischen Lebens und seine entscheidenden ästhetischen Gesetze zum Ausdruck gebracht worden sind.

Vom Bagdad des al-Mansur ist uns zwar nichts erhalten geblieben, doch wissen wir aus Beschreibungen, die überliefert sind, daß die Stadt nach einer sehr alten Tradition des Mittleren Ostens, welche sich von den Assyrern bis zu den Sassaniden fortsetzte, kreisrund angelegt gewesen ist. Ihr Plan war vor allem unter dem Gesichtspunkt der Sicherheit des Herrschers entworfen worden, dessen Residenz, die gleichzeitig der Regierungssitz war, mitten in der Stadt für sich und abgesondert lag. Al-Mansurs Bagdad besaß einen Durchmesser von 2700 Metern; zur Befestigung der Stadt dienten Gräben sowie die beiden Paare der Ringmauern. Diese waren durch vier Tore unterbrochen, entsprechend den sich rechtwinklig schneidenden Achsen der Stadtanlage. In der Ringzone lagen die Wohnquartiere, die durch radial verlaufende Straßen aufgeteilt und in vier Sektoren unterteilt waren; sie konnten im Fall eines Aufruhrs voneinander abgeriegelt werden. Die Tore hatten eine etwas komplizierte Anlage, insofern ihr Durchgang einen Knick aufwies, ein Typ, der wahrscheinlich aus Zentralasien stammt. Über jedem von ihnen befand sich ein Audienzsaal, und die Bauten waren für die Aufnahme einer starken Besatzung vorgesehen. Mitten in der Stadt lag der Palast des Herrschers, Bab al-Dhahab (die Goldene Pforte), der mit der Großen Moschee verbunden war. Über das Aussehen des Palastes sind nur spärliche Zeugnisse vorhanden. Danach muß er zwei Stockwerke gehabt haben und ist über einem quadratischen Grundriß errichtet gewesen. Sein der Repräsentation dienender Komplex war nach sassanidischem Vorbild gestaltet, das heißt er bestand aus einem Iwan, an den sich ein Kuppelsaal anschloß. Nach anderen Nachrichten soll der Palast zwar auch zwei Stockwerke gehabt haben, aber einen zentral gelegenen Kuppelsaal, auf den vier Iwane mündeten, – ein Schema, das ebenfalls sassanidischen Ursprungs ist, jedoch eine zentralasiatische Entwicklung erfahren hatte. Vom letztgenannten Typ ist anscheinend auch der Palast des Statthalters von Merw gewesen, den Abu Muslim, der Vorkämpfer im Aufstand gegen die Omajjaden, im Jahre 748 errichten ließ. Im folgenden Jahrhundert werden wir diesem Typ in Samarra wiederbegegnen.

Das älteste uns erhaltene Bauwerk Mesopotamiens aus der Zeit der Abbasiden ist die Palast-Festung von Uchaidir (oder Ochaidir), über die zum ersenmal Pietro della Valle im Zusammenhang mit einer Rückreise nach Italien im Jahre 1625 berichtet hat. Dieses Schloß ist nach der glaubwürdigen Annahme Creswells nach 778 von einem mächtigen Fürsten aus der Abbasiden-Dynastie, einem Anwärter auf das Kalifat, Isà ibn Musa, erbaut worden. Im Gegensatz zur Mehrzahl der anderen irakischen Bauten, die aus ungebrannten oder gebrannten Ziegeln bestehen oder in Stampfbauweise aus Lehm errichtet wurden, ist dieser Palast in seiner Gesamtheit aus Kalksteinplatten erstellt worden, die mit einem zähen Mörtel verbunden sind. Der Bau geht sowohl im Grundriß wie in der vertikalen Gestaltung und mit seinem System von Wölbungsformationen ganz auf orientalische Traditionen zurück. Die mit Türmen versehenen Mauern der viereckigen Palastanlage sind durch flache Nischen in der Art sassanidischer Bautraditionen gegliedert. Im Inneren dieses Bezirks steht der eigentliche Palast an der Nordseite. An seinen Breitseiten sind die Wohneinheiten (Bayt) von typisch iranischer Anlage aneinandergereiht, das heißt ein Iwan mit zwei seitlichen Räumen und einem vorgelagerten Säulengang, der auf einen Hof hinausführt. Auf der rechts vom Eingang liegenden Seite ist, wie in Mschatta, ein Betsaal untergebracht. Der durch einen Gang abgegrenzte Haupttrakt besteht aus einem großen Ehrenhof, an den sich die Repräsentationsräume anschließen, die von einem großen Iwan mit anschließendem Kuppelsaal beherrscht werden.

Das schöne Bagdad-Tor in Rakka in Syrien ist nach Herzfeld der Zeit des Harun ar-Raschid (786 - 809), nach Meinung Creswells hingegen der des al-Mansur (754 -775) zuzuschreiben. Rakka war ab 796 vorübergehend die Hauptstadt des berühmten Kalifen, der ein Zeitgenosse Karls des Großen gewesen ist. Das Tor ist insgesamt aus gebrannten Ziegeln erbaut; sein überwölbter Eingang zeigt einen von zwei großen Nischen eingerahmten Spitzbogen, in der Höhe erstreckt sich ein Band von Nischen, deren innerer Rand mehrfach gelappt ist, ein Motiv, das in Samarra, der Kalifenresidenz des 9. Jahrhunderts, ausgiebig angewandt worden ist und das zu einem der Kennzeichen für die Architektur der 'Abbasiden werden sollte. Bemerkenswert ist bei diesen Nischen die geometrische Dekoration, die man durch eine Zusammenstellung von Ziegelelementen erreicht hat, eine Form der Ornamentation, die im iranischen Gebiet eine reiche Entwicklung erlebte.

Die größte Fülle an Beweismaterial für die Architektur und Kunst der 'Abbasiden-Zeit stammt aus Samarra, das etwa achtzig Kilometer nördlich von Bagdad liegt und sich am linken Ufer des Tigris über eine Länge von etwa fünfunddreißig Kilometern bei höchstens fünf Kilometern Breite erstreckt.

Durch die vielen Sklaventruppen, die sich überwiegend aus türkischen Volkselementen zusammensetzten und zu deren massenhaften Aushebungen die Kalifen insbesondere seit al-Ma'mum (813 - 833) übergegangen waren, um sowohl das Heer zu ergänzen wie sich eine Leibwache zu schaffen, war es zu einer äußerst gespannten Lage in der Weltstadt Bagdad gekommen. Dort nahmen die Gegensätze zwischen dem Militär und der Zivilbevölkerung immer heftigere Formen an und waren kaum noch unter Kontrolle zu halten. Im Jahre 836 beschloß daher der Kalif al-Mu'tassim in einem jener Gewaltakte, die für absolute orientalische Monarchien typisch sind, die Verlegung des Hofes und aller Verwaltungseinrichtungen nach Samarra. Dieser Platz eignete sich allerdings nicht sehr zur Unterbringung einer beträchtlichen Menge von Menschen, vor allem weil die Wasserversorgung Schwierigkeiten bereitete, – durch sie ist auch die langgestreckte Anlage der neugegründeten Stadt bedingt. Wichtig ist die Tatsache, daß Samarra zu einem der großartigsten Beispiele für die Spekulation mit Bauplätzen wurde, die der Kalif der Masse seiner Beamten und Adligen zugestand, weil sie gezwungen waren, sich in der neuen Stadt niederzulassen.

Aus dem Wunsch nach Ruhe und Sicherheit war der Kalif bemüht, eine möglichst große Distanz zwischen sich und dem Volk von Bagdad zu schaffen, um auf diese Weise gefährlichen Bürgeraufständen ausweichen zu können. Nach dem Prinzip der Sicherheit für den Herrscher wurden auch die Kriterien für die Ansiedlung und die Anlage Samarras aufgestellt. Es gab zwar keine Umfassungsmauern, dafür waren aber die Straßen endlos lang und die Verbindungen sehr schwierig; die Truppen lebten abgetrennt in ihren auf Selbstversorgung eingerichteten Vierteln, und zwischen den verschiedenen Gemeinschaften waren die Kontakte erschwert. Der Stadt ist nur ein kurzes Leben beschieden gewesen. Nach etwa fünfzig Jahren hat der Kalif al-Mu'tamid (870 - 892) die Hauptstadt von neuem, und zwar nach Bagdad, zurückverlegt; Samarra aber verfiel.

Wenn auch die Verlegung der Hauptstadt von Bagdad nach Samarra eines der deutlichsten Zeichen für die Machtkrise des Kalifats ist, in der sich der völlige Zusammenbruch vorbereitet – ein Zusammenbruch, der im nächsten Jahrhundert «vervollkommnet» werden sollte –, so stellt die Samarra-Periode vom Standpunkt der Kunst dessenungeachtet eine Zeit höchsten Glanzes dar. Die Baumanie der Abbasiden steigert sich ins Maßlose was Pracht und Menge der Bauten anbelangt. Alle Kalifenbauten zielen darauf hin, die Macht des «Fürsten» in kolossalem Maßstab evident zu machen. Es ist kein Zufall, daß Samarra unter seinen Bauten die größten Gebäude der Welt aufführen kann, zu deren Errichtung man sich des Systems der Leiturgie bediente, mit dem Handwerker und Material aus allen Teilen des Reiches herbeigeschafft wurden. Die Bauten wuchsen schnell empor, sie wurden überwiegend aus ungebrannten Ziegeln und in Stampfmauerwerk errichtet – lediglich an gefährdeten Konstruktionsstellen wurden gebrannte Ziegel eingesetzt –, und sie wurden verschwenderisch mit Verkleidungen geschmückt, bei denen der Stuck triumphiert hat.

Das ungeheure Ruinenfeld von Samarra ist bisher nur zum Teil untersucht worden; wir verdanken unsere Kenntnisse vor allem den deutschen Ausgrabungen, die 1912 bis 1913 von Sarre und Herzfeld geleitet worden sind und viel später durch die Forschungen des Archäologischen Instituts des Irak fortgeführt wurden. Es lassen sich in der Richtung von Süden nach Norden verschiedene Zentren der Stadt unterscheiden: Qadisíya mit seiner achteckigen Anlage scheint die ursprüngliche Residenz des al-Mu'tassim gewesen zu sein, der sie später als ungeeignet aufgab und weiter nach Norden, ins eigentliche Zentrum zog, das unter dem Namen Jawsaq al-Khaqàni bekannt ist. Hier kann man unter anderem zwei große Pferde-

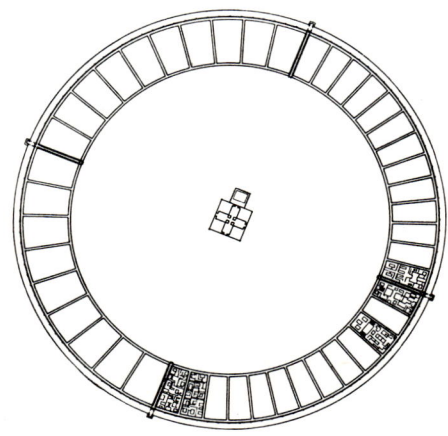

Planskizze der 762 von al-Mansur gegründeten Stadt Bagdad. Nichts blieb uns von dieser Stadt erhalten, abgesehen von einigen Beschreibungen, nach denen diese schematische Rekonstruktionszeichnung hergestellt worden ist. Die kreisrunde Anlage der Stadt beruht auf einer alten Tradition des Mittleren Ostens und hat kosmologische und magische Bedeutung. Nach Berichten des Historikers Tàbari wurde ihr Plan mit Asche auf der Erde markiert, damit sich der Kalif al-Mansur eine Vorstellung bilden konnte. Im Zentrum befanden sich die Große Moschee (masjid al-jamaa) und der Regierungssitz (dar al-imarà). Dei Augenblick zur Aufnahme der Arbeiten für den Stadtbau ist durch einen Astrologen bestimmt worden.

Gedicht von Ibn Elrûmi
Gib deinem Freund in etwas nach!
Ein Edler mag in Fällen,
wo ihn der andre täuschen will,
auch wohl getäuscht sich stellen.

[Rückert II, Seite 48]

Uchaidir. Plan des befestigten Palastes in der 200 Kilometer südlich von Samarra gelegenen Wüste des Wadi Ubayd:
1. Ehrenhof
2. Audienzsaal, bestehend aus einem großen Iwan mit anschließendem Kuppelsaal
3. Moschee

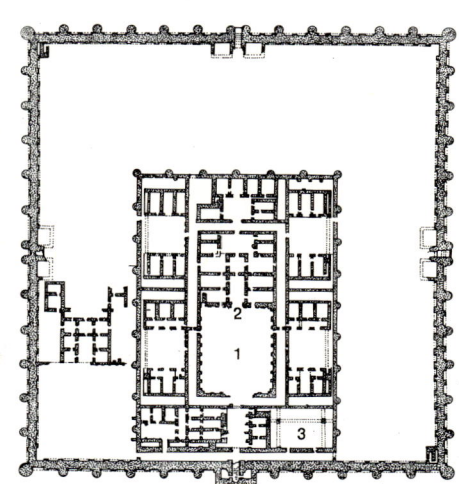

Samarra (Irak). Blick vom Minarett auf die Große Moschee des al-Mutawakkil. Nur die mit Rundtürmen verstärkten Umfassungsmauern sind erhalten, die in der Höhe durch quadratische Felder mit runden Nischen gegliedert und von sechzehn Toren unterbrochen sind. Zerstört sind sämtliche Stützen, auf denen das Dach ruhte, achteckige Pfeiler mit quadratischen Basen, die durch Teakholzbalken verbunden waren.

rennbahnen und die von seinem Nachfolger al-Mutawakkil (847 - 861) gegründete Große Moschee erkennen. Al-Mutawakkil ließ für seinen Sohn al-Mu'tazz dort auch das Schloß Balkuwara erbauen. Im Jahre 859 wollte er, der von der Baumanie geradezu besessen war, eine Stadt allein für sich erbauen lassen und wählte dazu ein etwas weiter nach Norden gelegenes Gebiet, das nach ihm Mutawakkilíya beziehungsweise Jafaríya heißt. Hier liegen auch die nicht erforschten Ruinen seines Palastes und die Trümmer einer Moschee namens Abu Dulaf.

33

Die beiden eben erwähnten Moscheen, die zu den bemerkenswertesten Bauten Samarras gehören, sind vom irakischen Typ, das heißt ihr Betsaal weist eine größere Tiefe auf, und die für das Zeremoniell bestimmten Teile sind weder in der Ebene noch in der Höhe betont, so ist das axial zum Michrab verlaufende Schiff tatsächlich nur um ein Geringes breiter als die anderen. Bemerkenswert ist auch, daß von nun an die enge Verbindung zwischen dem Palast des Herrschers und der Großen Moschee nicht mehr gesucht wird. Die Moschee von Jawsàq mit ihren 38000 Quadratmetern Grundfläche (etwa 240 mal 156 Meter) ist die größte Moschee der Welt. Sie wird von einer hohen Ummauerung, der *ziyàda,* eingefaßt, in der auch die zugehörigen Bauten wie Bäder und Latrinen untergebracht waren. Der Hauptzweck dieser Einfriedung war, die Moschee von der unmittelbaren Berührung durch das Leben der Stadt abzusondern. Von dem Baukomplex sind allein die Umfassungsmauern aus gebrannten Ziegeln erhalten geblieben, die durch Rundtürme gegliedert sind und nach oben zu von abgeteilten quadratischen Feldern mit runden, medaillonförmigen Vertiefungen in der Mitte belebt werden; das Ganze war mit Stuck verkleidet. Im Inneren des Mauervierecks umgab eine tiefe Stützenhalle den Hof an drei Seiten, während die vierte, eine Schmalseite, vom Betsaal eingenommen wurde, dessen fünfundzwanzig Schiffe durch achteckige, auf quadratischen Basen errichtete Pfeiler mit an den vier Ecken eingebundenen Marmorsäulen bestimmt wurden. Die Pfeiler waren nicht durch Bogen verbunden, vielmehr ruhte das aus Teakholzbalken bestehende Dach direkt auf ihnen. Außerhalb der Mauern und gegenüber dem Michrab erhebt sich noch heute auf einem quadratischen Unterbau das kegelstumpfförmige Minarett, das unter dem Namen *Malwija* (Spirale) bekannt ist, da es von einer spiralförmigen Außenrampe umgeben ist. Das Minarett endet in einem von Nischen gegliederten zylinderförmigen Teil, der wahrscheinlich einen Holzpavillon getragen hat. Typenmäßig läßt sich dieses Minarett auf ein schneckenförmiges Modell der babylonischen *Zikkurat* zurückführen.

Ein ähnliches, aber kleineres Minarett hatte die andere Große Moschee des al-Mutawakkil, die in Jafaríya errichtet worden war und unter dem Namen Abu Dulaf bekannt ist. Mit ihren Maßen von 213 mal 135 Metern war sie etwas kleiner als die vorher erwähnte. Fast verschwunden sind ihre Umfassungsmauern, die aus gebrannten Ziegeln errichtet waren, während das Innere ziemlich gut erhalten ist. Der Betsaal weist eine Besonderheit auf: die siebzehn Schiffe, in die er unterteilt ist, laufen rechtwinklig auf die Kiblawand zu, erreichen sie jedoch nicht, da ihr in paralleler Richtung zwei Schiffe vorgelagert sind, die zusammen mit dem axial zum Michrab ausgerichteten Schiff eine sogenannte T-förmige Anordnung bilden. Dieses in Mesopotamien ungewöhnliche Schema ist in Nordafrika hingegen weit verbreitet, wofür wir ein älteres Beispiel in der Großen Moschee von Kairuan aus dem Jahre 836 besitzen.

Kein Palast in Samarra – ausgenommen das Schloß Kasr al-Àschik (der Liebende) auf dem Westufer des Tigris – hat Festungscharakter, da die Sicherheit, wie wir bereits erwähnt haben, auf einer ganzen Reihe von administrativen und organisatorischen Maßnahmen beruhte. Allgemein gesehen bieten die «Paläste», die aber eigentlich echte Zitadellen darstellen, keinen einheitlichen Gesamtaspekt, sondern setzen sich aus vielen, innerhalb eines großen Mauervierecks verschieden verteilten Bauten zusammen, die von der Achse der im Kern untergebrachten für den Kalifen bestimmten repräsentativen Anlagen beherrscht werden. Der Palast des al-Mu'tassim, Jawsàq al-Khaqàni, der zwischen 836 und 838 erbaut worden ist, stellt eine unermeßliche und unübersichtliche Gesamtheit von Bauten dar, die sich über eine Länge von ungefähr eineinhalb Kilometern erstreckt haben. Den Kern des Kalifentraktes bildete ein großer Kuppelsaal, auf den sich vier Iwane öffneten. Durch eine Reihe von in der Achse des Gesamtbaus angelegten Räumen erreichte man die Bab al-Àmma, die aus drei grandiosen, noch heute stehenden Iwanen gebildet ist. Nach Janine Sourdel-Thomine ist dies jedoch nicht der Eingang zum Palast gewesen, sondern es war eine Art Aussichtsbau auf den Tigris, zu dem man über eine große Treppenanlage hinabgelangte, an deren Fuß sich ein großes Wasserbecken befand.

Besser erhalten ist der Palast von Balkuwara (854 - 859 für al-Mu'tass, den Sohn des al-Mutawakkil, erbaut), der im Gegensatz zu den anderen Schlössern eine

Samarra (Irak). Das Minarett der Großen Moschee des al-Mutawakkil, das unter dem Namen al-Malwija, das heißt «die Spirale», berühmt ist. Es ist mehr als 50 Meter hoch und steht in etwa 27 Metern Entfernung axial zur Nordseite der Moschee. Früher ist das Minarett durch eine vom Unterbau ausgehende Brücke mit der Moscheeanlage verbunden gewesen.

Samarra. Stadtplan:
1. *Qadisíya*
2. *Balkuwara*
3. *Große Moschee*
4. *Pferderennplätze*
5. *Jawsàq al-Khaqàni*
6. *Jafaríya (auch Mutawakkilíya)*
7. *Abu Dulaf-Moschee*
8. *Kasr al-Àschik*
9. *Qubbàt al-Sulaybíyya*

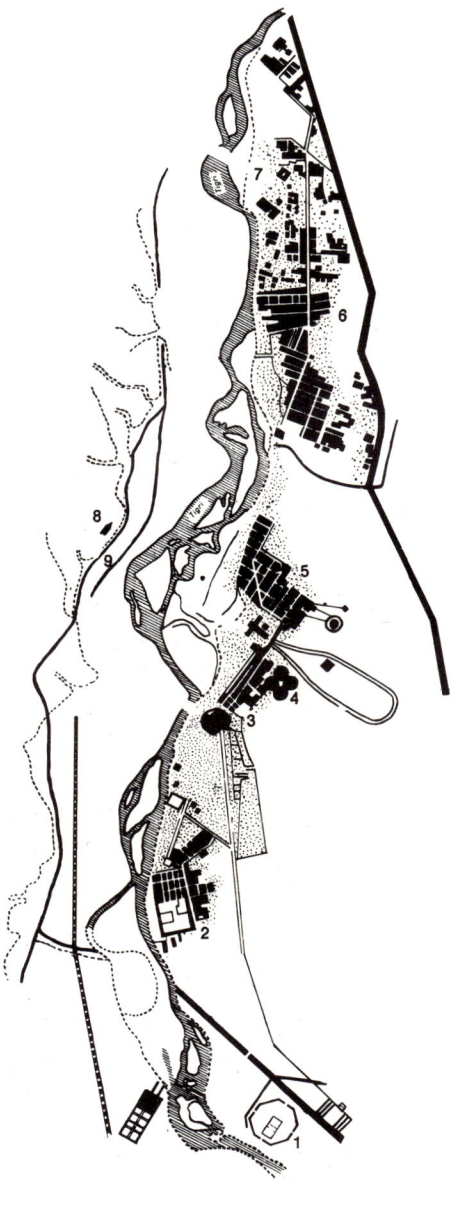

einheitlichere Komposition darstellt. Diese Anlage ist in drei Teile unterteilt. Vom Eingang her folgen einander zwei Höfe mit monumentalen Toren, die in einen dritten, einen Binnenhof, münden, dessen Hauptfassade mit drei Iwanen den Zugang zum Repräsentationstrakt unterteilt, welcher dem bereits geschilderten Typ entspricht. In einem weiteren Außenhof befindet sich eine Moschee. Zu beiden Seiten der eigentlichen Palastzone erkennt man eine Fülle von Bauten. Besonders zu erwähnen sind die Privathäuser, die alle die gleiche Anlage zeigen: einen Hcf, auf den sich der Hauptsaal mit seinem einem umgekehrten T gleichenden Grundriß öffnete; gelegentlich kam die gleiche Raumgruppe an der anderen Schmalseite desselben Hofes noch einmal vor. In den reicheren Häusern findet man einen zweiten Hofbezirk, der als Harem *(harèm)* anzusehen ist. Immer sind Bäder vorhanden und häufig die oben erwähnten unterirdischen Räume. Offensichtlich haben alle Häuser flache Dächer mit einer Terrasse gehabt.

In Samarra gibt es ferner das älteste islamische Mausoleum, das wir kennen. Es ist unter dem Namen Qubbàt al-Sulaybíyya bekannt und befindet sich auf dem rechten Ufer des Tigris. Nach Meinung Herzfelds muß es das Grab des Kalifen al-Muntassir (gestorben 862) sein, das von seiner christlichen Mutter für ihn errichtet wurde und neben dem die Kalifen al-Mu'tass (gestorben 869) und al-Muhtadi (gestorben 870) begraben wurden. Die eigentliche Grabkammer bestand aus einem quadratischen, von einer Kuppel überwölbten Raum und war im Inneren eines von einem Tonnengewölbe überdachten Oktogons untergebracht, um das ein Wandelgang angelegt war. Creswell hat diesen Typ mit Recht mit dem Felsendom in Verbindung gebracht. Das Mausoleum ist zwar ein für die islamische Architektur charakteristischer Bau, doch haben sich, wie wir noch sehen werden, Grabbauten erst seit dem 10. Jahrhundert verbreitet. Die älteste islamische Doktrin, die die «Gleichmachung der Gräber» begünstigt hat, das heißt deren Einebnung, um die Vorstellung von der Gleichheit aller Menschen im Tode zu betonen, stand in scharfem Gegensatz zu Grabbauten jeder Art. Es stellt sich die Frage, woher die 'Abbasiden diesen Brauch übernommen haben, denn man muß berücksichtigen, daß nicht einmal die byzantinischen Kaiser in Mausoleen beigesetzt wurden.

Wenn man sich alle geschilderten Bauten in einem schnellen Überblick vergegenwärtigt, dann wird einem klar, daß wir – verglichen mit Syrien – einer völlig anderen Raumkonzeption gegenüberstehen. Der organischen und einheitlichen Raumvorstellung, die noch in der Großen Moschee von Damaskus oder im großen Saal des *frigidariums* von Chirbat al-Mafdschar wirksam war, steht in der Baukunst der 'Abbasiden die Tendenz zu einer Zersplitterung in verschiedene, voneinander unabhängige Zelleneinheiten gegenüber. Dieses für das iranische Raumempfinden typische Verfahren hat eine konkrete und nicht-illusionistische Bestimmung des Raumes zum Ziel.

Schließlich wollen wir noch einen kurzen Blick auf die prunkvolle und überreiche Bauornamentik werfen. Die vornehmsten Baupartien waren mit Marmor und Mosaiken verkleidet, und viel Platz war in den Palästen für die Ausschmückung mit Teppichen und durch Gold und Edelsteine kostbar ausgestatteten Geweben vorbehalten, von denen wir staunenerregende Beschreibungen besitzen. Der Hauptteil des Dekors blieb jedoch dem bemalten Stuck überlassen. Dieser Stuckdekor liefert uns mit das wichtigste Beweismaterial zur Definition des Formenschatzes der islamischen Kunst.

Man hat drei Stile unterschieden, die hier nach der Aufstellung Creswells ohne besondere Berücksichtigung der chronologischen Reihenfolge aufgeführt seien. Die ersten beiden, A und B, werden ausgeführt, indem die Ornamente aus dem noch weichen Stuck modelliert werden, wobei man in die Oberfläche tiefe Furchen schneidet, sodaß die Motive klar gegen den dunklen Untergrund hervortreten. Im Stil A kann man bei den Motiven leicht ihre Herkunft von den überlieferten, spätklassischen Ornamenten aus der Omajjaden-Zeit erkennen, die uns insbesondere vom Skulpturenschmuck des Schlosses Mschatta vertraut sind. Im Stil B sind die Formen weit flacher, und die Pflanzenmotive sind sehr viel weniger naturalistisch dargestellt; die einzelnen Elemente werden abgeteilt und getrennt und werden von neuem in abstrakt geometrischer Weise kombiniert, wobei sie auf viereckige Felder oder Medaillons verteilt werden. Die Ursprünge für diesen

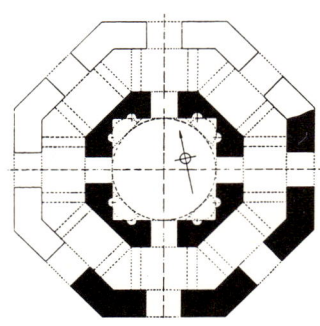

Samarra. Grundriß der Qubbàt al-Sulaybíyya.

Liebeslied von Ibn Hazm

Ach, wüßt ich, wer sie war, wie sie den Weg gefunden,
Ob sie der Mond, ob sie der Sonne frühes Licht!
Hat mein Verstand sie sich erdacht in stillen Stunden?
Malt der Gedanken Spiel dem Geiste dies Gesicht?
War sie der Sehnsucht Bild, im Herzen tief geboren,
Von meinem Blick erfaßt und doch ein leerer Wahn?
War sie dies alles nicht? War sie vielleicht erkoren,
Dem Tode mich zu weihn nach Gottes ewgem Plan?

[Weisweiler, Seite 39]

Samarra. Grundriß der Abu Dulaf-Moschee.

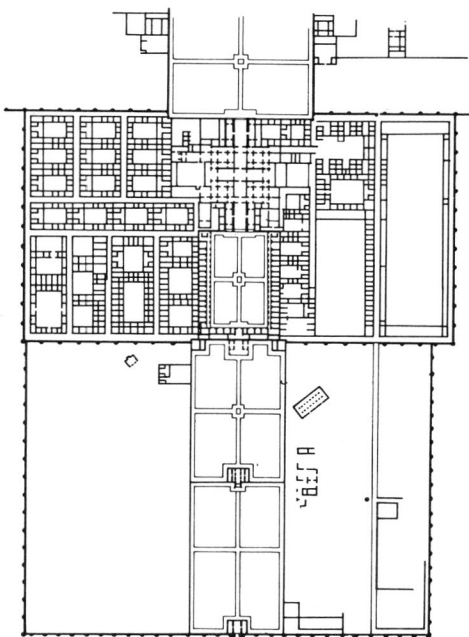

Samarra. Grundriß des Balkuwara-Schlosses: Man beachte die axiale Anordnung und die Folge von Höfen, in deren einem sich die Moschee befindet, die man leicht an der unsymmetrischen, durch die Kibla-Richtung bedingten Lage erkennen kann.

Samarra. Jawsàq al-Khaqàni, Grundriß vom Mitteltrakt des Palastes:
1. *Haupteingang*
2. *Höfe*
3. *Thronsaal mit vier Iwanen*
4. *Die drei auf den Tigris geöffneten Iwane, die als Bab al-Àmma bekannt sind*

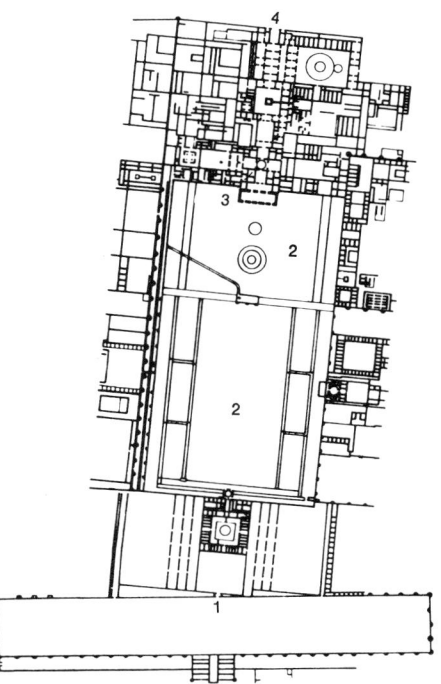

Stil kann man in der künstlerischen Überlieferung der Sassaniden finden, bei der vielleicht, wie Dimand meint, indische Einflüsse nicht auszuschließen sind.

Den Stil C, der mit Recht als «Samarra-Stil» bekannt ist, können wir als eigentlich islamischen Stil bezeichnen. Der Dekor wird jetzt in einer Technik hergestellt, die von der der beiden vorher erwähnten Stile völlig abweicht: die Stuckornamente werden nicht mehr aus der Masse herausgeschnitten, sondern werden mit Modeln geformt. Die vegetabilen Motive – Akanthusblätter, Knospen und Ranken – sind auf einmal völlig stilisiert und abstrahiert. In ununterbrochener Reihung wiederholen sie sich in den verschiedensten Zusammenstellungen teppichartig auf den Flächen, die sie schmücken sollen. Ein Hintergrund ist eigentlich nicht mehr vorhanden, er ist auf die Umrißlinien der einzelnen Motive beschränkt; das Relief wird immer flacher und statt der tiefen Schatten werden «Sfumato»-Wirkungen erzeugt. Erreicht wird dies durch eine besondere stilistische Behandlung der Oberflächen, bei denen mittels einer Schrägschnittechnik die plastische Wirkung reduziert wird in dem sogenannten «Schrägschnittstil».

Der Samarra-Stil sollte auch außerhalb Mesopotamiens zu einer gewissen Wirkung gelangen. Seine wesentliche Bedeutung beruht jedoch auf der Tatsache, daß er in entscheidender Weise zur Gestaltung des charakteristischsten Elements der islamischen Kunst beigetragen hat, nämlich der Arabeske.

Die Ursprünge des Schrägschnittstils sind in Zentralasien zu suchen; sicher ist er durch die starke Konzentration türkischer Volkselemente in der Leibwache der Kalifen der Abbasiden-Dynastie nach Mesopotamien gelangt und hat sich dann dort verbreitet.

Neben den Holzschnitzereien, für die vor allem das aus Indien importierte Teakholz benutzt wurde, ist noch der keramische Dekor zu erwähnen, von dem uns bemerkenswerte Bruchstücke von Kacheln bekannt sind. Diese Fliesen sind in einer besonderen Technik hergestellt worden, die als «Lüstermalerei» bekannt ist, ein Verfahren, mit dem die mesopotamischen Handwerker große Erfolge erzielt haben. Von dem hohen Stand dieser «Lüsterware» sind vor allem aus der Gefäßkeramik Beweise erhalten.

Die Tuluniden

Der Reichsstil der Abbasiden hat in Ägypten einen besonderen Aspekt erhalten. Dort hatte der Statthalter Achmed ibn Tulun, ehemals ein türkischer Sklave, die Unabhängigkeit vom Kalifat proklamiert und der von ihm begründeten kurzlebigen Dynastie (868 - 905) die Macht errungen. Die Tuluniden haben uns ein sehr bemerkenswertes Monument hinterlassen: die Moschee von al-Kata'i (876 - 879), einem neuen, von ihnen gegründeten Stadtteil Kairos. In der Verwendung von Ziegeln für den Mauerbau, von Stuck für die Ornamentation, in der Ziyàda, durch die die Moschee von der Berührung mit dem Leben in den Basaren abgeschirmt wird und sogar im spiralförmigen Minarett wird überall den mesopotamischen Vorbildern und Zielsetzungen nachgeeifert; auch in den Häusern aus der Tuluniden-Zeit, die in al-Fustat ausgegraben wurden, kann man sie wiedererkennen. Die Moschee hat zwar nach dem irakischen Prinzip einen Betsaal, der eine größere Tiefe aufweist, aber seine fünf Schiffe sind in der Querrichtung angeordnet. Bei den zur Unterteilung dienenden rechteckigen Pfeilern finden sich an den Ecken ebenfalls eingebundene schlanke Säulen. Die die Pfeiler verbindenden schweren Spitzbogen stützen das Balkenwerk des flach gedeckten Daches. Da aber die Pfeiler in der Ibn Tulun-Moschee sehr massig sind und ihre Breitseiten parallel zur Kibla liegen, ist beinahe von jedem Punkt der Moschee der Blick auf den Michrab verhindert.

Völlig anders hingegen ist eines der bedeutendsten Monumente Ägyptens aus der Abbasiden-Zeit, der Wasserstandsmesser des Nil auf der Insel Roda, der 861 von dem berühmten Mathematiker al-Farghani (der Alfraganus unseres Mittelalters) entworfen worden ist. Er besteht ganz und gar aus Stein, und wir erkennen in dem auserlesenen Geschmack für stereometrische Formen jene Eigenart, die die ägyptische Architektur kennzeichnet. An diesem Wasserstandsmesser blieb uns außerdem eine der ältesten und elegantesten monumentaler arabischen Inschriften in kufischer Schrift erhalten.

Die Auflösung des Abbasiden-Reichs und das Entstehen regionaler Stile

Kairo (Ägypten). Die Moschee von al-Kata'i, die Ibn Tulun 876 - 879 errichten ließ. Blick auf die Nordseite des Hofes mit dem vielfach umgestalteten Minarett, das an die Minarette von Samarra erinnert.

Während der Regierungszeit des Harun ar-Raschid ist das Kalifat auf den Höhepunkt seiner politischen Macht gelangt, aber sein schneller Verfall kündigte sich auch schon an, der binnen kurzem aus einer Vielfalt von politischen, religiösen, sozialen und ökonomischen Gründen zur Zersplitterung des Reichs in eine große und schwankende Zahl von Staatsgebilden führen sollte. Im 8. Jahrhundert hatten sich bereits al-Andalus (Spanien) und der Maghreb (Marokko und Algerien) losgelöst, und zu Beginn des 9. Jahrhunderts folgte ihnen Ifrikija (Tunesien). Im Laufe des gleichen Jahrhunderts ging Ägypten verloren, das sich unter den Tuluniden selbständig machte und wo im folgenden Jahrhundert die Fatimiden als Rivalen der Abbasiden ihr schiitisches Kalifat gegründet haben. Während des 9. und 10. Jahrhunderts entsteht in Zentralasien und im Iran eine Vielzahl von Fürstentümern, die faktisch oder rechtlich unabhängig werden. Unter ihnen hat das aus dem kaspischen Gebiet stammende Herrschergeschlecht der Bujiden, die Anhänger der schiitischen Richtung des Islam waren, im 10. Jahrhundert die faktische Macht über den Irak errungen, wobei sie das sunnitische Kalifat der Abbasiden unter ihre Schutzherrschaft nahmen, bis sie wiederum von den türkischen Seldschuken 1056 in dieser Schutzherrschaft abgelöst wurden. Trotz der bewegten Geschichte sind diese Jahrhunderte die Blütezeit des großen interkontinentalen und überseeischen islamischen Handels, dessen Hauptachsen durch den «Fruchtbaren Halbmond» verliefen. Noch ist die islamische Wirtschaft gesund und voller Lebenskraft. In großer Zahl blühen handwerkliche Produktionsstätten in oft paraindustriellem Maßstab, wobei, wie behauptet worden ist, vor allem die Herstellung von Textilien während des Mittelalters den gleichen Rang eingenommen hat wie die Stahlproduktion in der modernen Industrie. Das Kalifat hingegen wurde von einer schweren finanziellen Krise heimgesucht. Da die Herrschaft auf dem Prinzip des Grundbesitzes aufgebaut ist, gelingt es ihr nicht, an die neuen Quellen des vom Handel geschaffenen Reichtums heranzukommen, weil dieser durch die juristische Doktrin des in einem Handelsmilieu entstandenen Islam Privilegien genießt. Außerdem verringern sich die Einnahmen gleichlaufend mit der Befreiungsbewegung der verschiedenen Provinzen, während die Unterhaltskosten für das Heer, das jetzt durchweg aus Söldnertruppen besteht, ständig wachsen. Die Landwirtschaft, aus der vor allem der Reichtum der Abbasiden stammte, zu dem auch die ergiebigen, wenngleich gefährdeten Gebiete des «Fruchtbaren Halbmonds», über die sie noch die Autorität besitzen, beigetragen haben, gerät in eine Krise. Schuld daran sind die unsichere Herrschaft in den islamischen Ländern, das Fehlen von ansässigen Feudalherren vor allem im Nahen Osten, die Tatsache, daß es immer üblicher wurde anstelle von Geld Landeinnahmen an die Söldnerführer zu geben, was diese zu einer sinnlosen Ausbeutung benutzen. Dadurch kommt es zu einer Landflucht der Bauern in geradezu riesigem Ausmaß, und es bahnt sich jener Prozeß der Verödung der landwirtschaftlichen Gebiete an, der zu den am stärksten beeindruckenden sozial-ökonomischen Phänomenen des Islam gehört und langsam, aber unter Mitwirkung der arabischen Beduinenstämme und türkischer Nomaden, die seit Beginn des 11. Jahrhunderts aus Zentralasien eindringen, ständig und unaufhaltsam bis etwa zur Mitte des 19. Jahrhunderts weitergegangen ist.

Das 9. und 10. Jahrhundert stellen zwar Etappen für den Zusammenbruch des Kalifats dar, und es herrscht in dieser Zeit eine große politische Unsicherheit, aber anderseits ist diese Periode, was das geistige und religiöse Leben, die Künste und die Wissenschaft anbelangt, die Zeit der größten kulturellen Errungenschaften des Islam. Aus den zum Islam bekehrten nicht-arabischen Völkern sollten die Männer hervorgehen, denen diese reiche geistige Blüte zu verdanken ist. Damals sind regionale Kunststile entstanden, die trotz einer grundlegenden, vom Islam bestimmten Übereinstimmung sich einen eigenen, originalen Ausdruck verschaffen, indem sie dabei mitverwerten, was der damals noch lebendige und

Gedicht von al-Mutanabbi

Ich möcht ein Herz nicht haben, des ganzes Glück umfieng'
eine Reihe blanker Zähne, ein offner Augenring.
Die Schöne, die dich ausschließt, versperrt dir nicht dein Glück,
und führt, wenn sie dich einläßt, dich nicht dazu zurück.
Laß mich, daß ich erreiche, was nie noch ward erreicht!
Schwer ist der Weg der Ehren, und der der Schande leicht.
Du freilich wünschest Ehre wohlfeilen Kaufs für dich;
doch Honig ist zu kaufen nicht ohne Bienenstich.

[Rückert II, Seite 41]

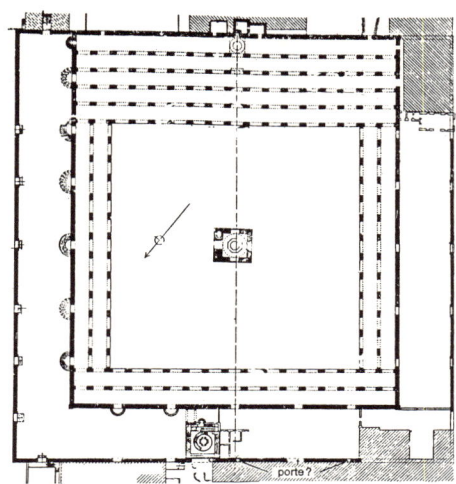

Kairo. Grundriß der al-Kata'i-Moschee.

dynamische Islam an antiken lokalen künstlerischen Traditionen integriert hat und was von ihm an Anregungen aus seinen weitreichenden und vielfachen Kontakten aufgenommen worden ist. Von den neuen, um ihr Prestige bemühten Fürstenhöfen gehen die Impulse aus, da sie mehr oder weniger offen mit dem Prunk des 'Abbasiden-Reiches wetteifern möchten, dessen Zauber noch immer Anreiz und Vorbild blieb.

Die Omajjaden von Spanien und das Kalifat von Cordoba

Die Provinzen im äußersten Westen des Reiches, al-Andalus, der Maghreb und Ifrikija, die der Autorität des Kalifats am weitesten entrückt waren, haben sich als erste faktisch wie rechtlich unabhängig gemacht.

In Spanien hatten die Araber der Herrschaft der Westgoten nach zweijährigem Kampf im Jahre 711 ein schnelles Ende bereitet. Einem der wenigen Omajjaden, denen es gelungen war, dem Massaker der 'Abbasiden zu entkommen, Abd ar-Rahman I., wurde die neue, unruhige Provinz al-Andalus zur Zuflucht, und er hat dort 756 ein unabhängiges Emirat – mit Cordoba als Hauptstadt – errichtet. Einer seiner Nachfolger, Abd ar-Rahman III., verfügte 929 seine Proklamation zum Kalifen, und diesen Anspruch auf das Kalifat hat die Dynastie der spanischen Omajjaden noch weitere neunzig Jahre lang bis zu ihrem Untergang für sich geltend gemacht. Von der Architektur der spanischen Omajjaden, die die Künste gefördert und in verschwenderischer Weise gebaut haben, sind uns nur wenige

Cordoba (Spanien). Die Große Moschee der Omajjaden, Blick auf den Teil des Betsaals, den Abd ar-Rahman I. erbauen ließ. Die Schiffe sind durch Säulen abgegrenzt, auf denen Hufeisenbogen ruhen; zwischen ihren Schenkeln steigen leichte Pfeiler empor, die ihrerseits durch Vollbögen verbunden sind. Bemerkenswert ist der farbige Keilsteinwechsel von gebrannten Ziegeln und Stein, eine syrisch-byzantinische Tradition, womit ein belebender Zweifarbeneffekt erzeugt wird.

40

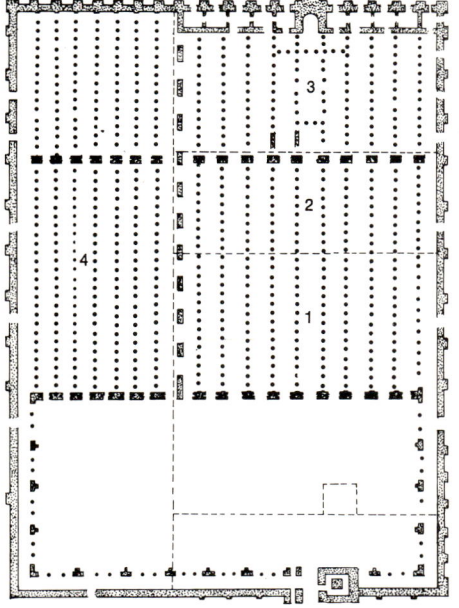

Cordoba. Grundriß der Großen Moschee mit
ihren verschiedenen Erweiterungen:
1. Bau des Abd ar-Rahman I. (785)
2. Bau des Abd ar-Rahman II. (848)
3. Bau des al-Hakim (961)
4. Bau des al-Mansur (987)

Werke erhalten geblieben, doch können wir uns aus diesen Bauten eine klare
Vorstellung von ihrer Architektur bilden. Von der Mitte des 11. Jahrhunderts
an hat sich die Kunst des Kalifats von Cordoba dann im Maghreb verbreitet
und einem Stil zum Entstehen verholfen, der als spanisch-maurisch bekannt ist.
Ein beispielhafter Bau für die islamische Architektur im Westen ist die Große
Moschee der Omajjaden in Cordoba, die nach den beiden Moscheen von Samarra
die drittgrößte der Welt ist. Ihre heutigen Maße sind das Ergebnis verschiedener
Umbauten: begonnen wurde die Moschee von Abd ar-Rahman I. im Jahre 785;
sie wurde später zuerst von Abd ar-Rahman II. im Jahre 848, dann unter al-
Hakim II. (961 - 999) und schließlich zum letztenmal von dem mächtigen Reichs-
verweser al-Mansur im Jahre 987 erweitert. Ihr Betsaal hat elf Schiffe, die rechtwinklig auf die Kiblawand ausgerichtet sind, das heißt nach einem basilikalen
Plan wie bei der al-Akza-Moschee in Jerusalem. Wahrscheinlich hat der Hof
ursprünglich keine Arkaden gehabt. In den einander folgenden Umbauten wurde
der Grundplan beibehalten und die Erweiterung durch Anbauten erzielt. Bei
der letzten Vergrößerung durch al-Mansur mußte lediglich aus Mangel an Bau-
gelände das axiale Prinzip im Hinblick auf den Michrab aufgegeben werden.
Das Innere der Moschee bietet trotz der einfachen Anlage, die im übrigen
charakteristisch für den Westen ist, eine räumlich-dynamisch eigenartige Konstruktion in dem originellen System, mit dem man die Höhe der Schiffe gesteigert hat, wobei wahrscheinlich römische Aquädukte (wie jener bei Merida)
als Anregung gedient haben. Die Schiffe sind in üblicher Weise durch Säulen
abgegrenzt, auf denen hier Hufeisenbogen ruhen, welche vielleicht aus westgo-

41

tischer Überlieferung stammen, zwischen ihren Schenkeln ragen aber leichte Pfeiler empor, die ihrerseits durch Vollbögen miteinander verbunden sind. Auf diese Weise entstehen ganz eigenartige perspektivische Effekte, und man hat merkwürdige Eindrücke einer Raumerweiterung erreicht, die durch den farbigen Keilsteinwechsel von roten Ziegeln und hellem Stein – eine syrisch-byzantinische Tradition - noch gesteigert werden.

Bei den Erweiterungsbauten, die al-Hakim II. im Bereich der *maqsura* – dem dem Kalifen vorbehaltenen Platz – durchführen ließ, ist der mehrfach gelappte Fächerbogen orientalischen Einflusses und das Motiv der sich kreuzenden Bogen, die eine Verbindung zwischen den Zonen der unteren und oberen Bogen schaffen, eingeführt worden. Dieses architektonische Element der verschlungenen Bogen wirkt außerordentlich dekorativ und scheint eine originale Weiterentwicklung aus dem Motiv der Verbindungsbogen gewesen zu sein; es ist später in den arabisch-normannischen und in den staufischen architektonischen Formenschatz von Sizilien und Süditalien aufgenommen worden. Nach dem Vorbild der von den Aghlabiden in Kairo und Tunis errichteten Moscheen wurde im Erweiterungsbau des al-Hakim eine T-förmige Anlage eingefügt, deren Mittelschiff dort, wo sich der frühere Michrab des Abd ar-Rahman II. befunden hatte, sowie vor dem neuen Michrab mit Kuppeln geschmückt wurde, die nach einem Vorbild persischen oder armenischen Ursprungs Rippen aufweisen. Kuppeln des gleichen Typs kann man bei einer anderen Omajjaden-Moschee aus dem Jahre 980 oder 999 finden, der Bib Mardúm-Moschee in Toledo, die heute die Kirche Cristo de la Luz

Toledo. Bib Mardúm-Moschee, heute die Kirche Cristo de la Luz. Die Zeichnung zeigt eine der Kuppelwölbungen mit den durchkreuzten Tragebogen orientalischen Ursprungs. Die Moschee ist auf das Ende des 10. Jahrhunderts zu datieren.

ist. Sie hat einen eigenartigen quadratischen Grundriß, ist in drei Schiffe mit jeweils drei Sektoren unterteilt und hat neun Kuppeln, – ein ungewöhnlicher Plan, der aber verschiedentlich von Ifrikija bis nach Chorassan im entlegenen Osten bezeugt ist. Interessant ist bei der Moschee von Cordoba auch die durch Ziegeldekorationen geschmückte Fassade, mit dem Motiv der verschlungenen und sich überschneidenden Bogen, die oben in einem weiteren Schmuckband ihren Abschluß finden. Nach Ansicht des französischen Gelehrten Henry Terrasse sind hier mesopotamische Einflüsse aus der Abbasiden-Zeit zu erkennen.

Die 1910 in Angriff genommenen und bis jetzt noch nicht abgeschlossenen Ausgrabungen in Medîna as-Zâhra, etwa acht Kilometer von Cordoba entfernt, geben uns die Möglichkeit, einige Aspekte der zivilen Baukunst der Omajjaden in Spanien kennenzulernen. Dieses Schloß hat 936 Abd ar-Rahman III. gegründet und nach seiner Favoritin benannt. Nach orientalischer Tradition ist es gleichzeitig Residenz und Regierungssitz des Kalifen gewesen. Für seinen Bau waren aber nicht Gründe der Sicherheit entscheidend – wie im Falle von Samarra für die Abbasiden oder von Abbasija und Raqqada für die Aghlabiden, die Herrscher von Ifrikija –, sondern Prestige- und Luxusbedürfnis waren der Anlaß. Jahrelang sind ungeheure Geldmengen, etwa ein Drittel der Einnahmen aus ganz Andalusien, dafür aufgewandt worden. Die Stadt, die 1010 zerstört wurde, war in drei Viertel unterteilt, die auf zum Guadalquivir abgestufter Terrassen angelegt waren. Das nördliche Viertel mit einer ganzen Reihe von Kalifenpalästen ist teilweise untersucht worden. Demnach kann man an den Fundamenten die Herkunft der Anlagen aus dem Osten klar erkennen, hingegen sind ihre Pläne ohne starre Symmetrie durchgeführt. Bemerkenswert sind die beiden aufgedeckten Audienzsäle, basilikale, durch Arkaden unterteilte Räume, wobei besonders der spätere von den Thronsälen Abd ar-Rahmans III. interessant ist, ein dreischiffiger Saal mit einem vorgelagerten Säulengang, dessen Plan ungefähr dem Schema des umgekehrten T entspricht und an die mesopotamischen Bayt erinnert, – hier könnten orientalische Einflüsse vorliegen.

Der Dekor bestand überwiegend aus Marmor- und Stuckarbeiten, die nach der omajjadisch-syrischen Tradition sowohl pflanzliche Motive wie auch figürliche Darstellungen aufweisen. Bei den Fußböden mit ihren geometrischen Ornamenten zeigt sich die Abhängigkeit von der byzantinischen Kunst. Im ganzen gesehen haben die Omajjaden von Spanien innerhalb des islamischen Bereichs den Austausch gefördert zwischen der iberischen sowohl klassischen wie westgotischen Tradition einerseits und der syrischen Überlieferung mitsamt den aus dem Orient stammenden abbasidischen Neuerungen auf der anderen Seite, die teils direkt, teils auf dem Umweg über Ägypten oder Ifrikija zu ihnen gelangt sind.

Ifrikija im 9. und 10. Jahrhundert
Die Architektur der Aghlabiden

Als erste sichere Basis im unruhigen Nordafrika ist von dem großen Feldherrn der syrischen Omajjaden, 'Okba ibn Nafi', im Jahr 670 Kairuan (das Lager) errichtet worden. Dort hat er auch eine Moschee gegründet, die zu einer der meistverehrten heiligen Stätten des Islam werden sollte, – nach ihrer Kibla sind die anderen Moscheen Nordafrikas ausgerichtet worden. Von der ursprünglichen Moschee Kairuans blieb nichts erhalten, denn sie war vielen Wechselfällen ausgesetzt; sie ist später von den Emiren aus dem Geschlecht der Aghlabiden wieder neuerrichtet worden. Ihnen hatte Harun ar-Raschid das Amt des Statthalters von Ifrikija als erblichen Machtbereich übertragen, und sie haben dieses Gebiet als fast unabhängige Herrscher von 800 bis 909 in ihrem Besitz gehabt. Ihrer intensiven Tätigkeit verdanken wir eine ganze Reihe der bemerkenswertesten islamischen Bauten von Nordafrika.

Die Große Moschee von Kairuan ist ihr berühmtestes Werk. Sie wurde 836 von dem Emir Ziyadàt Allàh erbaut, später haben sich Abú Ibrahím Ahmèd (862 - 863), der den Michrab mit Marmor und mit Lüsterfliesen ausschmücken ließ, und Ibrahim II. (875 - 902), der den Betsaal mit einer Bedachung ausstattete,

Folgende Seite:
Kairuan (Tunesien). Die Große Moschee der Aghlabiden vom Minarett aus gesehen. Man beachte die T-förmige Anlage, die für die Moscheen im Westen typisch ist. Man kann sie an der größeren Höhe des Mittelschiffs sowie des parallel zur Kiblawand verlaufenden, vorgelagerten Querschiffs erkennen. Die ältere der beiden Kuppeln ist im Hintergrund zu sehen, sie überwölbt den Raum vor dem Michrab. Man kann ihre rosettenförmig angeordneten Kannelüren und die oktogonale Übergangszone mit den leicht eingebogenen Seiten erkennen.

an dem Werk beteiligt. Die Moschee umfaßt einen nicht ganz regelmäßigen, weiten, rechteckigen Bezirk. Der Säulengang des Hofes, der uns nur in seiner späten Umgestaltung aus der Zeit der Hafsiden und Osmanen erhalten ist, wird an der Nordseite von einem mächtigen, dreifach abgestuften Minarett mit quadratischer Grundfläche unterbrochen. Seine architektonischen Vorbilder sind bei den Leuchttürmen aus früherer Zeit zu suchen. Der tiefe Betsaal ist mit einem flachen Dach gedeckt, das auf den von Säulen getragenen Bogen ruht. Parallel zur Kiblawand ist ein Querschiff vorgelagert, auf das die siebzehn Schiffe des Betsaals im rechten Winkel stoßen; ihr mittleres Schiff ist breiter und höher als die anderen und an beiden Enden überkuppelt. Die Anlage zeigt den sogenannten T-förmigen Plan und stellt das älteste Beispiel für dieses Schema dar, denn diese Moschee reicht noch weiter zurück als die bereits besprochene Abu Dulaf-Moschee von Samarra.

Man hat geglaubt, diesen Plan auf Einflüsse von christlichen Basiliken zurückführen zu können, wahrscheinlich gibt es aber keine Zusammenhänge mit deren Architektur. Die französischen Gelehrten Pauty und neuerdings Lezine vermuten vielmehr Anregungen von dem unter den Omajjaden durchgeführten Neubau der Moschee des Propheten in Medina. Das parallel zur Kiblawand verlaufende Querschiff soll nach ihrer Meinung an die einfache Galerie erinnern, die Mohammed in seinem Haus als Betstätte errichten ließ und die bei der Rekonstruktion durch al-Walíd eine besondere Deckendekoration erhalten hatte, wie auch die Decke des axial zum Michrab verlaufenden Schiffes besonders reich geschmückt worden war. Der Schnittpunkt dieser beiden Schiffe war durch eine Art Schild in Muschelform gekennzeichnet worden. In Ifrikija hat dieses Schema insofern eine originale Deutung erfahren, als man auch eine Entwicklung in die Höhe mit doppeltem Zweck verfolgt hat, – einesteils aus ästhetischen Gründen, um die beispielhafte Einfachheit des Betsaals zu unterbrechen, anderenteils liturgischer Gründe wegen, weil die Gesamtheit von Michrab, Minbar und Maqsura eine immer stärker herausgestellte religiöse Bedeutung erhielt, wobei dem axial verlaufenden Schiff außerdem seine ursprüngliche, nämlich zeremonielle Funktion bewahrt blieb. Die Große Moschee von Kairuan sollte zum Musterbeispiel für die nordafrikanischen Moscheen werden, die – bis auf geringe Variationen – bis heute die gleiche Anlage bewahrt haben.

Bemerkenswert ist die kannelierte Kuppel über dem Raum vor dem Michrab, die im Inneren Rippen zeigt und nach außen rosettenförmig ausgebuchtet ist; sie ruht auf dem Tambour, zu dem die Übergangszone mittels ausgekehlter Nischen überleitet; von außen sieht man einen achteckigen Unterbau, dessen Seiten leicht nach innen eingebogen sind. Georges Marçais, der große Kenner der islamischen Architektur des Westens, hat darauf aufmerksam gemacht, daß man aus der Nischenkonstruktion der Kuppel, aus der Art ihrer Ornamentation und aus dem Einsatz von Ziegeln für den Bau auf mesopotamische Einflüsse schließen kann. Die Ausschmückung des Michrab soll zum Schluß noch erwähnt werden: er ist von Lüsterfliesen eingerahmt, die bezeugtermaßen aus Bagdad stammen – das Verfahren der metallisch schimmernden Bemalung ist eine mesopotamische Errungenschaft –, der Marmorbelag im Inneren ist nach syrischen Traditionen gearbeitet worden. Ursprünglich war auch die Hoffassade mit plastischen Dekorationen ausgestattet; von ihnen können wir uns eine genauere Vorstellung verschaffen, wenn wir die allein erhaltene Fassade der Drei Tore-Moschee in Kairuan betrachten, die reich mit kufischen Schriftbändern und Flachreliefs mit vegetabilen Motiven von einem sehr eigenartigen Stil geschmückt ist – offensichtlich im Rückgriff auf eine lokale Tradition –, die jedoch nicht die elegante Geschmeidigkeit der syrischen oder mesopotamischen Arabeske erreichen, auch wenn sie sich typenmäßig darauf zurückführen lassen. Der Großen Moschee von Kairuan ist die Zituna-Moschee von Tunis aus dem Jahre 864 ähnlich, hingegen kann man in der Ornamentation ihres Tambours Anregungen durch klassische, römische Formen erkennen.

Im Rahmen der Baukunst Ifrikijas kann Susa auf Grund seiner ausgeprägten regionalen Züge einen eigenen Platz beanspruchen. Seine Bauten sind gemessen, ernst und gehören zum militärischen Typ; daß sie durch syrische Vorbilder beeinflußt worden sind, läßt sich leicht erkennen. Charakteristisch für sie ist die

Verwendung von Steinen beim Mauerwerk, ferner daß Pfeiler und nicht Säulen als Stützen eingesetzt und zur Bedachung Gewölbe bevorzugt werden. Beispiele für diese Hauptmerkmale bieten einige Moscheen und das Ribat. Im Betsaal des Ribat, im kleinen Oratorium von Bu Fatata (838 - 841) und in der Großen Moschee von Susa (850 - 851) sind die rechtwinklig auf die Kiblawand zulaufenden Schiffe mit Tonnengewölben gedeckt, deren Gewicht mit Hilfe von Bogen auf kreuzförmige Pfeiler übergeleitet wird, auf denen außerdem die quer zum Gewölbe gestellten, der Verstärkung dienenden Gurtbogen ruhen. Das früheste Zeugnis für diese Art Wölbungssystem stammt aus dem Jahre 789 vom einzigen in Palästina bekannten Bauwerk aus der ʾAbbasiden-Zeit, den unterirdischen Zisternen von Ramla, südöstlich von Tel Aviv. Bei der Großen Moschee von Susa, die nach Aussage des einfachen und gleichzeitig eleganten, über die Hoffassade verlaufenden kufischen Schriftfrieses im Jahre 850 erbaut worden ist, finden wir zwei Kuppeln über dem axial ausgerichteten Mittelschiff, eine über dem Platz des ursprünglichen Michrab und die zweite über dem neuen Michrab des Erweiterungsbaus, durch den der Betsaal in der zweiten Hälfte des 10. Jahrhunderts unter den Fatimiden auf das Doppelte vergrößert wurde. An einer Moscheeseite stehen an den Ecken zwei Rundtürme, die – nach Meinung von Lezine – Reste der ursprünglichen vier Türme sind, mit denen die Moschee für die Verteidigungsaufgaben der Stadt miteingesetzt war und mit dem nahegelegenen Ribat in Schutz und Bewachung des Hafens wetteiferte. Die Ribat sind typische Bauten der Grenzgebiete, man kann sie als Klosterfestungen bezeichnen, in denen die für ihren Glauben Kämpfenden untergebracht waren; ihre dichte Verbreitung an den Küsten Ifrikijas läßt sich leicht aus deren ständiger Bedrohung durch die Christen erklären. Ihrer Anlage nach sind sie kleine, blockhafte Festungen, die nur einen Zugang haben und mit runden Eck- oder Mitteltürmen ausgerüstet sind. Beim Ribat von Susa hat das Tor einen durch Falltüren geschützten Vorbau, der von einer Kuppel gekrönt wird; sie erhebt sich über einem quadratischen Unterbau mit leicht eingebogenen Seiten, – dieser Typ stammt aus Mesopotamien und sollte in Ifrikija Schule machen. Die Quartiere der Mönchsritter waren kleine Zellen, die in zwei Stockwerken an den Innenseiten der Festung angelegt waren; auf der oberen Ebene befand sich außerdem der bereits erwähnte große Betsaal.

Nach neueren Untersuchungen ist anzunehmen, daß das Ribat von Susa zwischen 770 und 796 errichtet worden ist, während unter der Regierung des Ziyadàt Allàh (821 - 822) der charakteristische runde Wachtturm seinen quadratischen Unterbau erhielt. Dieser Turm diente später auch als Minarett für die nahegelegene Große Moschee nach dem Vorbilde der benachbarten Stadt Monastir, wo der von einem ʾabbasidischen Statthalter 796 erbaute Turm des Ribat zum Gebetsruf benutzt wurde.

Nach dem Beispiel ihrer Schutzherren, der ʾAbbasiden, haben auch die Aghlabiden vor allem aus Sicherheitsgründen Residenzen, in denen auch die Verwaltung untergebracht war, außerhalb und in einiger Entfernung von Kairuan gebaut. Zunächst wurde im Jahre 801 al-ʾAbbasiya gegründet, das seinen Namen zu Ehren der Kalifendynastie erhielt, und später Raqqada, das auch der Zerstreuung gedient hat. Bei der letztgenannten Residenz haben die im Auftrage der tunesischen Regierung jetzt durchgeführten Ausgrabungen einen großen, vollkommen aus ungebrannten Ziegeln erbauten Palast freigelegt, der nicht weit entfernt von einem riesigen Wasserbecken stand, das man vorher entdeckt hatte und wo, wie in den Kalifenresidenzen Mesopotamiens, Wasserspiele mit kleinen Flotten veranstaltet und Feste gefeiert worden sind. Die Aghlabiden sind auf dem Gebiet der Hydrotechnik außerordentlich tätig gewesen und haben sich darum bemüht, die Länder Ifrikijas zu ihrem in der Antike erreichten Wohlstand zurückzuführen. Für alle diese Werke sollen als Beispiel nur die berühmten, noch heute benutzten Wasserbecken von Kairuan erwähnt werden, mit ihren riesigen, in die Erde eingelassenen Bassins, die innen und außen durch mächtige Verstärkungen gesichert sind. Es sind zwar Nutzbauten, die aber dank ihrer konstruktiven Sachlichkeit, durch die sich die Bauten der Aghlabiden in ihrer Mehrzahl auszeichnen, eine ungewöhnliche Intensität des Ausdrucks erreichen, sodaß sie zu den architektonischen Werken von absolutem Rang gehören.

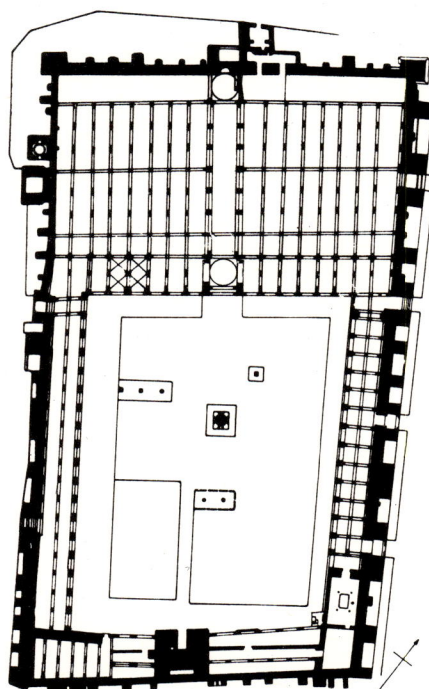

Kairuan. Grundriß der Großen Moschee. In ihrer neuen Gestaltung durch die Aghlabiden ist sie zum Vorbild für alle Moscheen des Maghreb geworden.

Kairuan. Die Große Moschee der Aghlabiden. Die Zeichnung zeigt die Kuppel über dem Raum vor dem Michrab. Sie ist nach außen rosettenförmig ausgebuchtet, während im Inneren die Rippen zu sehen sind. Die Übergangslösung vom Quadrat zum Kreis mittels Nischen ist ein orientalisches Bauprinzip.

Kairuan (Tunesien). Fassade der Drei Tore-Moschee. Die Ornamentation geht auf das Jahr 866 zurück.

Tunis (Tunesien). Die Große Moschee (Jami al-Zaytuna, die «Olivenmoschee»). Blick auf den Betsaal. Bei dieser 864 unter dem Emirat des Aghlabiden Abú Ibrahím Ahmèd errichteten Moschee finden sich Ähnlichkeiten mit der Moschee von Kairuan.

Die Architektur der Aghlabiden ist durch eine starke Abhängigkeit von den orientalischen, syrischen und iranisch-mesopotamischen Vorbildern gekennzeichnet; diese sind jedoch in einer völlig originalen Weise interpretiert worden, wobei die vielfach bewiesene klassische Tradition an diesem Entwicklungsprozeß kaum unbeteiligt gewesen sein kann.

Für die schiitische Propaganda, die behauptete, daß das Recht auf das Kalifat allein den Nachkommen der Fatima (einer Tochter des Propheten) und des ʿAli, der der vierte Kalif gewesen war, zustünde, eröffnete sich bei den Berberstämmen im Gebiet um das heutige Constantine ein günstiges Feld. Bei ihnen fand ein Fatimide, der zumindest behauptete von Fatima abzustammen, der *mahdi* (der von Gott Geleitete) Ubayd Allàh, Unterstützung. Er erklärte sich zum Kalifen, besiegte 909 die Aghlabiden und bemächtigte sich des Gebiets, das ungefähr dem heutigen Tunesien und Algerien entspricht. Hier gründete er eine Dynastie, die zunächst bis 973 unabhängig über jene Gebiete geherrscht hat, von denen sein Glück ausgegangen war. Dann haben die Fatimiden ihre Macht gegen Ägypten gerichtet und dem ʿabbasidischen Kalifen in Bagdad diese reiche Provinz für immer entrissen; sie selbst haben sich in Ägypten bis 1171 gehalten.

Die westlichen Länder ihres Reiches ließen die Fatimiden von den Ziriden, Berbern aus dem Stamm der Sanhaja, als Statthaltern verwalten und östlich anschließend von den Hammaditen aus der gleichen Stammesgruppe. Als es um die Mitte des 11. Jahrhunderts zu Auseinandersetzungen mit den unruhigen Ziriden kam, förderte der Fatimiden-Kalif in Kairo den kriegerischen Einfall der Banu Hilàl-Nomaden in Nordafrika. Diese haben, um die Worte des großen tunesischen Historikers und Soziologen Ibn Khaldún (1332 - 1406) zu gebrauchen, «wie ein Heuschreckenschwarm bei ihrem Durchzug alles zerstört». Damals erlitt

Susa (Tunesien). Die Große Moschee gesehen vom Turm des Ribat. Man kann die beiden Bauphasen klar erkennen: der erste Bau aus der Aghlabiden-Zeit stammt aus dem Jahr 850 und endet vor der ersten Kuppel, die die Stelle des ursprünglichen Michrab kennzeichnet. Unter den Fatimiden wurde der Betsaal auf das Doppelte vergrößert, der Michrab nochmals überwölbt.

Susa. Die Große Moschee, Rekonstruktion des Betsaals. Die links zu sehende Lünette mit dem Dekor stimmt mit der Kuppel überein, mit der der Raum vor dem Michrab der ursprünglichen Aghlabiden-Moschee überwölbt worden ist.

Susa (Tunesien). Das Ribat. Blick auf die Torfassade und den Turm.

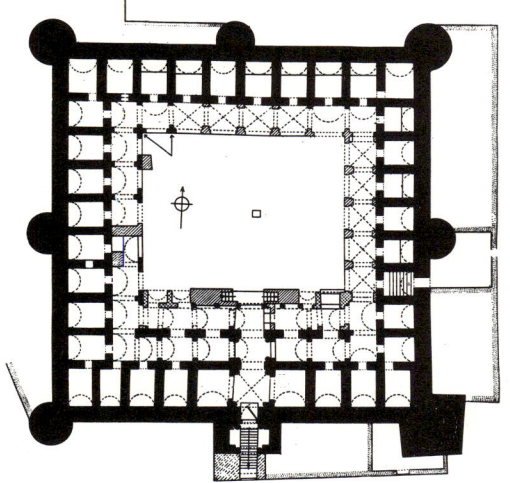

Susa. Grundriß des Ribat. Man beachte die an den Seiten angeordneten Zellen der Mönchsritter.

Al-Mahdíya. Die Große Moschee der Fatimiden. Diese Rekonstruktionszeichnung der ursprünglichen Moschee ist nach den neuen Forschungsergebnissen angefertigt worden.

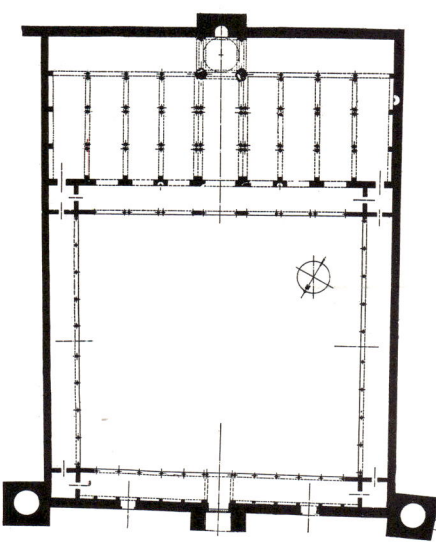

die blühende Wirtschaft Ifrikijas Schäden, von denen sie sich nicht wieder erholt hat.

Verhältnismäßig wenig blieb uns aus der Zeit der Fatimiden in Ifrikija erhalten. Die Paläste von Sabra-Mansuríya bei Kairuan sind noch nicht ausreichend untersucht worden, doch kann man dort Raumgruppen mit Iwanen nach mesopotamischem Vorbild erkennen. Von einem der beiden Paläste, die die ersten Fatimiden, wie wir wissen, in der von ihnen 915 gegründeten, befestigten Stadt al-Mahdíya erbaut haben, welche strategisch äußerst günstig auf einer kleinen Halbinsel an der tunesischen Küste angelegt worden war, sind auch nur wenige Trümmer übriggeblieben. Trotzdem können wir uns von ihren Palastbauten durch das Schloß ihrer Vasallen, der Ziriden, in Ashír (Algerien) eine Vorstellung machen. Es ist 947 von einem Architekten erbaut worden, den ihnen der Kalif geschickt hatte. Am Plan dieses Palastes von Ashír erkennt man deutlich die Abstammung vom Orient, und die Formen verraten ebenfalls ihre syrische oder mesopotamische Herkunft. Kennzeichnend für das Schloß sind seine breite Anlage und der Eingang mit einem Vorbau an einer der beiden Breitseiten. Bemerkenswert ist der in der Hauptachse, gegenüber dem Eingang und am Ende des quadratischen Hofes liegende Repräsentationstrakt. Er besteht aus dem überkuppelten Audienzsaal mit seinen drei Nischen und einem davorgelagerten, breiten Raum mit Apsiden. Unter verschiedenen Gesichtspunkten ist die leider sehr beschädigte Große Moschee von al-Mahdíya außerordentlich interessant. Wie neuere Untersuchungen zu bestätigen scheinen, gehörte sie zum herkömmlichen aghlabidischen Typ, aber sie zeigt darüberhinaus zum erstenmal eine Narthex-ähnliche Vorhalle, die in organischer Weise dem Betsaal vorgelagert ist, während die den Michrab krönende Kuppel von Pfeilern getragen wurde, die an die bereits erwähnten des

49

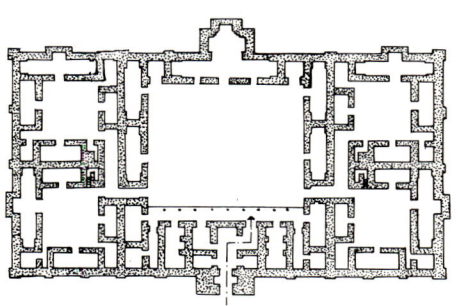

Ashír. Grundriß des Ziriden-Palastes.

Qalà, die Stadt der Hammaditen. Rekonstruktion des Dar al-Manàr (Leuchtturmpalast). Dieses Schloß war eines der berühmtesten Bauwerke in der Hauptstadt des Berberstaates, die infolge der Beduinenüberfälle auf das Gebiet der Ziriden eine Blüte erlebt hat. Charakteristisch für die Architektur dieser Berberstadt sind die Vorbauten und die Nischen, durch die die Fassaden gegliedert sind; den gleichen Bauelementen begegnet man in der arabisch-normannischen Architektur Siziliens.

Wüstenschlosses Chirbat al-Mafdschar erinnern. Besonders bemerkenswert bei der Moschee ist aber die Tatsache, daß wir hier zum erstenmal bei einem Sakralbau eine systematische Gestaltung der Fassade haben: flankiert von zwei viereckigen Türmen geben drei Tore den Zugang frei. Das Haupttor wird durch einen monumentalen Vorbau aus Kalksteinquadern in harmonischen Proportionen betont, bei dem der römische Triumphbogen als Anregung diente, was sowohl aus den Proportionen wie aus der Bekrönung durch Gesims und Attika klar erkennbar ist. Die besondere Hervorhebung dieses Eingangs hängt wahrscheinlich mit dem Zeremoniell der Fatimiden-Kalifen zusammen. In der Architektur der Fatimiden in Ägypten sollte dieser Partie der Moschee später wiederum besondere Aufmerksamkeit zugewandt werden.

Das Portal der Großen Moschee von al-Mahdíya zeigt eine Wölbung mit einem Hufeisenbogen und ist von Nischen in zwei Formen eingerahmt; unten haben wir flache Blendnischen, oben hingegen halbkreisförmige und durch Halbkuppeln abgeschlossene Nischen, – auch die seitlichen Mauern sind in der gleichen Weise gegliedert. Nischen als Ornamentation sind ein iranisch-mesopotamisches Schmuckelement, und sie haben in der Architektur Ifrikijas unter den Fatimiden und ihren Vasallen aus dem Stamm der Sanhaja eine weite Verbreitung gefunden, so zum Beispiel bei den Michrabs der Moscheen von al-Mahdíya und Susa, bei der Fassade der ziridischen Kuppel der Zituna-Moschee von Tunis (991), in der Ostfassade der Moschee von Sfax, die 998 wiederhergestellt wurde, und auch in den Bauten der Hauptstadt der Hammaditen Qalà. Diese Stadt im Hodna-Gebirge wurde mit dem Ruin des von den Banu Hilàl-Nomaden schwer beschädigten Kairuan vorübergehend zum reichen Zentrum, bis auch sie von der großen Beduineninvasion verheert wurde. Uns ist ein ausgedehnter Ruinenkomplex geblieben, in dem man drei Palastgruppen unterscheiden kann: den Dar al-Bahr oder «Seepalast», der seinen Namen von dem großen Wasserbecken in einem Arkadenhof hat, dem ein großer Eingang vorgelagert war und auf den zahlreiche, bis auf die Fundamente zerstörte und nicht immer zu identifizierende Räume angeordnet waren. Der zweite Palast ist der Dar al-Manàr oder «Palast des Leuchtturms», von dem der Bezirk noch beherrscht wird. Hier erkennt man ein massives Rechteck, das durch tiefe Nischen gegliedert und von zwei Vorbauten belebt ist. In seinem Zentrum befindet sich im zweiten Stock ein kreuzförmiger Saal, der ursprünglich von einer Kuppel auf einem hohen Tambour gekrönt wurde, zu ihm führte eine schräge, innere Rampe. Bei dem dritten, «Palast des Grußes», sind die Ausgrabungen erst in Gang.

Die Architektur in Ägypten unter der Herrschaft der Fatimiden

Unter dem schiitischen Kalifat der Fatimiden (969-1171), das gegen das sunnitische Kalifat in Bagdad für sich die Rechtmäßigkeit beanspruchte, hat Ägypten eine Zeit großer künstlerischer Blüte und beachtlichen wirtschaftlichen Wohlstand erlebt. Die Fatimiden haben den vom Indischen Ozean kommenden Handelsverkehr unterstützt und dahingehend gefördert, daß er unter Umgehung des Persischen Golfs den Weg durch das Rote Meer nahm. Die ernste Krisensituation Mesopotamiens haben sie für sich zu nutzen gewußt, zumal ihr eine entsprechend günstige Konjunktur im Mittelmeerraum gegenüberstand, wo die italienischen Seestädte mit dem Aufschwung der europäischen Wirtschaft um die Wende des 10. Jahrhunderts eine intensive Handelstätigkeit entfalteten.

Die Bautätigkeit der Fatimiden ist ganz besonders groß gewesen. Im Jahre 969 haben sie bei der alten Stadt Fustat ein neues Heerlager angelegt, aus dem sich ihre Hauptstadt Kairo, al-Qahira al-Muizzíya, das heißt «die siegreiche (Stadt) des al-Muízz», entwickeln sollte. Al-Muízz war der Kalif, der Ägypten unterworfen hat, und mit ihm beginnt die große Epoche der aus Ifrikija eingedrungenen Eroberer.

Ihre ersten Paläste blieben nicht erhalten. Diese Schlösser des al-Muízz und al-Aziz lagen einander an einem Platz gegenüber wie die Schlösser von al-

Sfax (Tunesien). Die Große Moschee. Die aus dem Jahre 998 stammende Ostfassade. Auch hier findet sich die ornamentale Nischengliederung von iranisch-mesopotamischer Herkunft.

Al-Mahdíya (Tunesien). Das Portal der Großen Moschee, die der «Mahdi» Ubayd Allàh gegen 916 erbauen ließ. Dieser Bau aus Kalksteinquadern ist mit seinen harmonischen Proportionen das repräsentativste Monument der Fatimiden-Kunst in Ifrikija.

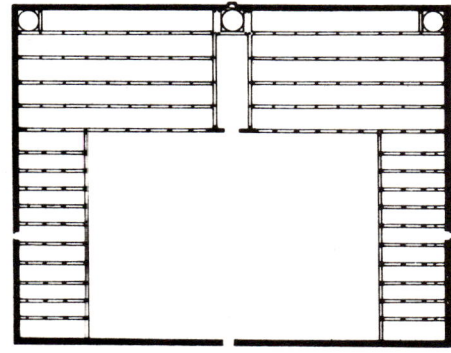

Kairo. Rekonstruktionszeichnung vom Grundriß der ursprünglichen al-Azhar-Moschee.

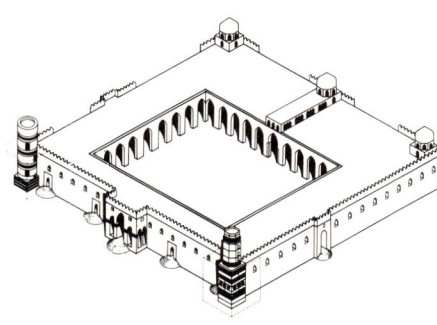

Kairo. Die Moschee des Kalifen al-Hakim. Diese Rekonstruktionszeichnung von Creswell zeigt den ursprünglichen Zustand der Moschee.

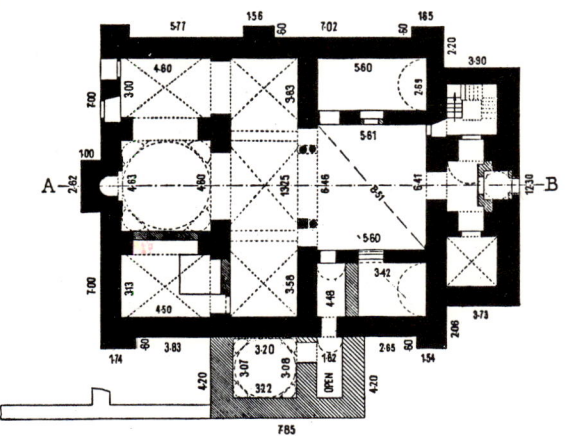

Kairo. Aufriß und Grundriß der Grabmoschee des Badr al-Jamali Amir al-Juyushi. Der vorgelagerte Eingang wird von einem dreigeschossigen Minarett überragt, in ihm gibt es ein Stalakitengesims, – diese muqarnas sind iranischer Herkunft.

Mahdíya, nach deren Vorbild sie wahrscheinlich angelegt waren. Bei den Bauten, die bewahrt blieben, und die fast ausschließlich Sakralbauten sind, kann man aus dem jeweiligen Komplex sowohl Elemente der Kunst Ifrikijas als auch iranisch-mesopotamische Komponenten herausschälen, doch wird vor allem seit der zweiten Hälfte des 11. Jahrhunderts mit der Ausbreitung des Steinreliefs und in einer auffallenden formalen Strenge die Vorherrschaft von Architekten aus dem nördlichen Syrien und dem mesopotamischen Bergland evident.

Sehr stark verändert worden ist die erste Moschee, die in Kairo gegründet und im Jahre 972 vollendet worden war, die al-Azhar-Moschee, die auch eine der ältesten und sicher die berühmteste islamische Universität ist. Aus den verschiedenen Umbauten kann man noch ihre ursprüngliche Gestalt herauslesen, bei der das ifrikijische Erbe zu erkennen ist an den durch Bogen verbundenen Säulen, am überhöhten Transept mit seinen beiden Kuppeln über dem Eingang und vor dem Michrab, während der Betsaal mit seinen fünf querverlaufenden Schiffen im wesentlichen auf omajjadische Vorbilder zurückgeht. Der Stuck- und der Holzdekor des Transepts hingegen leiten sich von der 'abbasidischen Kunst her. In der etwas jüngeren Moschee des al-Hakim (990 - 1013) erkennen wir in der Anlage mit den massigen Ziegelpfeilern und ihren Ecksäulen die mesopotamischen Vorbilder in ihrer tulunidischen Interpretation; die Einfügung eines Transepts, bei dem der Raum vor dem Michrab überkuppelt ist, nimmt dagegen die Lösung der al-Azhar-Moschee wieder auf und führt, wahrscheinlich zum erstenmal, als zusätzliches Element die beiden Kuppeln an den Enden des Kiblaschiffes ein. Tendenzen aus Ifrikija wiederum spielen ohne Zweifel eine Rolle bei der besonderen Betonung der Fassade mit dem vorspringenden Torbau, der von zwei Minaretten an den Ecken flankiert wird. Beide sind durch Flachreliefs aus Stein mit kufischen Schriftbändern, geometrischen Motiven und Arabesken geschmückt, wobei letztere in gewissem Maße noch an die alten 'abbasidischen Vorbilder in Stuck erinnern.

In Ägypten beginnt sich der Geschmack an Steinarchitektur und an der künstlerisch vollendeten Steinbearbeitung durchzusetzen, wofür wir schon früher ein Beispiel im Wasserstandsmesser des Nil auf der Insel ar-Roda gehabt haben. Diese Erneuerung der Bautechnik und des architektonischen Formenschatzes ist, wie man behauptet hat, dem Einfluß von Baumeistern aus Nordsyrien und dem mesopotamischen Bergland zuzuschreiben, die uns einige der schönsten Baudenkmäler von Kairo hinterlassen haben, nämlich die drei Stadttore Bab an-Nasr und Bab al-Futuch aus dem Jahre 1087 sowie Bab Suwela aus dem Jahre 1091. Sie wurden unter dem aus Armenien stammenden Feldherrn Badr al-Jamali Amir al-Juyushi erbaut, welcher nach den Berichten des Historikers Maqrizi Architekten aus Edessa beschäftigt hat. Die Tore wirken ausgesprochen klassisch durch ihre kubische Gestaltung und die organisch verteilte Ornamentation, bei der der Dekor beschränkt wird «auf seine Aufgabe, die funktionellen Linien zu objektivieren und klar herauszustellen». Trotzdem sollte diese Belehrung durch künstlerische Traditionen aus Syrien und dem mesopotamischen Bergland, wie auch etwas später das Vorbild der großartigen Architektur der Kreuzfahrer, zu keiner echten, autonomen Entwicklung führen, sondern sich vor allem in gewissem Grade in den aus Stein gemeißelten Dekorationen sowie in der hervorragenden Ausführung manifestieren. Ein typisches Werk der reifen Fatimiden-Architektur ist die al-Akmar-Moschee (1125), bei der das Schema einer durch Vorbauten gegliederten Fassade weiterentwickelt wird, während die zwar noch sparsame und in organischer Weise mit der Konstruktion verbundene Ornamentation doch schon zu einer größeren Üppigkeit und zur Erweiterung tendiert. Hier sind bereits (wie wir später sehen werden) ausgesprochen seldschukische Motive aufgenommen worden, zum Beispiel die Stalaktitenzellen *(muqarnas)*, die sich dann weit verbreiten sollten.

Parallel zu den persischen Erscheinungen und aus den gleichen Motiven sind in Ägypten zahlreiche Grabbauten errichtet worden, deren Grundform ein durch eine Kuppel gekrönter Würfel ist, wobei die Verbindungszone durch Nischen oder drei konzentrische Zellenringe nach seldschukischem Einfluß gebildet wird. Die Kuppeln haben verschiedene Formen und sind oft kanneliert, bei provinziellen Gestaltungen, wie in Assuan, haben sie gelegentlich phantastische und pittoreske

Formen. In der Nähe von Kairo finden wir einen neuen Typ der Grabmoschee in dem kleinen Oratorium, das sich der Emir al-Juyushi im Jahre 1085 erbauen ließ; bemerkenswert sind hier die mesopotamischen und seldschukischen Einflüsse, zum Beispiel in der Form der Bogen, bei den Kapitellen und den Stalaktitgesimsen. Dieses Kuppelmausoleum zeigt eine merkwürdige und reich gegliederte Anlage: die Eingangszone, die von einem Minarett überragt wird, einen Hof, der von zwei Räumen für Besucher flankiert wird, an dessen Ende man durch eine Dreibogenanlage in den Bereich des eigentlichen Oratoriums gelangt. Dieses besteht aus einem quadratischen, überkuppelten Saal mit zwei kleineren Räumen zu beiden Seiten. In einem von ihnen befindet sich das Grab des Erbauers.

Leider sind die Bauten der Emire von Sizilien restlos zerstört worden, doch können wir uns auch von dieser Kunstprovinz des Islam eine Vorstellung machen aus der aus ihnen entwickelten arabisch-normannischen Architektur, wenngleich hier auch Einzelelemente aus der Architektur der Fatimiden in Ifrikija und Ägypten, aus den Bauten der Hammaditen sowie Beiträge aus Andalusien hinzugekommen sind (letztere lassen sich in der anschließenden staufischen Epoche besser bestimmen). Aus der normannischen Periode seien die Pavillone und kleinen Paläste von Palermo erwähnt, wie La Cuba, La Piccola Cuba und La Zisa, das heißt «die Ruhmreiche» (von al-aziza). Sie sind Werke aus der Zeit Wilhelms II. Ferner gehören dazu die Kirchen Santa Maria dell'Ammiraglio, genannt La Martorana, San Giovanni degli Eremiti, San Cataldo, die Dome von Palermo und Cefalù und schließlich die Cappella Palatina im Palazzo Reale von Palermo. Berühmt ist in der Schloßkapelle die Decke, deren mehrreihige Stalaktitenzellen in eine Kassettendecke überleiten; die sie schmückenden Malereien stellen den größten uns erhaltenen Zyklus islamischer Malerei dar. Ugo Monneret de Villard hat sie eingehend studiert; sie sind schwer zu klassifizieren, wahrscheinlich wurden sie von in der mesopotamischen Tradition geschulten Künstlern ausgeführt, doch ist eine Vermittlung durch das fatimidische Ägypten oder durch Ifrikija nicht auszuschließen.

Kei Chosros Hingang
Mit ihm ritten der Ritter acht,
Fürsten von Iran, Helden der Schlacht:
Destan und Rostem, Guderz und Gew,
Dann Bizhen der Reck und Gutstehm der Löw.
Feríborz zum siebenten, Sohn des Ka'us,
Und zum achten der edle Tus.
Der Feldherr mit dem kleinen Heer,
Bis zur Spitze des Bergs ritt er;
Dort ward eine Nacht von ihnen geruht,
Die trocknen Lippen genetzt mit Flut.
Als die Sonne vom Berg verschwand,
Kam ringsumher eine Schar aus dem Land;
Hunderttausend von Weib und Mann
Zogen mit Klagen zum Schah heran.
Ein jeder sprach: «Was, o Schah, ist geschehn,
Daß dein Herz hat Verfinstrung gesehn?
Hast du einen Verdruß aufs Heer
Und achtest du der Krone nicht mehr,
So sags, doch geh nicht von Iran fern,
Der alten Welt gieb nicht neuen Herrn!
Wir küssen den Staub vor deinem Pferd
Und beten zur Flamm' auf deinem Herd:
Wo kam dir hin des Geistes Licht?
Serosch erschien dem Feridun doch nicht.
Wir wollen alle Gott anflehn,
Zum Feuertempel betend gehn,
Ob uns Gott möge gnädig sein
Und erleuchten das weise Herze dein.»
Der Schahinschah betroffen war,
Er rief die Weisen aus der Schar;
Er sprach: «Nur Gutes hier geschicht;
Zu weinen ist über dies Gute nicht.
Ihr alle saget dem Höchsten Dank,
Freut euch und dient Gott ohne Wank!»
[E. A. Bayer, «Firdosi»,
Band III, Seite 262/63]

Die iranischen Provinzen

Nachdem die schwere Notzeit, die der arabischen Invasion in den Iran folgte, überwunden war, begannen in der Krise des Kalifats der alte, durch die Dichkane *(dihqan)* repräsentierte Landadel, die iranisierte arabische Aristokratie sowie jene Klasse von Persern, die aus der Verwaltung der 'Abbasiden hervorgegangen war, sich große Machtbefugnisse anzueignen. So konnte sich bei gleichzeitiger Bildung einiger unabhängiger Fürstentümer eine politische Wiedergeburt Persiens anbahnen. Der Historiker Wladimir Minorsky hat diese Zeit das «Iranische Intermezzo» genannt, womit er jene Periode nach der arabischen Eroberung bezeichnen wollte, in der eine politische Emanzipation unter der Führung von Dynastien iranischer Abstammung erreicht worden ist.

Für die iranischen Länder war dieses Intermezzo eine Zeit beachtlichen wirtschaftlichen und sozialen Fortschritts. Die Erträge der verschiedenen Regionen wurden nicht mehr nach Bagdad geschafft, sondern wurden zu einem großen Teil an Ort und Stelle nutzbar gemacht; die Landwirtschaft blüht auf, und für Handel und Handwerk beginnt eine Zeit voller Expansion.

In den östlichen iranischen Provinzen wurde diese Emanzipation von den Tahiriden (820 - 872) Chorassans eingeleitet, deren Gebiet bis Rajj und zur Provinz Kerman gereicht hat. Ihnen folgten die Saffariden von Sistan (867 - 903), die ihre Macht in Chorassan, Afghanistan, in Zentralasien und in der pakistanischen Landschaft Sind behaupten konnten. Schließlich kamen die Samaniden (842 - 999) zur Herrschaft, deren Reich sich zur Zeit seiner größten Ausdehnung von Transoxanien, ihrem Stammland, bis nach Mittelpersien und Afghanistan erstreckt hat.

Im mittleren und westlichen Iran haben sich nacheinander verschiedene Dynastien durchgesetzt, die aus den Gebieten vom Süden des Kaspischen Meeres gekommen

55

Damgan (Iran). Tari Khanè. Diese Moschee stammt aus der Zeit der 'Abbasiden und ist auf etwa die Mitte des 8. Jahrhunderts zu datieren. Man beachte die massigen Ziegelpfeiler von sassanidischer Tradition.

waren; unter ihnen sind zunächst die Ziyariden zu erwähnen und danach die Bujiden, welche Schiiten waren. Sie konnten sich 935 des Irak bemächtigen, nachdem sie Hausmeister des Kalifen *(amír al-umarà)* geworden waren und ihm faktisch alle Macht entrissen hatten.

Kulturell betrachtet sind in jener Zeit Samarkand und Buchara unter dem Emirat der Samaniden, die große Mäzene von hochkultivierter Kennerschaft waren, die lebendigsten Zentren gewesen. Unter dieser Dynastie begann sich das Persische als Verwaltungs- und Kultursprache durchzusetzen, das Dichtern wie Rudaki und Dakiki und vor allem dem berühmten Firdausi als Ausdrucksmittel gedient hat. Dakiki hat die poetische Übersetzung des altiranischen Königsbuches ins Neupersische eigens für den Hof der Samaniden begonnen, sein Werk hat dann Firdausi in sein «Schah-Name» (Königsbuch) übernommen, das eine epische Gesamtdarstellung der persischen Geschichte in mythischer, islamischer Verschlüsselung ist. Bemerkenswert ist jedoch die Tatsache, daß in erster Linie die orthodoxen orientalischen Dynastien Vorkämpfer für die persische Kultur gewesen sind, während in den westiranischen schiitischen Fürstentümern die arabische Literatur blühte, wobei nur die Ziyariden von Gorgan (928 - 1077) eine Ausnahme darstellten; sie haben ein anderes iranisches Kulturzentrum gefördert. Man sollte das erwähnen, damit diese Feudaldynastien nicht aus einer falschen, romantischen Geschichtsauffassung für Wegbereiter nationaler Staaten gehalten werden. Der Ausdruck «Iranische Renaissance», mit dem diese Periode gewöhnlich bezeichnet wird, sollte darum mit Vorsicht benutzt werden. Das Entstehen der persischen Dichtung war überdies eine Angelegenheit des Adels; ihre Reife hat sie an den sunnitischen Höfen im Osten, vor allem bei den Samaniden, erlangt, als damals im 9. und 10. Jahrhundert die gesamte islamische Welt eine Zeit der größten kulturellen Blüte erlebt hat. Sie ist demnach eine Frucht der internationalen islamischen Kultur, deren Ausdrucksmittel das Arabische ist.

Was die bildenden Künste angeht, so ist vor allem seit das Machtzentrum von Syrien nach Mesopotamien verlagert worden war, das iranische Erbe dem Islam sofort integriert worden, weil für das Zeremoniell ein Apparat geschaffen werden mußte, – eine Maßnahme, die bei der Bildung des Staates aus politischen Erfordernissen unumgänglich war.

Guter Rat (von Rudegi)

Die Welt gab einen Rat mir, der beglückt,
Sie, die so ratreich dem, der sie durchblickt,
O geize nie nach eines andern Freuden,
Denn viele giebt es, die dein Los beneiden.

[Hart, Seite 1]

Stehendes Wasser (von Dakiki)

Zu lange weilt' ich hier, und bin verschmäht,
Verachtet ist, wer stets der Ruhe pflegt.
Ein Wasser, das zu lang' im Teiche steht,
Versumpft und trocknet, weil es unbewegt.

[Hart, Seite 3]

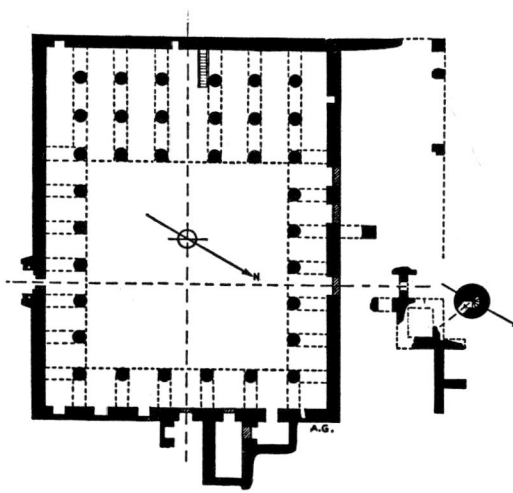

Damgan. Grundriß der Tarí Khanè-Moschee. Die Anlage zeigt das irakische Schema, während Konstruktion und Raumkonzeption auf sassanidische Bautraditionen zurückgehen.

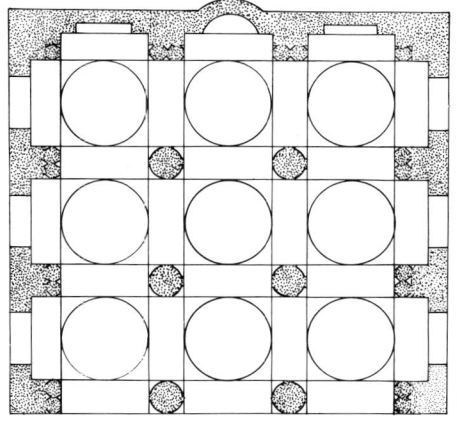

Balkh. Grundriß der Moschee, die zu den ältesten in den östlichen iranischen Gebieten gehört. Der Bau ist erst in jüngerer Zeit freigelegt worden.

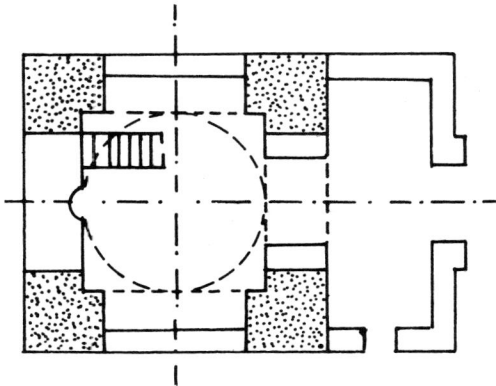

Yazd-i Kasht. Grundriß eines alten Chahár taq, der zur Moschee umgestaltet wurde.

Die künstlerischen Traditionen Persiens blieben beinahe unangetastet bewahrt, weil die Masse der Kunsthandwerker durch die arabische Eroberung so gut wie keinen Schaden erlitten hatte. Man darf sich durch das spärliche archäologische Beweismaterial in den eigentlich iranischen Ländern – das im übrigen in den letzten Dezennien viel umfangreicher geworden ist – nicht täuschen lassen: was uns die Abbasiden-Kunst in Samarra gezeigt hat, liefert den Beweis für die Vitalität der persischen Kunst, die sich nach den Bedürfnissen der neuen Herrscher mit einem Minimum an ideologischer Anpassung erneuert und dabei weiter die eigenen Ausdrucksmittel befolgt hat.

Für die östlichen Provinzen, den Iran selbst und seine äußeren Gebiete, fehlt es uns noch an ausreichendem Beweismaterial oder es ist zumindest nicht leicht zugänglich; was uns aber zur Verfügung steht, reicht aus, um uns einen Überblick über die charakteristischen Merkmale dieser Gebiete zu ermöglichen, obwohl es nicht immer leicht ist, regionale Eigenarten herauszuschälen. Wir kennen eine Anzahl Moscheen, die uns die Verbreitung des irakischen Schemas beweisen, angefangen mit der ältesten Moschee von Damgan aus der Mitte des 8. Jahrhunderts, bis hin zum 11. Jahrhundert mit den Moscheen von Susa, Shushstär, Siràf, Nayin, Demawend, Lashkarí Bazàr und Chehelburj in der Oase von Merw (Mary) und anderen, die alle in echt iranischen Bauweisen errichtet worden sind. Nach den Quellen hatte die älteste Moschee von Nischapur in Chorassan, ähnlich der Moschee des al-Mansur in Bagdad, einen Betsaal mit einem flachen Dach, das jedoch von hohen Säulen aus Holz getragen wurde, – eine Bauweise, die mindestens auf die Zeit der Achaimeniden zurückgeht und sich lange Zeit im Iran gehalten hat. Die älteste der erhaltenen iranischen Moscheen, die Moschee von Damgan mit ihren gedrungenen Rundpfeilern, die die Gewölbe von leicht eiförmigem Schnitt stützen, folgt mit ihrer Ziegelbauweise und ihrer Raumkonzeption ganz den Traditionen der sassanidischen Architektur. In der späteren Moschee von Nayin, die auf etwa 960 zu datieren ist, sind die Rundpfeiler schlanker und feiner geworden, während die Ornamentation mit ihren Stuckverkleidungen in einem von Samarra abhängigen Stil in der gleichen Weise durchgeführt worden ist wie beim Sassaniden-Palast von Damgan.

Im Gebiet von Balkh (Afghanistan) wurde 1966 bis 1967 eine Moschee mit einem ungewöhnlichen Bauplan aufgedeckt; wir wissen nicht, woher dieses Schema stammt, aber wir sind ihm bereits in Ifrikija und in Spanien begegnet, und es gibt weitere Beispiele dieses Plans in Ägypten und Mesopotamien. Sie hat einen quadratischen Grundriß, ist nach drei Seiten geöffnet und von neun Kuppeln bedeckt, die auf massigen Rundpfeilern, gleich jenen der Moschee von Damgan, ruhen. Hier sind sie jedoch völlig mit Stuckverkleidungen in einem Stil überzogen, der eng mit den Stilen A und B von Samarra zusammenhängt, – für diese ist der Bau eines der besterhaltenen Beispiele, die östlich Mesopotamiens gefunden worden sind. Datiert wird die Moschee noch um die Mitte des 9. Jahrhunderts.

Die Lebenskraft der sassanidischen Tradition erweist sich nicht nur in der Bautechnik, sondern auch bei der Ornamentation und in den architektonischen Plänen. Neben dem irakischen Bauschema kommen bei den Moscheen auch Anlagen vor, die von lokalen, architektonischen Erfahrungen gekennzeichnet sind und früheren Ideologien in kongenialer Weise angepaßt waren. Zwar kennen wir bisher nur wenige Beispiele, die erhalten blieben, doch können wir mit Sicherheit behaupten, daß in den Moscheebau der chahàr taq übernommen worden ist, nämlich ein von einer Kuppel bedeckter Tetrapylon mit vier durch Bogen verbundenen Stützen. Ein solcher «Torbau» ist der einfachste und zugleich am weitesten verbreitete Typ des Sakralbaus in Persien gewesen. Früher wurde das heilige Feuer der alten iranischen Religion in derartigen Bauten bewahrt. Diese Anlage konnte mit einem Minimum an Aufwand dahingehend umgestaltet werden, daß die Aufnahme des Michrab möglich wurde. Übereinstimmend hat dieser Typ dann die Bezeichnung Kioskmoschee erhalten.

Ein sassanidischer Chahàr taq, der als Moschee Wiederverwendung fand, ist zum Beispiel der Bau von Yazd-i Kasht in der Provinz Fars. Wahrscheinlich ist auch in den späteren Bau der Großen Moschee von Yazd ein Tetrapylon einbezogen worden, und zumindest bis in das 16. Jahrhundert hat man noch einzelstehende Chahàr taq als Moscheen erbaut. Direkt von einem Tetrapylon stammt die in das 10. bis 11. Jahrhundert zu datierende Moschee von Hazara in der Nähe von Buchara ab mit ihrem Komplex eines von einem doppelten Umgang umgebenen Zentralsaals.

Ein anderes typisch persisches Bauelement, das vor allem bei zivilen, und zwar dem Zeremoniell dienenden Bauten nicht weniger angewandt worden ist als der Kuppelsaal, der, wie mehrfach erwähnt wurde, in den sassanidischen Palästen den Thronsaal darstellte, ist der Iwan *(iván)*. Auch er ist als Moschee benutzt worden. Wir haben dafür aus der Provinz Fars in Niríz ein gutes Beispiel; der Bau ist auf ungefähr 970 zu datieren und ist ursprünglich durch tiefe Nischen gegliedert gewesen. Anscheinend hatte auch die von dem Saffariden Amr ibn Layth gegen 890 in Schiras errichtete Große Moschee die Form eines Iwans, bei dem die Bedachung mittels einer Reihe von Gurtbogen vollzogen worden war, die oben durch kleine Gewölbe verbunden wurden, was eine Durchbrechung der Wände mit Fenstern ermöglichte. Hier ist ein Konstruktionsschema angewandt worden, das bereits aus dem Sassaniden-Palast von Iván-i Kharkhá (Chusistan) bekannt war und in den späteren Perioden der Seldschuken und Ilchane wieder aufgenommen werden sollte. Wahrscheinlich haben auch die ursprünglichen Anlagen der Großen Moschee von Täbris aus dem 8. Jahrhundert und der Masjíd-i Arg von Bam aus dem 9. Jahrhundert Iwane gehabt.

Diese beiden Bauformen, der Kuppelsaal und der Iwan, führen in die islamische Baukunst im Gegensatz zur üblichen horizontalen Ausdehnung eine Betonung der Vertikalen ein, die, allerdings in gemäßigter Form, in der Architektur des Ostens ein konstantes Element bleiben sollte.

Im 10. Jahrhundert trat im iranischen Bereich, vor allem in seinen nördlichen Gebieten, ein Bautyp in den Vordergrund, der später in den meisten islamischen Ländern weite Verbreitung finden sollte: das Mausoleum. Wir haben bereits das seltene, frühe Beispiel in Samarra erwähnt, die Qubbàt al-Sulaybíyya. Die Verbreitung des Mausoleums kann anscheinend mit der Entwicklung des Gräberkults an den Totenstätten der schiitischen «Heiligen» in Verbindung gebracht werden, wofür das schon aus der zweiten Hälfte des 9. Jahrhunderts stammende Mausoleum der Fatima in Kum und das vom Beginn des 10. Jahrhunderts stammende Mausoleum des Áli in Najàf Beispiele sind. Aber auch von den Fürsten der neuen Dynastien, die aus der Auflösung des Ábbasiden-Reichs hervorgegangen waren, müssen durch Geltungssucht und in ihrem Verlangen nach Ruhm starke Impulse ausgegangen sein.

Im Gebiet um das Kaspische Meer ist der Typ eines auf rundem oder polygonalem Grundriß basierenden Grabturms mit Zeltdach entstanden, der im Inneren eine Kuppel aufwies. Erwähnt sei der unter dem Namen Gunbàd-i Kabus bekannte Grabturm, der von 1006 bis 1007 für Kabus, den Sohn des Washmgir, einen der letzten Fürsten von Gorgan (dem alten Hyrkanien) aus dem Geschlecht der Ziyariden, erbaut worden ist. Der zylindrische, sich leicht verjüngende Turm ist einundfünfzig Meter hoch; sein Schaft ist durch gewaltige Dreikante gegliedert; auf dem Mantel aus ungebrannten Ziegeln heben sich auf den Bändern zwischen den Dreikantsporen oben und unten einfache, aber kräftige kufische Schriftleisten hervor. Es ist ohne Zweifel das schönste Mausoleum seines Typs, – ein zum Ruhm eines Fürsten errichtetes, stolzes Monument. Nur wenig jünger sind die runden Grabtürme von Lajim (1016 - 1017) in der Provinz Masenderan mit einem doppelten Band in kufischer und Pehlewi-Schrift, das den Schaft unter einem Nischengesims mit Arkaden krönt, welches als Übergang zu dem eiförmigen Kegeldach dient sowie der Turm in Radkan, westlich von Chorassan, aus den Jahren 1020 bis 1021, und der Pir-i Alamdar in Damgan vom Jahre 1021.

Eine andere Art von Mausoleum, die weite Verbreitung finden sollte, ist das sogenannte Kuppelgrab, das aus einem viereckigen Sockelbau und einer Kuppel besteht. Das älteste uns erhaltene Beispiel dieses Typs ist zugleich das einzige bemerkenswerte Zeugnis, das wir von der Samaniden-Architektur besitzen: das Grab des Ismaíl in Buchara, das gegen 907, sicher aber vor 943 erbaut worden ist. Dieses Mausoleum läßt sich leicht auf seinen Ursprung zurückverfolgen, einen Bautyp nach Art der Chahàr taq. Auch die Galerie mit den kleinen Bogen, die die Übergangszone zur Kuppel verdeckt, sowie die charakteristischen kleinen Kuppeln an den vier Ecken (ein Motiv, das später in der islamischen Architektur

Nayin (Iran). Die auf 960 zu datieren de Große Moschee. Blick auf den nach dem irakischen Schema angelegten Betsaal. Die zwar etwas feineren und schlankeren Pfeiler stehen ganz in der sassanidischen Tradition; sie sind vollkommen mit Stuck verkleidet, dessen Dekor einen von Samarra abhängigen Stil aufweist. Rechts ist der große, aus Holz geschnitzte Minbar zu sehen.

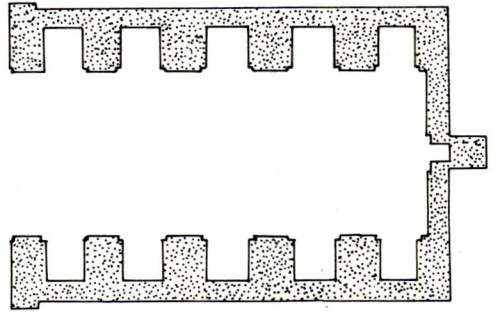

Niríz. Grundriß der ursprünglichen Moschee.

Gorgan. Rekonstruktionszeichnung des Gunbàd-i Kabus.

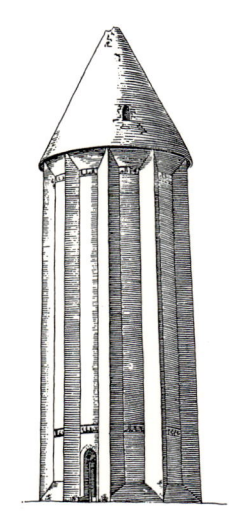

Indiens Verbreitung gefunden hat), die innen keine Entsprechung haben, sondern nur einer stärkeren räumlichen Gliederung dienen, gehen auf sassanidische Vorbilder zurück. Nach außen öffnen sich vier durch einen architektonischen Rahmen eingefaßte Tore, während an den Ecken eine Lösung mit dem Motiv der Ecksäulen erreicht worden ist, die nicht nur an die Baukunst der ʿAbbasiden erinnert, sondern architektonische Traditionen Zentralsiens wiederaufnimmt. Der Bau besteht durchweg aus gebrannten Ziegeln, und innen wie außen wird die Ornamentation im Spiel mit den Möglichkeiten einer geometrischen Kombination von freiliegenden Ziegelschichten und Formsteinen erreicht. Dieser Ziegeldekor, für den wir schon Beispiele in der Kunst der ʿAbbasiden gesehen haben, ist für die nachfolgende Kunst der Ghasnawiden und Seldschuken kennzeichnend geworden. Stuckdekor ist beim Mausoleum des Ismail zwar nur auf geringe Details begrenzt, doch ist er für die Innenausstattung noch in reichem Maße in einer von den Samarra-Stilen A und B abgeleiteten künstlerischen Form benutzt worden, wie uns die zahlreichen Schmuckfriese beweisen, die aus den amerikanischen Ausgrabungen in Nischapur (Chorassan) oder aus den sowjetischen Grabungen in Samarkand stammen. Unter den Kuppelmausoleen, die vor allem aus Zentralasien bezeugt sind, sei noch das aus den Jahren 977 bis 978 stammende Grab des Aràb Atà in Tim, im Tal des Zarafshan (Tadschikistan) erwähnt, das erst kürzlich entdeckt worden ist (nach lokaler Überlieferung soll es das Grab eines Arabers aus der Zeit der Eroberung sein). Dieses Kuppelmausoleum kennzeichnet eine hervorgehobene Fassade, die höher als die anderen ist, außerdem zeigt die Übergangszone zur Kuppel zum erstenmal das Stalaktitenmotiv (Muqarnas).

Von der Palastarchitektur der Samaniden wissen wir bisher nur wenig, doch können wir uns eine Vorstellung von der zivilen Baukunst dieser Periode in Zentralasien aus den Wohnsitzen der Dichkane bilden, deren Typ sich zwischen dem 6. und 7. Jahrhundert entwickelt hat. Es handelt sich im wesentlichen um eine Art großen, mit Zinnen versehenen viereckigen Turm mit abgeschrägtem Sockel; die sich darauf erhebenden Mauern waren durch eindrucksvolle, halbrunde, fortlaufende Bastionen gegliedert, die oben durch Nischen verbunden waren, die wiederum eine Brustwehr trugen. Anscheinend gab es nur einen Eingang, der ins Innere mit den zwei Geschosse führte, wo nach dem meistverbreiteten Schema die Räume um einen zentralgelegenen Kuppelsaal verteilt waren, – eine Anlage also, die uns aus dem Palast (Dar al-imarà) von Merw bekannt ist und der wir auch im Repräsentationstrakt der Paläste von Samarra begegnet sind. Dieser Festungstyp ist mindestens bis zum 12. und 13. Jahrhundert üblich geblieben. Ein großartiges Beispiel für durch Bastionen verstärkte Mauern bietet auch die von den Qarakhàniden 1078 bis 1079 erbaute Karawanserei, die als Robât-i Malík (Buchara) bekannt ist. Die starke Entwicklung des Handels hatte zum Bau eines Netzes von Karawansereien geführt, von denen in Zentralasien zahlreiche Beispiele erhalten sind, darunter auch einige aus recht früher Zeit, wie die Karawanserei von Beleulí vom Ende des 10. Jahrhunderts an der «Straße der Chwarish-Schahe», die zur Wolga führte und dem Handel mit Osteuropa bis hinauf nach Skandinavien diente, oder die auf das 10. bis 11. Jahrhundert zu datierende Karawanserei von Bashàm im Süden von Turkmenistan, die sich aus zwei Baukomplexen zusammensetzt, – einer weist einen Hof auf, während der zweite überdacht ist. Vielleicht kann man in diesem Schema den Prototyp der anatolischen Karawansereien des 13. Jahrhunderts aus der Epoche der Seldschuken sehen.

Wahrscheinlich ist in Chorassan bei den Wohnbauten in ihrer höher entwickelten Form auch die Anlage mit einem zentral gelegenen Hof und vier Iwanen im Achsenkreuz aufgenommen worden, die, zusammen mit der bereits besprochenen Anlage mit dem kreuzförmigen Saal, als Varianten eines Typs betrachtet werden können. Der Hof mit vier Iwanen ist eine alte iranische Anlage, die zum erstenmal bei dem Parther-Palast in Assur, im mesopotamischen Bergland bezeugt ist (erstes Jahrhundert nach Christus). Auch im Sassaniden-Palast von Schapur I. (241 - 272 nach Christus) in Bishapur in der Provinz Fars haben wir eine Anlage des gleichen Typs, wenn man mit Godard eine Überkuppelung des großen, zentralen Raumes ausschließt. Dieses Schema sollte für die iranische Architektur zur klassischen Anlage werden. Es ist bei den Königspalästen der Ghasnawiden bezeugt, einer von einem türkischen Mamluken stammenden Dynastie, die ihre

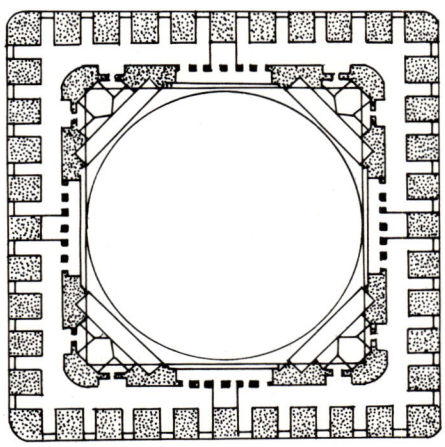

Buchara (Usbekistan). Das Mausoleum des Samaniden Ismail aus der ersten Hälfte des 10. Jahrhunderts. Der Grabbau ist ein klassisches Beispiel für den Ziegeldekor, bei dem die Möglichkeiten der geometrischen Kombination ausgespielt werden.

Buchara. Grundriß der Galerie vom Mausoleum des Samaniden Ismail.

Merw. Rekonstruktion eines Turmhauses mit den durch Bastionen geschützten Mauern.

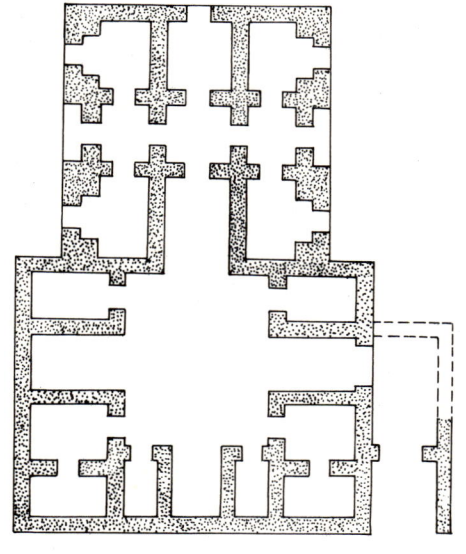

Bashàm. Grundriß der Karawanserei.

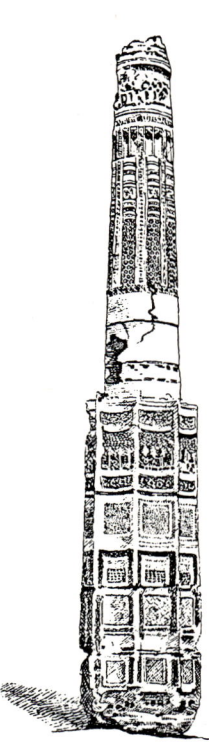

Herren, die Samaniden, im Osten des iranischen Hochlandes abgelöst hatten und ihre Hauptstadt in Ghasni (Afghanistan) errichteten. Wir wollen ihre Werke in diesem Kapitel besprechen, da man sie als politische, mehr aber als kulturelle Erben der Samaniden betrachten kann, denn obwohl bei ihnen das Arabische die Verwaltungssprache blieb, hat der Dichter Firdausi sein «Schah-Name» dem Sultan von Ghasni gewidmet, und an seinem Hof hat eine Gruppe von Dichtern in persischer Sprache gedichtet, aber auch berühmte Wissenschaftler wie der große Gelehrte al-Biruni haben sich dort getroffen.

Von den Ghasnawiden, die ihre Herrschaft bis nach Indien ausgedehnt haben – wo sich nach ihrer Vertreibung aus Persien durch die Seldschuken ihre Hauptinteressen konzentrierten – kennen wir vor allem zwei große Paläste, einen aus der Zeit des berühmtesten Vertreters der Dynastie Machmud (999 - 1030) in Lashkarí Bazàr, einer Residenzstadt in der Nähe von Bust in der Provinz Sistan (ihn hat der französische Archäologe Daniel Schlumberger ausgegraben), und als zweiten den Palast eines seiner Nachfolger in Ghasni selbst, des Sultans Mas'ud III. (1099 - 1115), der im Jahre 1111 vollendet wurde und zur Zeit von italienischen Archäologen ausgegraben wird. Die Aufdeckung dieser beiden Bauten ist von außerordentlicher Bedeutung angesichts der Tatsache, daß unsere Kenntnisse über die zivilen Großbauten (und weitgehend auch über die einfachen Bauten) im iranischen Gebiet vor der Regierungszeit der Safawiden nur sehr gering sind. Die beiden Paläste sind zum größten Teil in Stampfbauweise und aus ungebrannten Ziegeln erbaut, mit gelegentlicher Verwendung von gebrannten Ziegeln für die Verkleidungen und an den Stellen größerer statischer Belastung. Während der Palast von Lashkarí Bazàr dank des trockenen Klimas der Provinz Sistan ziemlich gut erhalten ist, haben das stark wechselnde Klima von Ghasni und das zerstörerische Werk von Schatzsuchern den leichten Bau des Palastes von Mas'ud III. so schwer beschädigt, daß er fast dem Erdboden gleichgemacht ist. Beide Paläste zeigen eine rechteckige Anlage mit einem zentral gelegenen Hof, auf den sich vier Iwane in den Achsen öffnen, deren Größe vom Rang ihrer Aufgabe abhängt; der Iwan des Eingangstraktes und jener, der zum Thronsaal führt, sind größer

als die beiden anderen und liegen einander gegenüber, wie es dem axialen und symmetrischen Prinzip entspricht, das ein iranisches Prinzip ist, das sich auch in der Architektur der 'Abbasiden durchgesetzt hat, bei der wiederum die Baukunst der Ghasnawiden Anregungen bezog.

Der einzige Eingang lag in der Fluchtlinie der Fassade, hatte also keinen monumentalen Vorbau *(pishtàq)*. In der Palastanlage des Sultans Mas'ud III. gab es ferner einen großen Betsaal, der direkt auf den Hof hinausging, aber es bestand auch eine Verbindung zu dem großen quadratischen Wartesaal der Eingangszone, der durch vier Pfeiler gegliedert gewesen ist. Bei der Moschee ist das Vorbild des Säulensaals zu erkennen; hier waren die Säulen aus Holz und hatten große Marmorbasen mit Reliefschmuck; der Säulenabstand ist vor dem Michrab größer gehalten und entspricht damit dessen «orientalischem» Typ, das heißt die Nische hat einen quadratischen Grundriß und ist nicht halbrund. Die Linie der Außenfassade wird von einem mächtigen, quadratischen Turmsockel unterbrochen, der wahrscheinlich zu einem Minarett gehört hat. In Lashkarí Bazàr, wohin der Hof nur vorübergehend, jedoch mit der gesamten Umgebung von Beamten und Militär zog, liegt die sehr große Moschee außerhalb des eigentlichen Palastes an der Westwand eines Vorhofes; man wird dabei an die Lage der Moschee im 'Abbasiden-Schloß Balkuwara erinnert. Neben der vor kurzem aufgedeckten Moschee von Balkh ist sie die älteste Moschee, die wir in Afghanistan kennen. Sie bestand nur aus dem an drei Seiten offenen Betsaal von ganz geringer Tiefe (86 Meter mal 10,5 Meter), der zwei von Rundpfeilern aus Ziegeln gegliederte Querschiffe hatte; diese waren von einer Art Transept in der Achse des Michrab durchschnitten, das eine von vier gewaltigen Pfeilern getragene Kuppel gekrönt hat. Das Dach mit seinen kleinen Kuppeln ruhte direkt auf den Pfeilern. Für das iranische Gebiet stellt, soviel wir wissen, die Einführung einer Kuppel vor dem Michrab in einem breitseitig ausgerichteten Schiff eine

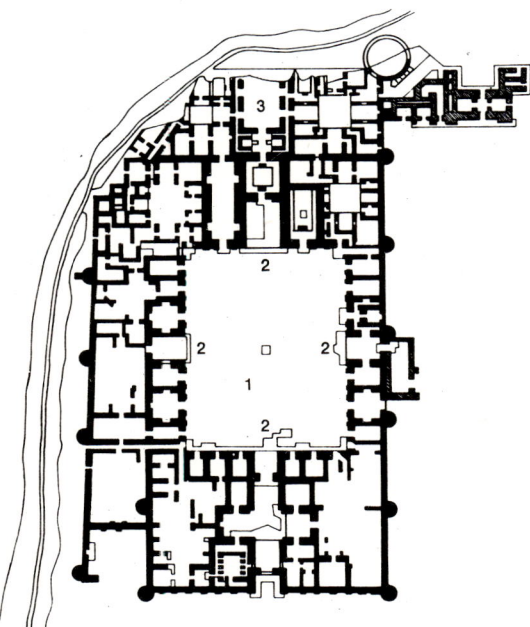

Lashkarí Bazàr. Grundriß des Palastes, der in der Zeit des Sultans Machmud von Ghasni (999 - 1030) erbaut worden ist:
1. *Der zentral gelegene Hof*
2. *Iwane*
3. *Der Thronsaal, in dem außerordentlich bemerkenswerte Malereien gefunden wurden.*

Ghasni. Grundriß vom Palast des Sultans Mas'ud III.:
1. *Der zentral gelegene Hof*
2. *Iwane*
3. *Thronsaal*
4. *Privaträume*
5. *Betsaal*
6. *Wartesaal*
7. *Großer Platz*
8. *Läden*

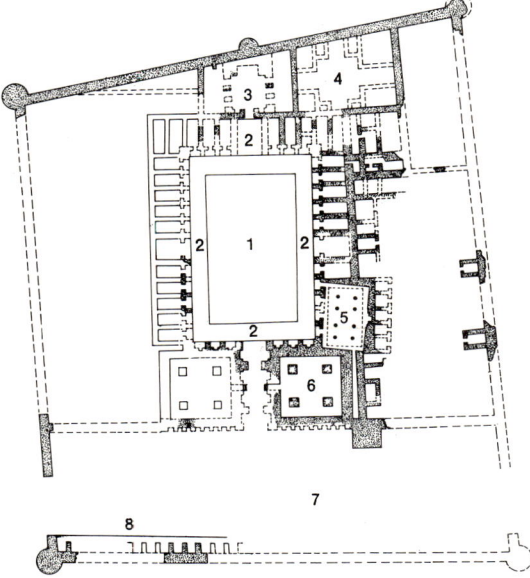

Neuerung dar; unseres Erachtens ist damit ein wichtiges Element für die Entwicklung der iranischen Moschee gegeben, das bei den Studien bisher nicht genügend berücksichtigt worden ist. Im benachbarten Bust scheint es eine Moschee mit einem Iwan gegeben zu haben, von dem sich der große Stirnbogen mit Ziegeldekor erhalten hat.

Wir haben bei der Besprechung der Paläste auf die Repräsentationstrakte hingewiesen, die uns aber in beiden Palästen nicht unversehrt erhalten blieben. Besonders bemerkenswert ist dieser Komplex im Palast von Mas'ud III., ungeachtet dessen, daß wenig mehr als die Fundamente erhalten blieben. Man erkennt dort einen großen Iwan, der dem Thronsaal vorgelagert war. Dieser erweist sich als ein quadratischer Raum mit einer rechteckigen, überwölbten Nische im Hintergrund, wo der Thron gestanden hat. Anscheinend ist der Saal mit seinen großen Pfeilern zu beiden Seiten überkuppelt gewesen, denn man hat Fragmente vom Terrakotta-Dekor gefunden, die von der Kalotte stammen könnten. Wenn unsere Annahme sich als richtig erweist, wäre damit zum erstenmal bei einem Königspalast im iranischen Gebiet das alte Schema der sassanidischen Palastarchitektur in islamischer Zeit nachgewiesen, das sonst bei einer ganzen Reihe von Palästen bezeugt ist, von den Schlössern von Firuzabàd, Qalà-i Dukhtàr, Qasr-i Shirin, Damgan bis hin zum ersten uns bekannten Dar al-imarà in Kufa aus dem Jahre 670, ein Schema, dem wir in den Moscheen der Seldschuken wiederbegegnen werden.

Als Dekor überwiegt gebrannte Keramik, entweder die Ziegelschichten des Baus, häufiger aber gesondert hergestellte Platten oder Friese, mit denen später die Wände verkleidet wurden. Sie zeigen verschlungene, geometrische Motive und Arabesken oder bilden große Schriftbänder in Kufi oder Neszchi, und es herrschen lebhafte Farben vor in blauen, roten und gelben Tönen. Beim Palast von Lashkarí Bazàr gibt es auch viel Stuckdekor, vor allem bei der Fassade, während er bei dem jüngeren Palast von Ghasni seltener vorkommt und sich im allgemeinen auf Einfügungen in die Ornamentation aus gebrannter Ware beschränkt. Hingegen ist in Ghasni Marmor in reichem Maße benutzt worden, ein Material, das in dieser Zeit ungewohnt war, – vielleicht ist das indischen Einflüssen zuzuschreiben, die jedoch weder in der Technik der Bearbeitung noch im Stil zu erkennen sind. Bei diesem Palast waren die Sockel der Außen- und der Hoffassade aus Marmor gearbeitet, ihr Dekor zeigt Arabesken, deren Motive vom Lebensbaum abgeleitet sind; ein architektonischer Rahmen mit Bogen umgibt sie, und ein kufisches Schriftband mit einem Gedicht, das die Sultane von Ghasni verherrlicht, bildet den oberen Abschluß. Daß diese Schriftleiste persischen Inhalts und nicht in Arabisch abgefaßt ist, das die epigraphische Sprache schlechthin für die gesamte islamische Welt war, ist besonders bedeutungsvoll. Die Inschrift ist von dem Orientalisten Alessio Bombaci erläutert worden; sie ist eines der ältesten und bemerkenswertesten Beispiele für die Benutzung des Persischen in der Epigraphik und ist ein Dokument von großem kulturellem Wert.

Aus Ghasni stammt auch eine umfangreiche Serie von Flachreliefs, die zur Ausschmückung des Palastes dienten - Jagdszenen in sassanidischer Tradition sowie Darstellungen von Tänzerinnen, Tieren und Männern aus der Leibwache in zentralasiatischer Tracht –, die ein völlig neues Kapitel in der Geschichte der islamischen Kunst eröffnen. Im Provinzzentrum von Lashkarí Bazàr ist das Material im allgemeinen weniger kostbar gewesen, hingegen haben wir aus dem Thronsaal einen Bilderzyklus von Kriegern der Leibwache in reicher Kleidung, die in einem Stil wiedergegeben sind, der auf die spätklassischen Erfahrungen Zentralasiens zurückgeht. Sie gehören zu den ganz seltenen Beispielen von Wandmalereien, die erhalten blieben und die, wie wir aus Quellen wissen, bei der Innendekoration der Ghasnawiden-Paläste eine große Rolle gespielt haben.

In Ghasni stehen noch die Reste zweier Minarette, die die Namen der Sultane Mas'ud III. und Bahràm Shah tragen, wie uns die großen kufischen Schriftbänder mit Schmuckrändern lehren, die eine elegante Variante der kufischen Schriftleisten darstellen und in Chorassan entwickelt worden sind. Von ihnen, die bei zwei großen, noch nicht erforschten Moscheen standen, blieben nur die Sockelteile mit sternförmigem, polygonalem Grundriß erhalten.

Die Zeit der Seldschuken

In das 11. Jahrhundert gehört ein Phänomen von entscheidender Bedeutung, das eine neue Periode in der Geschichte des Islam eingeleitet hat, nämlich das massenhafte Eindringen türkischer Volkselemente und die Bildung eines türkischen Reiches, der Seldschuken-Herrschaft. Alle späteren Entwicklungen in den östlichen Gebieten der islamischen Welt, vom Mittelmeer bis nach Zentralasien hin, sollten von diesen Vorgängen bestimmt werden.

Die türkischen Seldschuken, die von ihrem zum Islam bekehrten Anführer Seldschük ihren Namen führten, gehörten zur Volksgruppe der Ogusen, die später insbesondere als Turkmenen bekannt wurden, und sind aus der arabisch-kaspischen Steppe gekommen. Nachdem sie in Transoxanien und Chorassan eingedrungen waren, gelang es ihnen im Jahre 1040, die Ghasnawiden bei Merw zu besiegen und ihre Macht über den nördlichen Iran und Aserbaidschan auszudehnen. Dann richtete sich ihr Eroberungszug nach Mesopotamien, wo sie als sunnitische Verteidiger der Orthodoxie auftraten, im Jahre 1055 Bagdad eroberten und den letzten schiitischen Bujiden von dort vertrieben. Ihr Anführer Toghryl erhält vom Kalifen den Titel «König des Ostens und des Westens» und ihm werden nach seiner Selbsternennung zum Sultan weitreichende Machtbefugnisse übertragen. Unter seinen Nachfolgern Alp Arslan und Melikschah, großen Feldherren mit hoher staatsmännischer Begabung, erreichen die Seldschuken dann den Gipfel ihrer Macht. Im Jahre 1071 werden die Byzantiner von ihnen bei Mantzikert geschlagen, Anatolien liegt offen da, die unruhigsten Stämme werden zur Besetzung hineingeleitet, - damit fängt die Türkisierung Kleinasiens an. Schon bald nach der Eroberung wird die Unabhängigkeit mit der Gründung des Sultanats von Rum erreicht, dessen Dynastie sich bis zum Beginn des 14. Jahrhunderts halten konnte.

Im Zuge ihrer Eroberung von Syrien und Palästina dringen die Seldschuken in den Machtbereich der ismailitischen Fatimiden ein und stoßen später auch mit den Kreuzfahrern zusammen, die 1099 Jerusalem eingenommen haben. Im Osten sind die Ghasnawiden von ihnen praktisch zu abhängigen Vasallen gemacht worden. Trotz der Bemühungen des Alp Arslan und des Melikschah und ihres persischen Wesirs, des berühmten Nisam al-Mulk, einen in hohem Maße zentralisierten Staat zu schaffen, stützt sich das Seldschuken-Reich im wesentlichen auf eine Art feudaler Organisation, und seinen Zusammenhang sichert das Heer. Nach dem Tod des Melikschah (1072 - 1092) hat sich das Seldschukenreich in eine Reihe autonomer und rivalisierender Fürstentümer aufgelöst, die von den *Atabegs* regiert wurden (ursprünglich die Tutoren der jungen, zur Herrschaft über die verschiedenen Provinzen ausersehenen seldschukischen Prinzen). Dem letzten der «Großen Seldschuken», Sandschar, dem Sohn des Melikschah, blieb nach seiner langen und mühevollen Regierung de facto nur noch ein Teil des Iran erhalten. Bedrängt von neuen Wellen türkischer Völker, die vom Nordosten vorstießen, sollte er in der Auseinandersetzung mit seinen Stammesgenossen, den Ogusen, den Tod finden. Diese waren noch nicht seßhaft geworden und zogen im nordöstlichen Iran umher. In der gleichen Zeit haben die Ghoriden von Zentralafghanistan ihre Macht ausgedehnt, die Chwarismschahe schickten sich an, in den Iran einzudringen, und die große Invasion der Mongolen unter Tschingis Chan stand bevor.

Durch den Einfall der seldschukischen Türken waren den islamischen Ländern keine die Substanz bedrohenden Schäden entstanden; sie haben sich nach den vorausgegangenen Wirren des 9. und 10. Jahrhunderts sogar eines relativen Friedens erfreut, und für eine Zeitlang schien selbst eine neue politische Einigung in Aussicht zu sein. Trotz der bald einsetzenden lokalen Verwicklungen zeichnen sich einige charakteristische und positive Aspekte ab, deretwegen man diese Epoche als «zweite, islamische Klassik» (O. Grabar) bezeichnen kann, wenn man von der Herrschaft der Omajjaden und Abbasiden als erster klassischer Periode ausgeht. Es ist in der Tat eine Epoche, in der es im Kontakt mit neuen Völkern - den Türken, der christlichen Bevölkerung Kleinasiens und den Indern -

Ghasele

Auf Schenke! den Pokal gefüllt
Für unsre durst'ge Tafelrunde;
Die Liebe, die mich einst beglückt,
Jetzt richtet kläglich mich zugrunde.
Wie bluteten erwartungsbang
Die Herzen bei den Moschusdüften,
Vom Ostwind aus der Liebsten Haar
Uns hergeweht als holde Kunde!
Den Teppich zum Gebete färbt
Mit rotem Wein nach Wunsch des Wirtes:
Ein weiser Mann ist unser Wirt,
Man kommt bei ihm zu gutem Funde.
Wie kann ich mich der Liebe freun,
klingt – wie Geläut der Karawane –
Die Mahnung immer mir ins Ohr:
Nun rüste dich zur Scheidestunde!
Was wissen die vom Grau'n der Nacht,
Vom Meersgebraus und wildem Strudel,
Die aller Bürd' und Sorge frei,
Am Ufer gehn auf trocknem Grunde?
Was kühnen Geistes ich gethan,
Hat bösen Leumund mir erworben
Beim Pöbel – und wo bleibt geheim,
Was umgeht in des Pöbels Munde?
O Hafis, folge deinem Stern,
Und kehre dieser Welt den Rücken,
Soll dich beglücken, was du liebst,
Und willst du, daß dein Herz gesunde.

[Hart, Seite 164/65,
Hafis-Übersetzung von Bodenstedt]

Sinngedicht von Omar Khayyâm (genannt «Der Zeltmacher»)

Ich ehre den Koran. Und mir gefällt sein Wesen;
Doch hat sein Studium wenig mir genützt.
Ich muß von Zeit zu Zeit die Verse lesen,
Die in den Rand der Krüge eingeritzt.
Warum hat Mohammed den süßen Wein verboten,
Den sauren Yoghurt doch erlaubt?
Ich sandt durch alle Himmel einen Boten
Mit Weinlaub schön behängt das junge Haupt.
Der Bote kam zurück. Sein Lächeln sah ich winken:
Mohammed meint, es habe keine Not.
Du darfst, o Omar, ewig darfst du trinken,
Da er den Toren nur den Wein verbot.
Bin ich ein Tor? Der Weisheit leichte Zelte,
Ich nähte schwer an ihnen mondelang.
Da kam ein Sturmwind, brüllend, und er fällte
Das Werk der Hände, das du Nacht verschlang.
Nun sitz ich nächtlich unter freiem Himmel
Und sehne mich nach deinem Stern, Saturn.
Und meine Seele weidet wie ein Schimmel
Auf dürrem Ödland mit verhaltnem Murrn.

[Klabund, Seite 39/40]

Isfahan (Iran). Die Große Moschee. Blick auf den Hof. Dies ist die älteste uns bekannte Moschee mit einer Vier Iwan-Anlage. Sie wurde im 12. Jahrhundert von den Seldschuken gegründet; ihr heutiges Aussehen jedoch ist von weit späteren Zeiten bestimmt worden. Links sieht man den südlichen, den Hauptiwan, an den sich der Kuppelsaal vor dem Michrab anschließt. Seine Zellengewölbe stammen aus der Zeit des Usun Hassan (1475), während bei dem Dekor aus glasierter Keramik in der Safawiden-Zeit unter Schah Tamàsp (1531) und Schah 'Abbas III. (1661) Veränderungen durchgeführt worden sind. Beim Westiwan, auf der rechten Seite, stammt die Ornamentation aus der späten Safawiden-Zeit (18. Jahrhundert). Man beachte auf diesem Iwan den «guldastà».

zu neuen, umfangreichen geistigen Integrationen kommt, und in der sich neue Synthesen ergeben. Eine frische Kraft erfüllt die sunnitische Orthodoxie und im Sufismus werden mächtige mystische Strömungen frei. Die Gestalt des Herrschers tritt jetzt zwar mehr als Sultan in Erscheinung, der einen Teil der allein dem Kalifen vorbehaltenen universalen Macht besitzt, dafür gewinnt aber der Kalif geistige Würde und Autorität zurück. Diese Zeit ist von ungeheurer geistiger Lebendigkeit. Und wiederum spielt Persien eine entscheidende Rolle, – es trägt Gestalten bei wie Algazel (al-Ghasali), 'Omar-i Chajjam und Nisami. Es ist die Epoche, in der «sich alle jene Elemente herausbilden, die die islamische Kultur nicht nur der folgenden Jahrhunderte, sondern bis auf unsere Tage und für immer geprägt haben». Mit dem Erscheinen der Seldschuken ist eine dynamische Erneuerung verbunden, die sich in der Vermischung der sozialen Klassen, im

Isfahan (Iran). Die Große Moschee. Der Südiwan vom Osten gesehen. Die Kuppel vor dem Michrab, die Nisam al-Mulk, der berühmte Wesir des Seldschuken-Sultans Melikschah (1072-1092), errichten ließ, muß aus der Zeit kurz vor 1088 bis 1089 stammen.

Rechts:
Isfahan (Iran). Die Große Moschee. Detail vom Inneren des Pavillons, den Taj al-Mulk an der Nordseite der Moschee 1088 bis 1089 errichten ließ. Ursprünglich nicht zum Komplex der Moschee gehörend, wurde er erst später eingegliedert. Der Übergang vom Quader des Sockelbaus zur Kuppel wird von Nischen mit Zellengewölben in eleganter Weise gelöst. Rund um den Kuppelansatz läuft ein monumentales, aber schlichtes Schriftband. Dieser Pavillon ist das unübertroffene Meisterwerk der islamischen Backsteinarchitektur.

Unten:
Isfahan (Iran). Die Große Moschee. Innenansicht vom ebenerdigen Teil eines der seitlichen Moscheetrakte.

Seite 70-71:
Oben: Buchara (Usbekistan). Die Magòk Attàr-Moschee (12. Jahrhundert). Bei der reichen Ornamentation der Fassade erkennt man das Motiv der seitlichen Rundpfeiler, das an die festungsähnlichen Wohnsitze der «Dichkane» erinnert.

Unten: Jam (Afghanistan). Dieses Minarett wurde in der Nähe von Firuzkuh, der alten Hauptstadt der Ghoriden, während der Regierungszeit des Sultans Ghijath ed-Din Mohammed (1163-1203) erbaut. Es ist mehr als 60 Meter hoch. Von dem reichen Ziegeldekor hebt sich der schöne kufische Schriftfries in glasierter blauer Keramik ab. Ein zweites, nicht mehr erhaltenes Schriftband hat den polygonalen Sockel geschmückt.

Seite 71:
Buchara. Der Kalàn Minar (das große Minarett), der aus dem Jahre 1127 stammt.

kräftigen Wachstum der Städte sowie im lebhaften Austausch und in intensiven Kontakten im Bereich des Handels wie in der Kultur manifestiert, sodaß zwischen allen daran beteiligten Ländern, vom Mittelmeer bis nach Afghanistan, eine Art von Einheit entsteht.

Unter dem Blickpunkt der bildenden Künste gehört die Zeit der Seldschuken zu den glänzendsten Epochen des Islam und überrascht durch eine große Fülle und durch die Mannigfaltigkeit der Werke, – für den islamischen Iran stellt sie zweifellos die Epoche des höchsten Glanzes dar. Dort ist vom 11. bis zum 13. Jahrhundert im Schmelztiegel neuer Einflüsse das überlieferte ästhetische Erbe in Inhalt und Form dem Islam endgültig integriert worden. In dem weiten Bereich der seldschukischen Vorherrschaft, der durch eine große Vielfalt und durch die wesentliche Einheit der Werke gekennzeichnet ist, lassen sich neben zahlreichen lokalen Varianten drei große Kunstprovinzen mit charakteristischen Eigenschaften unterscheiden: das östliche und eigentlich seldschukische Gebiet, zu dem der Iran und seine Ausdehnungsbereiche in Zentralsien gehören, das mesopotamisch-syrische Gebiet und das anatolische Gebiet, das heißt das Sultanat von Rum.

Unter den Seldschuken ist außergewöhnlich viel gebaut worden – und zwar nicht nur zur Repräsentation durch den Fürsten oder Vertreter des Militärs als Träger der Macht, auch das städtische Bürgertum der Handelskreise und der intellektuellen Schicht hat sich aus sozialen und kulturellen Prestigebedürfnissen daran beteiligt. Einen wesentlichen Beitrag haben schließlich noch die religiösen Institutionen geleistet, obwohl es keine eigentliche und echte hierarchisch gegliederte sakrale Organisation gab. Sie wurden in ihrem Wirken vom Staat unterstützt, zu dessen politischem Programm die Förderung der orthodoxen Schulung gehörte, womit man allen ketzerischen Bewegungen - vor allem dem ismailitischen Schiismus - entgegenarbeiten wollte, weil sie zu einer Bedrohung der Sicherheit und des Friedens geworden waren. Diese religiösen Institutionen haben auch aus den mystischen Strömungen des in die Orthodoxie einbezogenen Sufismus einen Auftrieb erhalten, was zur Errichtung zahlreicher neuer Kultstätten, wie Mausoleen, Klöster und Oratorien, geführt hat.

Die Zeit der Seldschuken wird von einer überquellenden architektonischen Phantasie bestimmt; in ihr sind Prototypen geschaffen worden, die bis auf unsere Zeit bindend und gültig bleiben sollten, was sich für die Produktivität keineswegs immer als förderlich erwiesen hat. Ihre Urbilder sind zum größten Teil in der iranischen Welt zu finden. Manche Fragen sind freilich noch ungeklärt, und zu ihrer Lösung bedarf es weiterer Forschungen. So bleibt zum Beispiel der eigentlich türkische Beitrag zur Architektur noch zu identifizieren, von ihm wird mehr gesprochen als man beweisen kann; aber auch die Wechselbeziehungen zur armenischen Architektur sind noch zu klären.

Die Großen Seldschuken

Das Modell der Kiosk-Moschee, das, wie wir gesehen haben, als autochthoner Bau des Iran betrachtet werden kann, wirkt sich in der Seldschuken-Epoche weiterhin produktiv aus, wofür als bemerkenswerte Beispiele die ursprünglichen Bauten der Großen Moscheen von Ardistàn (1072 - 1092), von Kaswin (1106 - 1114), der Haidariyè-Medresse der gleichen Stadt und der Moschee von Gulpayagàn (1105 - 1118) angeführt werden können. In der eher abgeflachten Kuppelform der letztgenannten Moschee glaubt man, einen türkischen Beitrag bei den feinen, äußeren Rippen und im Rautenmuster der Tambourornamentation erkennen zu können und schließt auf Anregungen durch Zelte.

Für die architektonische Phänomenologie der Seldschuken-Zeit ist die Einführung eines neuen Moschee-Typs das entscheidende Ereignis. Man kann diesen Typ als klassische iranische Moschee bezeichnen, denn sie ist nach dem Schema der vier, um den zentral gelegenen Hof gruppierten Iwane aufgebaut. Übereinstimmend wird sie Medressen-Moschee genannt. Die Erklärungsversuche, wie es zur Entwicklung dieser Anlage kam, bleiben problematisch. Im allgemeinen wird Godards Theorie akzeptiert, wonach die Moschee mit vier Iwanen, die sich im ersten Viertel des 12. Jahrhunderts herausgebildet hat, über die Medresse,

das Kolleg für die Religionswissenschaften, auf das Haus von Chorassan zurückzuführen sei. Nach van Berchem ist die Medresse zu Beginn des 10. Jahrhunderts
als Privatschule in Chorassan entstanden, wo sie im Haus des Lehrers untergebracht gewesen sei. Um die Mitte des folgenden Jahrhunderts hätte man sie
endgültig aus dem privaten Milieu herausgenommen, um sie in Übereinstimmung
mit dem politischen Programm der Seldschuken, das von dem Wesir Nisam al-
Mulk entwickelt worden war, zu einer politischen Institution unter staatlicher
Kontrolle zu machen. Dieser wiederum habe seine Anregungen bei den Ghasnawiden bezogen, wo die Religionsschulen zum wirksamsten Instrument der orthodoxen Neuorientierung geworden waren. Die älteste Medresse wurde 1067 in
Bagdad von Nisam al-Mulk gegründet. Von ihr haben sich, wie von den meisten
anderen auf seine Initiative entstandenen, keine Spuren erhalten; nur von der
auf 1080 bis 1092 zu datierenden Medresse in Chargird in Chorassan sind Trümmer
übriggeblieben, bei denen man vier Iwane erkennen kann.

Die erste Moschee, bei der die Vier Iwan-Anlage vorkommt, ist – soviel wir
wissen – die berühmte Große Moschee von Isfahan, der Hauptstadt der Seldschuken. In den Jahren 1120 bis 1121 wurde dort am Platz der alten 'Abbasiden-
Moschee vom irakischen Typ, die durch Brand zerstört worden war, ein neuer
Bau nach diesem Schema errichtet. Noch vor diesem Neubau hatten die
Seldschuken die Moschee von Isfahan in ihre Bautätigkeit mit einbezogen. Von
1088 bis 1089 hatte Taj al-Mulk, ein Rivale des Nisam al-Mulk, und wie er eine
große Persönlichkeit, einen eleganten Kuppelpavillon in der Kiblaachse, aber auf
der gegenüberliegenden Seite, errichten lassen, – ein Meisterwerk der iranischen
Architektur. Er sollte dem Zeremoniell als repräsentativer Eingang dienen, auch
wenn er nicht unmittelbar mit der Moschee verbunden war. Hingegen ist der
gewaltige Kuppelsaal vor dem Michrab dem Nisam al-Mulk zu verdanken. Er
läßt sich auf den Typ der Kiosk-Moschee zurückführen und wurde während der
Regierung des Melikschah (1072 - 1092) etwas früher als der Pavillon des Taj al-Mulk

*Merw (Turkmenistan). Das Mausoleum des Sul-
tans Sandschar (1157). Bei diesem Kuppelgrab
erhob sich über dem schmucklosen Sockel mit
quadratischem Grundriß ein hoher Tambour mit
zwei Arkadenreihen, der die Kuppel trug. Die
Übergangszone war durch eine Galerie mit reichem Dekor aus blauer glasierter Keramik verdeckt.*

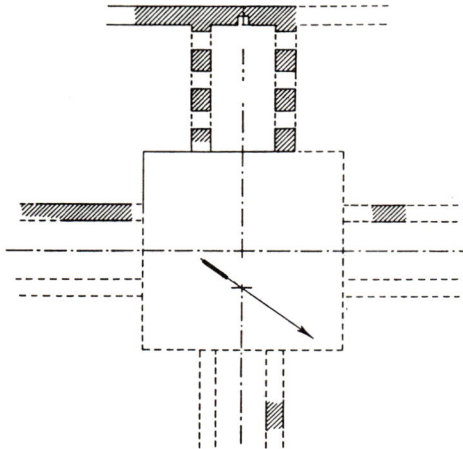

Chargird. Grundriß der Nizamiyè, einer Moschee, die Nisam al-Mulk zwischen 1080 und 1092 errichten ließ. Die Vier Iwan-Anlage war bei Wohnbauten in Chorassan weit verbreitet. Die Medresse, ein Kolleg, das der religiösen Unterweisung diente, wurde unter den Seldschuken, die das von den Ghasnawiden eingeführte Programm übernahmen, zu einer politischen, vom Staat kontrollierten Institution, die der orthodoxen Schulung diente. In jedem Iwan war eine der vier sunnitischen Rechtsschulen untergebracht.

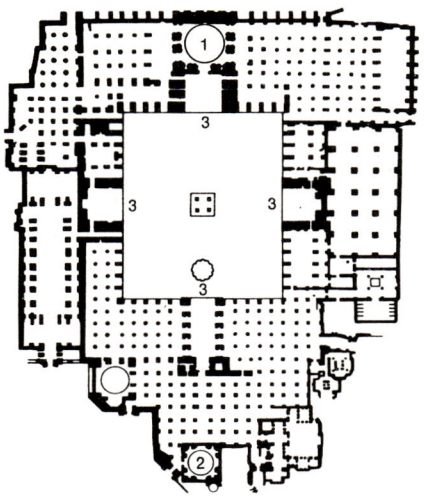

Isfahan. Grundriß der Großen Moschee:
1. Der große, überkuppelte Pavillon des Nisam al-Mulk, bei dem mächtige Pfeilerbündel die Kuppel tragen
2. Der Kuppelpavillon des Taj al-Mulk
3. Die nach dem Brand errichteten Iwane

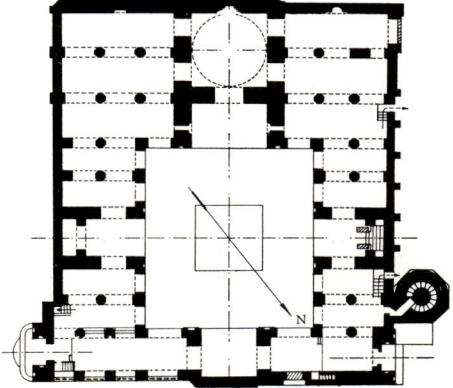

Zawarè. Grundriß der Großen Moschee. Dies ist die erste Moschee im Iran, die nach dem Vorbild der Großen Moschee bereits bei der ersten Planung eine Vier Iwan-Anlage erhielt.

erbaut. Diese beiden Bauwerke blieben vom Brand zwischen 1120 und 1121 verschont. Der große Kuppelsaal des Nisam wurde dem Neubau der Moschee organisch eingegliedert, die – nach Godard – unter dem Einfluß der Medresse ihre Vier Iwan-Anlage erhielt, wobei einer dieser vier Iwane dem Kuppelraum vorgelagert worden ist. Damit wurde ein altes sassanidisches Bauschema wieder aufgenommen, das insbesondere mit der Palastarchitektur verbunden war, nämlich der Komplex des mit einem Kuppelsaal verbundenen Iwans, wobei dieser als Vorhalle diente. Es liegt auf der Hand, daß diese Verbindung weder zufällig noch unter mechanischen Gesichtspunkten zustande gekommen ist. Ausgehend von einigen interessanten Beobachtungen, die kürzlich von Oleg Grabar und Richard Ettinghausen zu diesem Problem beigesteuert worden sind, möchte ich eine Hypothese versuchen. Die Moschee des zur Debatte stehenden Typs entspricht den islamischen Bedürfnissen nach dem gemeinsamen Gebet nicht in zufriedenstellender Weise. In ihrer Anlage weist sie den gleichen Plan auf wie das Haus oder dessen erweiterte Gestaltungen, der Sultanspalast und die Karawanserei, wobei es bei den letztgenannten den Baukomplex Iwan plus Kuppelsaal gegeben zu haben scheint. Diese architektonischen Typen haben sich vor der Medresse herausgebildet, in der die erwähnte Baukombination nicht vorkommt, und auch vor der seldschukischen Moschee. Die Varianten der Anlage entsprechen also besonderen Kennzeichen, mit denen man die verschiedenen Gebäude versehen wollte, die in erster Linie, wenn auch im Rang verschieden, eine große Anzahl von Menschen aufnehmen sollten. Wie bereits Monneret de Villard bemerkt hat, und wie Ettinghausen es ausführlich beschreibt, ist die Moschee mit der Vier Iwan-Anlage nicht nur für das Gebet bestimmt, sondern auch für den Unterricht, und es sollen Lehrer, Studenten, Bibliotheken sowie ein ganzer Komplex karitativer Einrichtungen untergebracht werden. Außerdem sollen Raststätten für Pilger, Unterkünfte für Kranke und vieles andere Platz finden.

Zum Problem der Einführung des Kuppelsaals im Bereich des Michrab darf gewiß nicht außer acht gelassen werden, daß das Tetrapylon als Typ einer in sich abgeschlossenen Gebetsstätte in der islamischen Kunst des Iran Aufnahme gefunden hatte, doch ist das gleiche Schema als Zentralelement eines weiten Saals zumindest seit Beginn des 11. Jahrhunderts mit der Moschee von Lashkari Bazàr im iranischen Gebiet bezeugt. Dort kann in der engen Verbindung zu einem Königspalast das architektonische Element des Kuppelraums auch für das Zeremoniell von Bedeutung gewesen sein, nämlich um den Platz des Herrschers während des Gebetes kenntlich zu machen. Mit Sicherheit ist anzunehmen, daß die Idee eines Kuppelsaals, der mit dem Königtum verbunden war, im islamischen Iran nicht verloren gegangen war, wenn man bedenkt, daß die nach sassanidischem Brauch außergewöhnlich schwere, mit Symbolen beladene Königskrone von den Herrschern der Ghasnawiden-Dynastie nicht aufgesetzt wurde, sondern über ihnen hing. Die Krone von Mas'ud I. (1030 - 1041) ist von vier Statuen getragen worden und war von der Konzeption her nichts anderes als eine Kuppel. Der Thronsaal von Mas'ud III. in seinem im Jahre 1111 vollendeten Palast in Ghasni bestand aus einem Iwan, an den sich ein Saal anschloß, der wohl überkuppelt war.

Meiner Meinung nach hat man in der Seldschuken-Zeit, deren hohe staatliche Gesinnung in den Programmen der Dynastie klar zutagetritt, für den Bau der Großen Moschee der Hauptstadt nach einem Modell gesucht, das einerseits der Gesamtheit der differenzierten Bedürfnisse entsprach – die sich seit geraumer Zeit nicht mehr im gemeinsamen Gebet erschöpften –, das anderseits aber auch die Macht in symbolischer Form manifestieren sollte. Der Sultanspalast bot sich dafür nicht nur als zweckdienlichstes Modell an, in ihm war auch eine Fülle symbolischer Werte realisiert. Bei der Konzeption der Großen Moschee von Isfahan handelt es sich also nicht um eine Wiederaufnahme in Anlehnung an ein altes architektonisches Schema, sondern um eine bewußte Integration. Vielleicht ist es weniger wichtig, daß die alten iranischen Moscheen vom irakischen Schema die Kuppel zur Kennzeichnung des Michrab nicht haben, als vielmehr, daß die neue Anlage binnen kurzem übernommen worden ist - zum Beispiel beim Erstbau der Moschee in der Provinzstadt Zawarè (1135 - 1136) –, und daß man bereits von 1158 bis 1160 das Bedürfnis empfunden hat, die Kiosk-Moschee von Ardistàn aus der Zeit des Melikschah nach diesem Prinzip umzubauen.

Entsprechend der hohen Bedeutung, die die Kuppel im Monumentalbau gewann, wurde sie zum Gegenstand ausgiebiger technischer Forschungen und formaler Bemühungen, die für Architekten außerordentlich reizvoll sind. Man hat Systeme ausgearbeitet, mit denen man Gewölbe ohne den Einsatz von Holzgerüsten bauen konnte, und durch die Werke von hohem ästhetischem Rang gelangen; dazu gehören vor allem die besonders charakteristischen Rippenkuppeln, die man zum Zwecke der Entlastung ersann, und um einen luftigeren und schlankeren Eindruck zu erzielen. Dann ist das Problem der Kuppeln mit doppelter Schale in Angriff genommen worden, die vor allem zur Zeit der Timuriden eine erfolgreiche Entwicklung erleben sollten. Mit besonderer Aufmerksamkeit ist die Übergangszone vom Unterbau mit seinem quadratischen Grundriß zum Kreis der Kuppel behandelt worden. Hier hat die Trompe mit Stalaktitenzellen (Muqarnas) weite Verbreitung gefunden, sie sollte zum typischen Element der meisten islamischen Bauten werden. Der Ursprung dieses mehr dekorativen als funktionalen Bauelements ist anscheinend im iranischen Osten zu suchen; zum erstenmal findet es sich in der Übergangszone des bereits erwähnten Mausoleums des Aràb Atà in Tim (ungefähr 978). Bei diesem Grabbau kommt auch das erste Beispiel eines monumentalen Torbaus *(pishtàq)* vor; auch der Pischtak sollte zu einem charakteristischen Element der iranischen Architektur werden. Bei ihm setzt sich in der Seldschuken-Architektur die Lösung mit den beiden flankierenden Minaretten durch, wofür in Tabàs eines der ältesten Beispiele zu sehen ist. Bei den Minaretten wird in Persien das Modell mit hohem, schlankem, zylindrischem Schaft, der von kleinen Balkonen belebt wird, bevorzugt, – das Minarett von Damgan aus dem Jahre 1085 ist anscheinend das älteste dieses Typs. Ein wunderbar erhaltenes Beispiel für ein Minarett mit übereinandergetürmten Schaftteilen ist kürzlich in Jam, im Westen Zentralafghanistans, aus der Ghoriden-Zeit entdeckt worden. Die Minarette, deren Schaft durch halbzylindrische Auskehlungen modelliert ist, haben ein besonderes Schicksal: sie sollten teils in Indien und teils in Anatolien ihr Echo finden. In Zentralasien hat man noch Versuche mit einem anderen Minarett-Typ von massigeren Proportionen und mit einem sich stärker verjüngenden Schaft gemacht; hierzu wäre das 1127 unter einem Herrscher der Karachaniden-Dynastie errichtete Minarett der Moschee von Kalàn aufzuführen oder das Minarett der Moschee von Vabkent aus den Jahren 1198 bis 1199.

Bei den Grabbauten halten sich im wesentlichen die früheren Typen des Grabturms, wofür der Turm von Rajj aus dem Jahre 1139 als Beispiel dienen kann. Der oktogonale Typ verbreitet sich vor allem in den Gegenden des zentralen Iran. Zu den ältesten Beispielen seiner Art gehört der Turm von Abarqúh aus dem Jahre 1085, aber auch die erst in jüngster Zeit entdeckten, ebenfalls noch aus dem 11. Jahrhundert stammenden Türme von Kharraqàn sind bemerkenswert. Im nordöstlichen Iran setzt sich hingegen der Typ mit quadratischem Grundriß der Basis durch; für ihn sei der Gunbàd-i Surkh von Maragheh (1147 - 1148) genannt.

In Chorassan sind die Kuppelgräber weit verbreitet; unter ihnen ist das gelungenste Werk das Mausoleum des Sandschar in der Nähe von Merw aus dem Jahre 1157. Ein hoher, quaderförmiger Unterbau aus rohen Ziegeln trägt eine um alle vier Seiten herumlaufende Galerie, die die zum Vieleck überleitende Zone verdeckt. Aus dieser erhebt sich der hohe, durch zwei Bogenreihen gegliederte Tambour, der die Kuppel trägt, die im Inneren ein elegantes Rippenspiel zeigt und ursprünglich mit glasierten blauen Kacheln verkleidet gewesen ist. Dieser Kuppelbau ist mit dem Grab des Samaniden-Herrschers Ismail in Buchara in Verbindung zu bringen, doch gibt es noch andere Vorläufer mit einer direkteren Beziehung, zum Beispiel das Mausoleum des Abú Said in Meana (Usbekistan), das ungefähr auf 1049 zu datieren ist und gewisse Verbindungen zu den Wohnsitzen der Dichkane aufweist. In Zentralasien begegnet man noch anderen Typen von Grabbauten, wie den Mausoleen von Dehistàn, bei denen ein tiefer Iwan einem runden oder oktogonalen Baukörper vorgelagert ist, während bei den Bauten von Misriyàn oder von Chowaresm ein quaderförmiger Unterbau einen sehr hohen Tambour trägt, der von einem kegel- oder pyramidenförmigen Dach bedeckt ist. Von den Profanbauten blieb uns nur weniges erhalten. Alle großen Sultanspaläste sind zerstört; wie bereits erwähnt, müssen sie den Pälasten der Ghasnawiden ge-

Aus «Hosrau und Schirin», von Nizami von Gendsche

Da der Gast das Gold keines Blickes würdigte, ließ Hosrau von der Lippe den Juwelenschatz entströmen.

Auf jedes Wort, das Hosrau ergehen ließ, gab er Antwort auch mit feinem Wort.

Zuerst sprach er zu ihm: «Von woher bist du?» – Er sagte: «Aus der Hauptstadt der Freundschaft.»

Er sagte: «Was für ein Handwerk übt man dort aus?» – Er sprach: «Kummer kauft man und die Seele verkauft man.»

Er sagte: «Das Seelenverkaufen ist nicht von guter Sitte.» –

Er sprach: «Bei den dem Liebesspiel Ergebenen ist das nichts Sonderbares.»

Er sagte: «Wurdest du von Herzen derartig verliebt?» – Er sprach: «Von Herzen sagst du, ich aus (ganzer) Seele.»

Er sagte: «Wie ist bei dir die Liebe zu Schirin?» – Er sprach: «Sie ist mehr als meine süße Seele.»

Er sagte: «Siehst du sie jede Nacht wie den Mondschein?» – Er sprach: »In der Tat, sobald der Schlaf kommt; (aber) wo ist der Schlaf?»

Er sagte: «Wann wirst du das Herz von der Liebe zu ihr frei machen?» – Er sprach: «Dann, da ich gestorben in der Erde liegen werde.»

[Duda, Seite 49]

Dehistàn. Grundriß eines Mausoleums aus dem 11. bis 12. Jahrhundert. Für diese Bauten ist der sehr lange, als Vorhalle dienende Iwan charakteristisch.

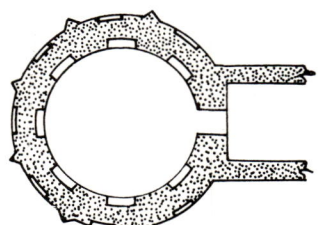

glichen haben. Erwähnt sei ein Bad in Nigàr, südlich von Kerman, wo der Typ der *suspensurae* des klassischen Bades übernommen worden ist, doch scheint die Anlage eher eine lokale Variante der in Syrien in der islamischen Zeit entwickelten Typen zu sein. Ein besonderes Anliegen jener Zeit war der Straßenbau, auch zahllose Brücken wurden damals errichtet oder wiederhergestellt, – erwähnt sei die Brücke von Tus beim heutigen Meschhed. Das großartigste Monument aber, das uns von diesen dem Verkehr dienenden Bauten erhalten blieb, ist die Karawanserei Robàt Sharàf an der großen Straße von Chorassan zwischen Nischapur und Merw. Nach Godard ist sie 1114 bis 1115 erbaut und vierzig Jahre später (1154 bis 1155) wiederhergestellt worden, nachdem sie vermutlich während des Aufstandes der Ogusen Schäden erlitten hatte. Dieser aufwendige Bau ist ganz aus gebrannten Ziegeln errichtet, hat zwei nebeneinanderliegende Arkadenhöfe mit vier Iwanen, – ein Schema, dem man in der aus dem 11. bis 12. Jahrhundert stammenden Karawanserei von Akchà Kalè in der Kara-kum-Wüste wiederbegegnet, und das sich mit Varianten bis in die moderne Zeit erhalten hat, zum Beispiel in Afghanistan. Mit der Anlage von zwei Höfen war offensichtlich die Möglichkeit zur Aussonderung der «Kundschaft» beabsichtigt. Der mehr nach innen gelegene und mit größeren Bequemlichkeiten ausgestattete Hof hatte auch zwei Wohntrakte mit der kanonischen Vier Iwan-Anlage und war ohne Zweifel Höherstehenden vorbehalten.

In der Architektur der Seldschuken sind vor allem für die wichtigeren Bauten überwiegend gebrannte Ziegel benutzt worden, sodaß selbst in Gegenden mit anderen Traditionen, wie in Aserbaidschan oder in der Provinz Fars, wo hauptsächlich Natursteine üblich waren, die man mit Mörtel verband, der Ziegelbau sich durchgesetzt hat. Mit den freiliegenden Schichten von gebrannten Ziegeln hat man bei den Fassaden höhere Dekorationseffekte erzielt; und dieses bereits beim Grab des Ismaîl in Buchara in einfacher Backsteinmusterung angekündigte Prinzip ist weiterentwickelt und abgewandelt worden. Oft werden auch die Mörtelverbindungen zwischen den Ziegeln mit Hilfe von Modeln dekorativ geprägt, dann werden diese Elemente nach und nach durch eigens gefertigte ornamentierte Formziegel abgelöst. Im Vordringen des keramischen Dekors mit vorgefertigten Teilen kommt man zu einer Art musivischer Ornamentation, bei der geometrische Motive neben Arabeskenelementen erscheinen. Hier brauchte der Dekor nicht mehr am Bau ausgeführt zu werden, sondern konnte in unabhängigen Werkstätten vorbereitet und danach an den Wänden angebracht werden. In anderen Fällen wird die Ornamentation aber noch direkt an der Wand ausgearbeitet. Niemals ist eine gewisse organische Übereinstimmung zwischen Dekor und Struktur völlig außer acht gelassen worden, auch wenn bei einigen kleinen Bauten die Ornamentation zu sehr wuchert und sich zu verselbständigen droht. Ohne Zweifel bleibt aber der aus dem Jahre 1088 stammende Pavillon des Taj al-Mulk in Isfahan, wo der Ziegeldekor dazu dient, die Strukturen im Hinblick auf ihre Funktion und ihren Ausdruckswert hervorzuheben und den Raum klar abzugrenzen, das unübertroffene Meisterwerk dieser Backsteinarchitektur. Mit großen Inschriften, die man in dieser Epoche besonders häufig und systematisch verwendet, wird die Bauornamentation noch bereichert; in Chorassan faßt man die monumentalen kufischen Schriftfriese mit breiten Schmuckrändern ein.

Der vor allem für das Innere bestimmte Stuckdekor wird nie ganz aufgegeben, aber auch er beschränkt sich mehr auf begrenzte Felder, als daß er die zur Verfügung stehenden Wandflächen frei überzieht. Als jedoch um die Mitte des 12. Jahrhunderts der Ziegeldekor an Bedeutung verlor, hat sich der Stuck wie ein Schleier über die Wände gelegt, um den Eindruck der Spiele des «Ziegelteppichs» auf sparsamere Weise nachzuvollziehen. Bald hat man in das geometrische Netz des Ziegeldekors der Fassaden Stuckziegel eingefügt, die stets farbig gehalten waren. Man hat darin eine Vorankündigung des Einsatzes glasierter Keramik zum Schmuck der Außenwände sehen wollen. Das älteste Beispiel für diese Technik bietet das Schriftband bei dem aus der Mitte des 11. Jahrhunderts stammenden Minarett von Damgan, dort trägt der keramische Fries eine türkisblaue Glasur. In den folgenden Jahrhunderten werden dieses Verfahren und seine Verbreitung ihre Triumphe feiern. Auch der Einsatz von glasierten Kacheln zum Schmuck der Wandflächen im Inneren der Bauten, wofür wir in Samarra auf

Grundriß der Karawanserei Robàt Sharàf.

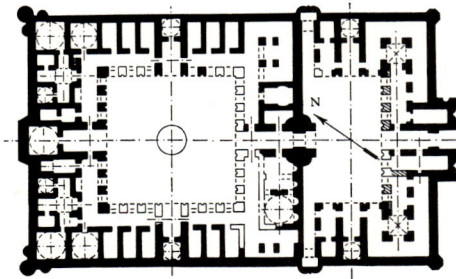

die ersten Beweise gestoßen sind, hat sich in dieser Epoche verbreitet. Anfangs, etwa seit dem Ende des 11. Jahrhunderts, werden – wie einige Beweisstücke aus Ghasni zu zeigen scheinen – geprägte und einfarbig glasierte Kacheln benutzt, deren Motive aus der Textilkunst stammen. Dann, in der zweiten Hälfte des 12. Jahrhunderts, geht man zu bemalten Kacheln mit metallischem Lüster über. Verlorengegangen sind zum größten Teil auch die Miniaturen dieser Epoche, doch können wir uns durch die reiche Produktion an Gefäßen aus dieser Zeit eine gewisse Vorstellung von der Malerei machen; danach hat sie mit flachen Farben gearbeitet und höfische Themen benutzt.

Irak, Mesopotamien und Syrien

Die seldschukische Kunst hat in diesen Gebieten alter und anerkannter Traditonen zu besonderen Resonanzen geführt. Einige iranische Ideen sind übernommen worden, zum Beispiel beim Minarett oder in der Vier Iwan-Anlage für die Medresse. Die Kachelverkleidungen an den Fassaden haben sich im Irak und zum Teil auch in Mesopotamien verbreitet. Im Irak, genauer gesagt vom Palast des vierunddreißigsten Kalifen, an-Nasir (1180 - 1225) – einer bizarren Persönlichkeit mit gutem Durchsetzungsvermögen, dem es gelang, sich aus der Auflösung des Seldschuken-Reichs eine unabhängige Herrschaft zu sichern –, blieben uns Reste erhalten, an denen man eindeutig seldschukische Einflüsse feststellen kann. Hervorzuheben sind die Gewölbe, bei denen das architektonische Element der Stalaktitenzellen (Muqarnas) in besonderer Weise interpretiert ist. Dieses Motiv hat im Irak ganz typische Gestaltungen erfahren, wie man vor allem bei einigen Mausoleen feststellen kann, die auf einem Sockelbau von quadratischem oder polygonalem Grundriß eine sehr hohe Bekrönung in Form eines «Zuckerhuts» tragen, wobei diese pyramidale Kuppel nicht nur im Inneren, sondern auch außen von Stalaktitzellen gebildet wird. Besonders berühmt sind das wohl um 1200 erbaute Mausoleum der Sitta Zubaida, der Gattin des Harun ar-Raschid, und das Grabmal des Imam Durr vom Ende des 11. Jahrhunderts.
Von der Bautätigkeit der Sengiden, einer Dynastie, die Syrien und das mesopotamische Bergland als Atabegs von Mosul und Aleppo beherrscht haben, sei der ursprüngliche Bau der Großen Moschee von Mosul erwähnt, die Nur ed-Din, der berühmte Gegner der Kreuzfahrer, errichten ließ. Es war ein Bau von schachbrettartigem Grundriß mit kleinen Kuppeln und sich rechtwinklig schneidenden Tonnengewölben; das Minarett war wahrscheinlich aus Ziegeln gebaut und von iranischem Typ. Dem Nur ed-Din werden auch einige Bauten in Damaskus zugeschrieben, das 1154 von ihm erobert wurde: der *maristàn* (Krankenhaus), eine Vier Iwan-Anlage, und die mit seinem Grab verbundene Medresse aus dem Jahre 1172. Die Medresse hat zwei einander gegenüberliegende Iwane, die durch einen Hof getrennt sind, – vielleicht läßt sich diese Anlage auf den Plan des ägyptischen Hauses zurückführen. Eine wichtige Neuerung ist das Wasserbecken inmitten des Hofes, das von einem Brunnen gespeist wird, der am Ende des dem Eingang gegenüberliegenden Iwans seinen Platz hat. Möglicherweise geht diese Anlage auf iranische Einflüsse zurück; auch in einem Haus in Fustat, das aus der Tuluniden-Zeit stammt, kommt sie als Innendekoration vor. Brunnen und Wasserbecken finden sich auch im Hauptsaal der berühmten La Zisa von Palermo, die 1161 unter dem Normannen Wilhelm I. begonnen und unter Wilhelm II. (1166 - 1189) vollendet wurde. In diesem Gebiet ist überwiegend mit Steinen gebaut worden, und man hat das verschiedene Material zur Erzielung gedämpfter polychromer Effekte benutzt. Bei den großen Kuppeln, die in Analogie zu den irakischen Bauten im Inneren wie auch außen Stalaktitenzellen zeigen, wurden aber Ziegel als Material verwandt.
Noch ein anderes türkisches Fürstengeschlecht, die Artuchiden, hat einen bedeutenden Platz eingenommen. Die Artuchiden haben etwa bis zum 14. Jahrhundert mit wechselndem Geschick Obermesopotamien mit den Städten Hisn Kayfa, Mardin, Kharpút, Amida (Diyarbakir) und Dunaysir beherrscht. Ihre Bauten bestehen überwiegend aus Stein. Trotz einiger iranischer Einflüsse

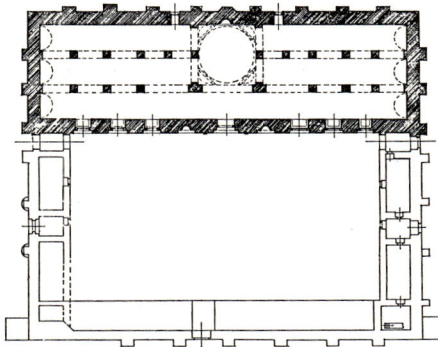

hat ihre Architektur eine autonome Entwicklung genommen. Unter den Meisterwerken seien die eindrucksvollen Türme von Ulù Badàn und Yedí Qardesh aus Diyarbakir erwähnt. Sie sind mit monumentalen Schriftbändern und plastischem Dekor versehen, wodurch die Formen in klassischer Weise hervorgehoben werden. Die Große Moschee von Diyarbakir, die wir nur von ihrer Gestaltung nach 1114 bis 1115 kennen, geht auf den Typ der Moschee von Damaskus zurück. Sie hat drei parallel zur Kiblawand verlaufende Schiffe, die von einem großen, mit einem Dachstuhl versehenen Transept durchschnitten werden. Die Hoffassade weist eine doppelte Säulenordnung auf. Diese Moschee hat jedoch keine Nachfolge gefunden. Hingegen hat sich ein anderer Typ behauptet; seine Anlage setzt sich zusammen aus einem großen Kuppelsaal vor dem Michrab, den zwei parallel zur Kiblawand verlaufende Schiffe einfassen, und einer Art Narthex-Galerie, die diesem Komplex vorgelagert ist. Beim Hof fällt die Tendenz zur Größenreduzierung auf. Als Meisterwerk ist die Große Moschee von Dunaysir aus dem Jahre 1204 anzusehen, deren schwere parallel gelagerte flache Massen von der hohen Kuppel beherrscht werden, die auf einem durch Fenster durchbrochenen Tambour ruht. Von hoher künstlerischer Feinheit ist die elegante Gliederung der Fassade durch ein Stabwerk, das den Unterbau umrahmt, der von Nischen mit leichten Rahmen harmonisch belebt und durch schlanke Lisenen rhythmisch modelliert wird.

Die Seldschuken von Rum

Mit der türkischen Eroberung des 11. Jahrhunderts ist ein neues Gebiet für immer der islamischen Welt eingegliedert worden: Anatolien, woraus später die heutige Türkei entstand. In Anatolien hatte sich bald eine ganze Reihe von türkischen Fürstentümern selbständig gemacht, nämlich die Reiche der Danischmend von Sivas, Kayseri und Malatya (1092 - 1178), der Satukiden von Erzurum (1092 - 1202), der Mengujekiden von Erzincan und Divrigi (1118 - 1252) und schließlich der Seldschuken von «Rum» (Rum war eine arabische Bezeichnung für die Byzantiner). Diese stammten von einem abtrünnigen Mitglied der persischen Dynastie ab und hatten ihren Sitz erst in Nikaia (Iznik, 1082 - 1097) und

Konya (Türkei). Die Moschee des Ala ed-Din (1156 - 1220). Außenansicht der Nordseite. Diese Moschee besteht aus einem ganzen Komplex von Gebäuden. Auf einem Hügel errichtet, umschließt ein unregelmäßiges Mauergeviert einen großen Betsaal mit sieben parallel zur Kiblawand verlaufenden Schiffen, einen zweiten, kleineren Betsaal mit einer Kuppelzone von seldschukischem Einfluß und zwei davorgelegene Mausoleen, von denen eines unvollendet blieb, das andere ein hohes, pyramidenförmiges Dach aufweist. Von außen sieht diese Moschee wie ein mittelalterliches Kastell aus und macht einen außerordentlich maßvollen Eindruck. Bemerkenswert ist das zweifarbige Portal, das von einem Architekten aus Damaskus geschaffen wurde.

Divrigi. Schnitt und Grundriß der Großen Moschee:
1. Moschee
2. Krankenhaus

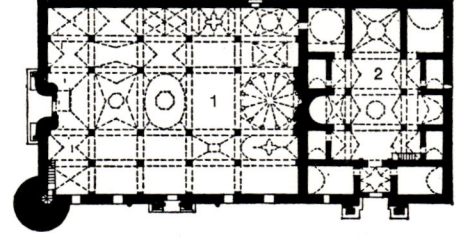

78

Konya (Türkei). Die Karatay-Medresse (1251). Ausschnitt vom Portal mit den Stalaktitenzellen (Muqarnas). In Form, Dekor und in der Polychromie erinnert dieses Tor an syrische Bauten.

dann in Konya und Sivas (1097 - 1302). Ihnen gelang es schließlich, die Vorherrschaft über die anderen Fürstentümer zu erringen. Anatolien hat in der ersten Hälfte des 13. Jahrhunderts eine der besten Zeiten seiner Geschichte unter ihnen erlebt. Der unabhängige Staat ist gut organisiert gewesen, hatte verhältnismäßig sichere Grenzen und verstand es, aus den beträchtlichen Mitteln des Landes und dem blühenden mittelmeerischen Handel Nutzen zu ziehen. Mit der Wiederbelebung der alten Straßen, auf die man besondere Sorgfalt verwandte, haben die Seldschuken von Rum dem gesamten Gebiet eine Stellung ersten Ranges im Durchgangsverkehr zu schaffen gewußt. Der beträchtliche

Wohlstand, dessen sich das Land erfreuen konnte, hat zu intensiver Bautätigkeit geführt, die nicht nur ein Anliegen der Fürsten war, sondern an der sich die gesamte «Aristokratie» beteiligt hat.

Wenn auch in der türkischen Architektur Anatoliens viele iranische Einflüsse Aufnahme fanden – auch die Kultur sollte im wesentlichen von Persien geprägt werden –, so weist sie dennoch Eigenheiten auf, die sich aus den unterschiedlichen Beiträgen im Zusammenspiel von byzantinischen, syrischen und armenischen Traditionen ergeben und zu originalen Werken von bleibendem Wert geführt haben. Für alle sakralen oder zu karitativen Zwecken errichteten Bauten hat man als Material vorzugsweise Stein oder Marmor verwandt, die in Anatolien reichlich vorkamen und geschätzt waren; aber auch Ziegelsteine haben eine wichtige, allerdings weniger in Erscheinung tretende Rolle gespielt.

Bei der Moschee hat sich eine autonome Entwicklung vollzogen, und sie zeigt eine charakteristische Anlage. Kennzeichnend ist, daß der Betsaal länger ist als breit. In der Kuppelzone ist eine Tendenz zur Erweiterung festzustellen, entweder in der Achse des Michrab oder längs der Kiblawand, wobei die Kuppelzone vor dem Michrab sich auf den Betsaal ausweitet und schließlich den Hauptakzent bekommt. Hierin lassen sich schon die späteren Lösungen, die in der osmanischen Architektur bevorzugt werden sollten, erkennen. Bedingt durch das Klima verliert der Hof bald seine Bedeutung; er verschwindet schließlich ganz. Von ihm bleibt eine symbolische Eingangszone vor dem Hauptschiff übrig, wie schon bei der Großen Moschee (Ulú Jamí) von Kayseri aus dem Jahre 1140 und bei den Hauptmoscheen von Divrigi (1229) und Niğde (1233) zu sehen ist. In der ausgedehnten und vielgliedrigen Anlage der Moschee des Ala ed-Din in Konya ist der Hof mit den Gebetsstätten nicht organisch verbunden. Auf iranische Vorbilder geht die Große Moschee von Malatya (1224) mit der Kuppelzone des Michrab und dem davorliegenden Iwan zurück; sie ist aus gebrannten Ziegeln erbaut und mit glasiertem, keramischem Dekor ausgestattet. Auch bei der Khawànd Khatún-Moschee in Kayseri aus dem Jahre 1238, die mit dem Mausoleum, der Medresse, den Bädern und karitativen Einrichtungen einen ganzen Komplex bildet, haben iranische Modelle zur Anregung gedient. Diese komplexen Gründungen sind typisch für die Zeit und ganz besonders für das türkische Anatolien, wo Fürsten und Mächtige miteinander in der Errichtung frommer

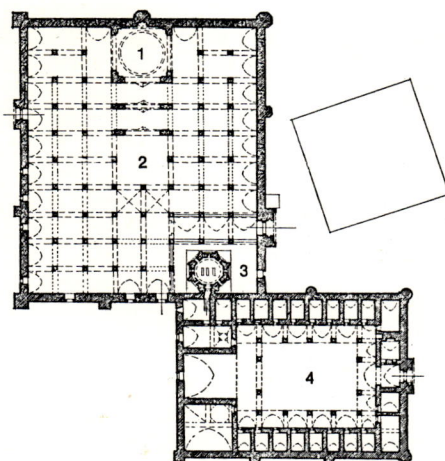

Kayseri. Grundriß vom Bautenkomplex der Khawànd Khatún-Moschee:
1. Moschee
2. Hof
3. Grab der Gründerin
4. Die Medresse mit den beiden einander gegenüberliegenden Iwanen

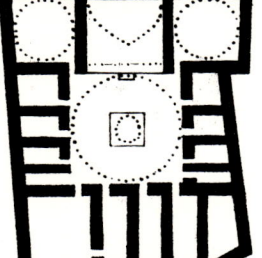

Konya. Grundriß der Karatay-Medresse.

Konya (Türkei). Die Karatay-Medresse (1251). Blick vom Iwan auf das Innere der großen Kuppel, die den dem Hof entsprechenden Raum überwölbt. Sie ist eines der herrlichsten Beispiele für den keramischen Dekor, der in Anatolien zur Seldschuken-Zeit weite Verbreitung fand.

80

Stiftungen gewetteifert haben, um damit die Leistungsfähigkeit des Staates und seine *pietas* kundzutun. Von diesen Werken seien genannt die aus dem Jahre 1205 stammende Medresse, die Ciftè von Kayseri, die mit dem Mausoleum des Gründers und einem Krankenhaus verbunden ist, ferner das 1217 bis 1218 erbaute Krankenhaus von Sivas, die größte Einrichtung dieser Art im seldschukischen Anatolien, sowie die mit einem Krankenhaus verbundene Moschee von Divrigi, die aus den Jahren 1228 bis 1229 stammt.

Diese starke Bautätigkeit fand auch nach dem goldenen Zeitalter des Sultanats von Rum keine Ende, nachdem die Dynastie der Seldschuken 1243 von den mongolischen Ilchanen unterworfen und zum Vasall gemacht worden war. Aus der zweiten Hälfte des 13. Jahrhunderts stammen Werke wie die prachtvolle Karatay-Medresse (1251) und die aus dem Jahre 1258 stammende Injè Minareli-Medresse, beide in Konya, in denen uns der persische Medressen-Typ in anatolischer Umgestaltung begegnet: der Hof ist von einer großen Kuppel überwölbt, die zur Beleuchtung im Kuppelscheitel ein «Auge» aufweist. Bei den beiden erwähnten Bauten wird der Übergang vom Sockelbau zu der aus gebrannten Ziegeln errichteten Kuppel mittels dreieckiger Fächerkonsolen, der sogenannten «türkischen Dreiecke», hergestellt. Diese bereits in der Großen Moschee von Isfahan erprobte Lösung wurde ein für die islamische Architektur Anatoliens charakteristisches Schema. Im Inneren ist die Kuppel der Karatay-Medresse mit prachtvollen Majolika-Mosaiken in den Farben Blau, Schwarz und Weiß überzogen, durch die die Mauermasse optisch erleichtert und entmaterialisiert wird; man erhält eine Vorahnung von der osmanischen Raumgestaltung. Eine mehr spezifisch persische Anlage ist in der aus dem Jahre 1253 stammenden Medresse, der Ciftè von Erzurum, zu sehen. Hier umgeben den offenen, nicht mit einer Bedachung versehenen Hof Galerien in zwei Geschossen, deren Arkaden von Säulen getragen werden. Im Vergleich zum Vorbild aber begegnen wir einer völlig anderen und ganz originalen räumlichen Gliederung und Gestaltung.

Beim Minarett sind die Einflüsse der iranischen Prototypen vorherrschend. Besonders beliebt sind die Rundtürme mit den halbzylindrischen Vorlagen, wie zum Beispiel das Minarett bei der Injè Minareli-Medresse von Konya und das Turmpaar, das zum Portalbau der jetzt Ciftè genannten Medresse gehört. Die iranische Portalanlage mit den Zwillingsminaretten ist in Anatolien ebenfalls häufig angewandt worden.

Auf iranische, über Aserbaidschan und Armenien eingedrungene Vorbilder geht ein Mausoleumstyp zurück, der die Form eines Zylinders, Würfels oder Polyeders mit kegel- oder pyramidenförmigem Dach hat und aus gebrochenen Steinen mit reichem Reliefschmuck auf einem Unterbau errichtet wurde, in dem sich die Grabkammer befand. Von ihnen ist uns eine sehr große Anzahl bekannt, zum Beispiel in Akhlàt, Divrigi, Tokàt, Sivas, Niǧde, Kayseri und Konya; sie sind Zeugnisse einer reichen formalen und dekorativen Phantasie. Der interessanteste Bau ist aber das von einer weiten, kreisförmigen Umfriedung eingeschlossene Mausoleum von Terchàn, über dessen Ursprung viel diskutiert worden ist.

Wie bereits erwähnt, ist die erste Hälfte des 13. Jahrhunderts eine Epoche blühenden Handels, dessen Verkehr über die Straßen des Sultanats von Rum verlief. Dort sind die Hauptwege, vor allem die Nord-Süd-Route, die die am Schwarzen Meer gelegenen Häfen Sinope und Samsun mit Antalya am Mittelmeer verband, systematisch wiederhergestellt und mit einer Reihe leistungsfähiger Karawansereien versehen worden. Alle wurden aus Bruchsteinen erbaut und glichen Festungen. Es gibt verschiedene Arten von Anlagen, besonders charakteristisch sind die sogenannten «Sultan Chan» (Chan heißt Haus), die, wie aus ihrem Namen hervorgeht, großzügige Stiftungen des Herrschers waren. Man kann sie vom Typ her als anatolisch bezeichnen, obwohl Anregungen von einem zentralasiatischen Prototyp, wie etwa der Karawanserei von Bashàm, nicht

Konya (Türkei). Injè Minareli-Medresse (1258). Ausschnitt vom Portal, das zu den berühmtesten und prachtvollsten Beispielen des anatolischen Baudekors aus der Seldschuken-Zeit gehört. Die Medresse zeigt in ihrer Anlage Übereinstimmungen mit der Karatay-Medresse.

auszuschließen sind. Ihrer Anlage nach sind es Doppelbauten: am Ende eines meist mit Arkaden versehenen Hofes liegt in der Achse des Eingangs der Zugang zum zweiten Baukörper, einem in Schiffe unterteilten Saal, der zur Beleuchtung und Lüftung mit einer Kuppel ausgestattet ist; dieser Teil war für die harten anatolischen Winter vorgesehen. Besonders berühmt ist die aus dem Jahre 1229 stammende Sultan Chan an der Straße von Konya nach Aksaray, aber auch die an der Straße Kayseri-Sivas gelegene ist bekannt. Man findet bei diesen Karawansereien in der Mitte des Hofes einen kleinen Bau, der auf einem hohen Untergeschoß in Form eines Tetrapylons einen Saal trägt, in dem ein kleines Oratorium untergebracht ist. Dieses fehlt niemals, es kann aber verschiedene Lagen haben.

Die Paläste und Pavillone der Seldschuken-Sultane sind zum größten Teil zerstört worden, zumal sie überwiegend aus leichtem und vergänglichem Material erbaut, dafür aber verschwenderisch mit Stuckverkleidungen und keramischem Belag ausgestattet waren. Auf Grund der Forschungen und Ausgrabungen der letzten Jahre konnten wir uns inzwischen erste Kenntnisse von ihnen verschaffen. Charakteristisch als Anlage war für sie der Kiosk oder Pavillon, ein im wesentlichen würfelförmiger Bau, der von Konsolen getragene, loggiaartige Anbauten hatte, wie man es am Kiosk des Sultans Kilidsch-Arslan II. (1156 - 1192) in Konya sehen konnte, der in den frühen zwanziger Jahren dieses Jahrhunderts zerstört worden ist. Aus den Untersuchungen in Quabadiyya und Quabadabàd – Gründungen des berühmtesten Herrschers von Rum, Ala ed-Din Kai Kobad I. (1219 - 1237) – ergibt sich, daß eine Vorliebe für Pavillone von mittleren oder ausgesprochen kleinen Dimensionen bestand. Diese waren über ein ziemlich weites, schön gelegenes Terrain verstreut, worin sich eine gewisse Freude am Leben im Freien kundtut. Von den iranischen Grundformen hat sich der Iwan erhalten, er ist jedoch, soviel wir wissen, in der Palastarchitektur der Seldschuken von Rum nicht symmetrisch eingeplant worden. Die klassische Vier Iwan-Anlage

Erzurum (Türkei). Ciftè (1253). Blick auf den Hof. Diese Medresse ließ Khawànd Khatún, die Tochter des Sultans Ala ed-Din Kai Kobad, errichten. Der Bau beeindruckt besonders durch seinen hohen Ausdrucksgehalt und die Originalität der architektonischen Gestaltung.

Erzurum. Grundriß der Ciftè. Bei dieser Medresse wurde ein rundes Mausoleum in der Achse zum Iwan des Eingangs errichtet.

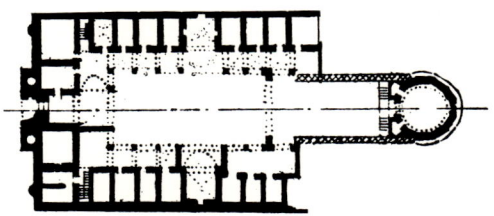

war hingegen in der Palastarchitektur eines angrenzenden Gebiets, nämlich bei den Türken des mesopotamischen Berglandes, nicht unbekannt, wie wir aus einem Palast der Artuchiden in Diyarbakir wissen, der von Oktay Aslanapa entdeckt und auf die Zeit zwischen 1201 und 1222 datiert worden ist. Bemerkenswert ist dort, daß der Hof ein Mosaikpflaster hatte und daß ein Wasserbecken vorhanden war, welches durch einen Brunnen am Ende eines Iwans gespeist wurde.

Die Außenausstattung der Bauten wurde meist recht sparsam und mäßig gehalten, und ihre ästhetische Wirkung beruht vor allem auf der sicheren Ausführung der Steinmetzarbeiten. Die Ornamentation ist auf die großen Portale persischer Überlieferung konzentriert, doch ist auch eine Tendenz zur Ausdehnung auf die Fassade zu beobachten. In bestimmten Fällen ist die Beteiligung syrischer Künstler eindeutig festzustellen, wie zum Beispiel in Konya beim Tor der Moschee des Ala ed-Din oder beim Portal der Karatay-Medresse, wo dies insbesondere bei der komplizierten Staffelung der Nischen auffällt oder in der maßvollen Polychromie der verwendeten Marmorarten.

Die Einbeziehung monumentaler Schriftbänder in die Ornamentation ist ebenfalls auf Persien zurückzuführen - jetzt wird allerdings der elegante, kursive Duktus des Thuluth der kufischen Steilschrift vorgezogen -, das reichgeschmückte Portal der Injè Minareli-Medresse in Konya mit dem stark plastischen Dekor bietet dafür ein Beispiel. Hier werden mit den Zeltmotiven wahrhaft barocke Wirkungen erreicht. Im allgemeinen bleibt aber in der klassischen Zeit, also etwa bis 1242, im eigentlichen Bereich des Sultanats von Rum die Ornamentation stets gemäßigt und paßt sich den architektonischen Linien in Unterordnung an. Prunkvoll ist sie hingegen im östlichen Gebiet, wie zum Beispiel in Divrigi, wo am Portal der Großen Moschee Motive des Stuckdekors in übertriebener und phantastischer Weise in Stein übertragen worden sind. Im ganzen gesehen entspricht der ornamentale Formenschatz den klassischen Beständen des Islam: geometrische Motive, Arabesken, Stalaktitzellen, Inschriften; weit verbreitet sind aber auch Tiermotive und phantastische vegetabile Elemente; auf Grabsteinen kommen sogar menschliche Gestalten vor.

Schließlich darf noch ein anderes, wichtiges Kapitel der Bauornamentik nicht übergangen werden, - der Flächenschmuck mit glasierter Keramik, der in Anatolien eine besondere Blüte erlebt hat. Vielleicht ist dies auf die Verbreitung persischer, vor den Einfällen der Mongolen geflüchteter Handwerker zurückzuführen. Wahrscheinlich ist der keramische Dekor zum erstenmal hier besonders ausgiebig und systematisch zur Anwendung gekommen. Zu erstaunlichen Ergebnissen führte sein Einsatz sowohl im Inneren - hier sei an die berühmte Kuppel der Karatay-Medresse in Konya erinnert - wie auch bei den Außenverkleidungen. Bemalte und glasierte Fliesen, die nach iranischem Verfahren mit metallischem Lüster hergestellt wurden oder in der noch schwierigeren polychromen Technik, haben die Paläste und Pavillone der Sultane geschmückt. Oft waren sie mit figürlichen Motiven aus dem persischen Themenkreis bemalt, während sie stilistisch auf die Keramik von Rakka zurückzugehen scheinen; in gewissen Nuancen weisen sie aber auch Beziehungen zu den ältesten Werken der Keramiker aus der Fatimiden-Zeit auf. Gleich hoch entwickelt ist der Stuckdekor gewesen, der im Inneren der Bauten seine Verwendung fand; bei ihm findet man noch eine Fülle von figürlichen Motiven.

Das syrisch-ägyptische Gebiet unter den Aijubiden und Mamluken

Salah ad-Din Jusuf ben Aijub, wie der volle Name des bekannten Saladin lautet, wurde 1169 von dem Sengiden Nur ed-Din als Feldherr nach Ägypten gesandt, wo er dem schiitischen Kalifat der Fatimiden ein Ende setzte. Nach dem Tod des Nur ed-Din übernahm er 1175 unter Anerkennung des Kalifen von Bagdad die Herrschaft und dehnte in der Folgezeit seine Macht bis zum Tigris beinahe über ganz Syrien aus. Mit seinem früheren Herrn Nur ed-Din, der sich für den Heiligen Krieg gegen die Kreuzfahrer eingesetzt hatte und ein Vorkämpfer für die moralische Einheit des Islam wie auch für die Förderung der sunnitischen Orthodoxie gewesen ist, stimmte Saladin in seinen politischen Zielen überein. In Geschichte und Legende ist er eingegangen als gerechter und ritterlicher Herrscher, der die Kreuzfahrer in der Schlacht von Hittin besiegt und 1187 Jerusalem erobert hat. Nach seinem Tod hat sich sein Staat in drei, wenngleich miteinander verbundene Teile aufgelöst, deren Hauptstädte Kairo, Damaskus und Aleppo gewesen sind. Als Folge der von Saladin im wesentlichen durchgesetzten Wieder-

Aleppo (Syrien). Der Zugang zur Zitadelle, die in ihren wesentlichen Teilen ein Werk des Aijubiden-Herrschers al-Malik al-Zahir ist und 1209 bis 1212 erbaut wurde. Sie gehört zu den Meisterwerken der islamischen Architektur. Hier ist eine glückliche Verbindung von lokalen syrischen Traditionen, von iranischen Einflüssen und von Anregungen aus der großen Architektur der Kreuzfahrer zustandegekommen.

Kairo (Ägypten). Die Sultan Hassan-Moschee (1356 - 1363). Blick auf den von den großen Iwanen beherrschten Hof mit seiner wundervollen Harmonie. Diese Grabmedresse ist ein Meisterwerk der Mamluken-Architektur.

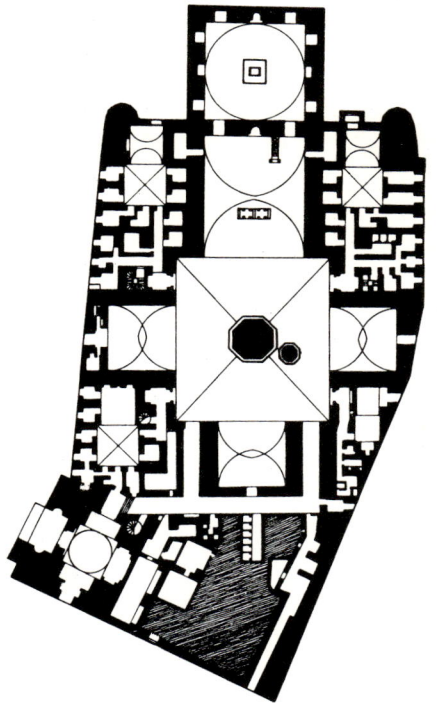

Kairo. Grundriß der Sultan Hassan-Moschee mit der typischen Vier Iwan-Anlage. An den Hauptiwan schließt sich der von einer hohen Kuppel überwölbte Saal mit dem Grab des Gründers an. In den Winkeln, die sich aus der Kreuzanlage der vier Iwane ergeben, waren die Wohnräume für die Lehrer und Schüler der vier sunnitischen Rechtsschulen – Hanefiten, Schafi'iten, Hanbaliten und Malikiten – untergebracht.

vereinigung Ägyptens mit Syrien haben diese Gebiete einen neuen Wohlstand erlebt, insbesondere nach seinem Tode, als im Kampf gegen die Kreuzfahrerstaaten eine gewisse Müdigkeit überwog. So kam eine Art friedlicher Koexistenz zustande, wodurch die Entwicklung des Handels einen starken Auftrieb erhielt. Damals begannen die Kaufleute des Abendlandes ins Innere dieses Gebiets vorzudringen, und im Jahre 1207 erhielten die Venezianer das Recht, in Damaskus und bald darauf auch in Aleppo eine Niederlassung zu eröffnen.

In der Architektur der Aijubiden-Zeit ist eine glückliche Verbindung zustandegekommen zwischen den alten, lokalen künstlerischen Traditionen, den neuen Aneignungen iranischen Ursprungs sowie den Erfahrungen, die man der großen Kreuzfahrerarchitektur entlehnt hat. Die letztgenannte Komponente zeigt sich vor allem in der militärischen Baukunst, deren hervorragendstes Werk die Zitadelle von Aleppo ist. Nach einem schweren Erdbeben wurde sie in ihren wesentlichen Teilen unter al-Malik al-Zahir von 1209 bis 1212 wiederaufgebaut. Als Meisterwerk der Architektur in absolutem Sinn kann man den Zugang zur Zitadelle bezeichnen. Der zurückgesetzte Baukörper ist ein nackter scharfkantiger Block, an dem eine Reihe erkerartiger Pechnasen vorragen, die von mächtigen Konsolen getragen werden. In diesem Quader, der durch eine Brücke mit dem Vorbau verbunden ist, gähnt der ungeheure Schlund des gewaltigen Bogens der Torwölbung.

In Übereinstimmung mit der orthodoxen religiösen Einstellung des Saladin werden in der Aijubiden-Zeit zahlreiche religiöse Stiftungen errichtet, wie zum Beispiel Medressen. Bei ihnen setzt sich trotz des beinahe überall vorkommenden Iwans jedoch kein Schema eindeutig durch. Charakteristisch für das Gebiet von Aleppo ist aber der Betsaal mit dem davorgelagerten Hof, der in seinen späteren Typen – wie zum Beispiel in der aus dem Jahre 1219 stammenden al-Zahiríyya und in der Firdaus-Medresse von 1235 – als Bedachung drei nebeneinanderliegende Kuppeln hat. Im Gebiet von Damaskus ist die Iwan-Anlage die Regel. Es gibt Medressen mit einem, mit drei, mit zwei einander gegenüberliegenden und auch mit vier Iwanen. Die beiden letzteren Typen sind auch in Kairo verbreitet, wo von den erhaltenen Medressen mit einer Vier Iwan-Anlage die älteste die al-Salihiyya von 1243 - 1244 zu sein scheint, die mit dem Grab des Gründers, über dem sich ein Minarett erhob, verbunden ist. Im Michrab der Grabmoschee der al-Salihíyya-Medresse haben wir außerdem eines der ältesten Beispiele vielfarbigen Marmordekors in Ägypten, eine Art der Ornamentik, die insbesondere in der anschließenden Mamluken-Periode weiterentwickelt wurde.

Bei den Mausoleen setzt sich vor allen das Modell mit dem kubischen Sockelbau aus Stein durch, bei dem die Überleitung zur Ziegelkonstruktion der Kuppel durch Trompen mit Zellenstufen bewältigt wird. Dieser Typ hat sich ohne wesentliche Abwandlungen etwa drei Jahrhunderte lang gehalten. Bauten dieser Art sind das aus dem Jahre 1195 stammende Mausoleum des Saladin in Damaskus und das Monument, das über dem Grab des 820 verstorbenen Imam asch-Schafi'i (des Gründers einer der vier Rechtsschulen des orthodoxen Islam) 1211 in Kairo errichtet wurde, ferner das Mausoleum der 'Abbasiden-Kalifen (1242 - 1243).

Bei den Moscheen überwiegt, zumindest was Syrien betrifft, der Typ von Damaskus, dessen Betsaal eher breit als tief ist.

Bei der Außengestaltung wird die Toranlage als ein typisches architektonisches Element übernommen. Das Portal gewinnt überhaupt immer größere Bedeutung

Kairo (Ägypten). Die Sultan Hassan-Grabmedresse (1356 - 1363). Detail vom großen kufischen Schriftfries, der den Hauptiwan (im Osten) schmückt. Da dort ein Michrab vorgesehen war, diente dieser Iwan auch als Moschee.

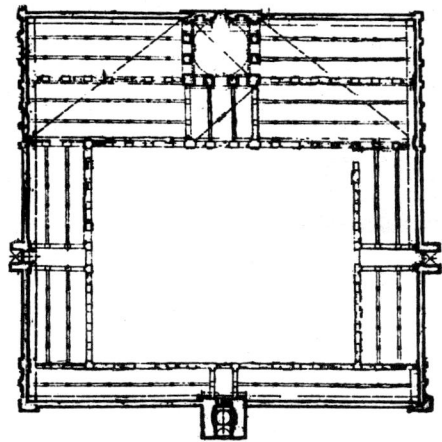

Kairo. Grundriß der Moschee des Sultans Baibars I. Beim Betsaal sind die Schiffe in der Breitenrichtung angelegt und werden von einer typisch iranischen Baukombination durchschnitten, einem Trakt, der aus einem Kuppelsaal mit davorgelagertem Iwan besteht. Auch das Schema der auf den Hof ausgerichteten Iwane geht auf iranische Vorbilder zurück.

Kairo. Grundriß vom großen Bautenkomplex des Sultans Kala'un:
1. Mausoleum
2. Medresse
Zu dieser Baugruppe hat auch ein Krankenhaus (maristàn) gehört.

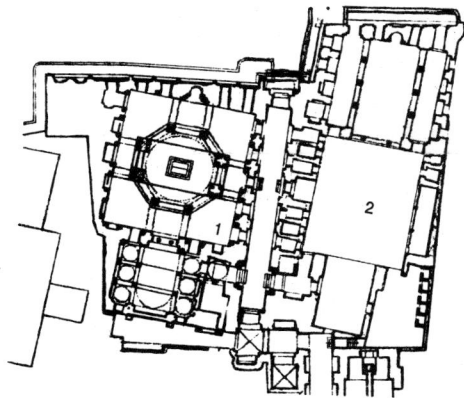

und konzentriert die Außendekoration auf sich. Die Fassaden werden häufig durch Nischen gegliedert, welche jetzt mit dem überall vorherrschenden Stalaktitenmotiv geschmückt sind. Für den Steindekor ist die Bichromie für das Gebiet um Aleppo typisch. Bei der Steinornamentation im Inneren hingegen sind, insbesondere von der Michrab-Zone ausgehend, polychrome Kompositionen durch das Aneinanderfügen von Steinen verschiedener Farbe weit verbreitet.

Die Bauten der Mamluken

Beim Tod des letzten regierenden Sultans aus der Dynastie der Aijubiden im Jahre 1250 haben die sogenannten Mamluken, ehemalige türkische Sklaven (von *mamluk,* in Besitz genommen), die als Söldnerführer die Hauptstütze der Aijubiden geworden waren, die Macht an sich gerissen und den Platz ihrer früheren Herren eingenommen. Als erste Dynastie konnten sich die türkischen Bachriten durchsetzen (deren Name von ihrer Garnison auf der Nilinsel ar-Roda abgeleitet war). Ihnen folgte im Jahre 1382 die Dynastie der Burdschiten, die von tscherkessischen Sklaven des Sultans Kala'un (1279 - 1290) abstammten. Ihnen ist es gelungen, Ägypten bis zur osmanischen Eroberung (1517) in ihrer Macht zu halten.

Den Mamluken ist als Verdienst anzurechnen, daß sie die Mongolen von Syrien ferngehalten haben. Unter der Führung ihres heldenhaften Baibars, der von 1261 bis 1270 als Sultan regiert hat, gelang es ihnen, durch ihren Sieg in der Schlacht von 'Ain Dschalut im Jahre 1260 diese Gefahr zu bannen. Mit der Einnahme von Akka haben sie außerdem im Jahre 1291 die letzte Bastion der Kreuzfahrer in der Levante zerstört.

Das syrisch-ägyptische Gebiet, vor allem aber Ägypten selber, hat unter den Mamluken eine seiner längsten und ruhigsten Perioden politischer Einheit erlebt. Von den häufigen Kämpfen um die Macht ist das Leben dieser Gebiete nur relativ beeinträchtigt worden. Mit dem ständig steigenden wirtschaftlichen Wachstum Europas und insbesondere nach der Krise des Mongolen-Reichs im 14. Jahrhundert waren Syrien auf der einen und Ägypten auf der anderen Seite immer mehr zu Zentren des internationalen Handels geworden. Diesen Entwicklungen hatten die Mamluken unermeßliche Einnahmen zu verdanken, aber ihr raubgieriges Steuersystem, in dem jede wirtschaftliche Betätigung durch Monopole eingeengt wurde – ein System, das in Ägypten seit der Zeit der Pharaonen durch alle geschichtlichen Wechselfälle kontinuierlich gleichgeblieben war –, hat schließlich dazu geführt, daß der Handel sich auf den Durchgangsverkehr beschränkte.

In der Architektur herrschen die syrischen Einflüsse vor, aber es zeigen sich auch viele andere Komponenten, die von iranischen bis zu anatolischen Beiträgen reichen, von maghrebinischen Traditionen bis zu Anregungen, die auf die romanisch-gotische Kunst zurückzuführen sind. Die erste Moschee, die wir erwähnen wollen, stammt aus dem Jahre 1226 und wurde vom Sultan Baibars I. in Kairo erbaut. An Hof und Kuppel erkennt man den irakischen Typ, während in der basilikalen Dreiteilung des Hauptiwans Einflüsse der christlichen Architektur nachweisbar sind; die vorspringenden Torbauten wiederum sind für den Maghreb charakteristisch. Von der gleichen Art sind die Moschee des Sultans Kala'un aus dem Jahre 1308 und die al-Maridani-Moschee von 1334. Man kann aber auch eine andere Tendenz beobachten, nämlich die Moschee immer mehr nur auf den Betsaal zu beschränken, wofür die Argún-Ismaili-Moschee aus dem Jahre 1347 ein Beispiel ist.

Außerordentlich zahlreich werden unter den Mamluken die frommen Stiftungen, die man häufig in Form von monumentalen Baukomplexen angelegt hat, in denen eine Medresse, das Grab des Gründers und ein Krankenhaus zusammengeschlossen sind. Ein Beispiel für Gründungen dieser Art ist der vom Sultan Kala'un 1284 begonnene und von seinem Sohn an-Nasir vollendete berühmte Bautenkomplex des sogenannten Muristan des Kala'un. Das dazugehörige große Mausoleum, das in der Mitte eines quadratischen Umgangs einen oktogonalen Bau birgt, geht in seiner Anlage auf syrische Vorbilder zurück, die auch in der bichromen Ausstattung des Torbaus in den Farben Schwarz und Weiß zu erkennen sind. Der gleichen Bichromie begegnet man beim Außenschmuck der Moschee des Sultans Baibars I. Ebenfalls auf syrische Vorbilder zurückzuführen ist bei der dortigen Anlage der Medresse mit den beiden einander gegenüberliegenden Iwanen die Einteilung des Hauptiwans in drei Schiffe, von denen das Mittelschiff höher als die beiden Seitenschiffe ist. Typische Lösungen zeigt die Kunst der Mamluken bei der Gestaltung der Außenfassaden. Hier sind Anregungen aus der romanisch-gotischen Architektur zu erkennen, die bereits bei den Bauten der Aijubiden vorkamen. In den hohen Flachnischen mit Fensterdurchbrüchen – beim Muristan des Kala'un gekuppelte Fenster –, die von Spitzbogen abgeschlossen sind, treten diese Einflüsse klar zutage. Weit verbreitet ist die Medresse mit der Vier Iwan-Anlage. Von diesem Typ ist ohne Zweifel die auch Moschee genannte Sultan Hassan-Grabmedresse aus den Jahren 1356 bis 1363, das schönste Werk unter allen Mamluken-Bauten; wahrscheinlich wurde sie von einem syrischen Architekten geschaffen. Mit ihren verschiedenen Teilen stellt sie ein Monument von höchster Eleganz, Zurückhaltung und Harmonie dar. Den Zugang eröffnet ein sechsundzwanzig Meter hohes majestätisches Portal mit Stalaktitenzellen in der Wölbung, das an seine anatolischen Vorbilder erinnert. In der Mitte des Hofes befindet sich unter einem Pavillon mit einer halbkugelförmigen Kuppel ein Wasserbecken. Vom Iwan auf der Kiblaseite, den ein schöner kufischer Stuckfries in der Kämpferzone schmückt, gelangt man in das Mausoleum, das ursprünglich eine zwiebelförmige Kuppel nach persischer Art gekrönt zu haben scheint. Von den beiden sehr hohen Minaretten, die sich ehemals zu Seiten des Mausoleums erhoben, blieb eines erhalten. Die Medressen-Anlage ist nicht nur als Vorbild für die *khanaqàh* (Klöster) benutzt worden, wofür als Beispiel die Stiftung von Baibars II. aus den Jahren 1309 bis 1310 dienen kann, sondern sie wurde auch für viele Moscheen verwandt.

Zur Zeit der Burdschiten-Dynastie, die auch als tscherkessische Mamluken bezeichnet werden (1382 - 1517), haben sich die unter den Bachriten begonnenen Tendenzen fortgesetzt. Zwar baut man noch Moscheen mit Höfen – wie die Muayyadi-Moschee von 1423 - 1424 –, aber sie werden selten. Immer mehr setzt sich der Typ der Medressen-Moschee durch, wobei die Tendenz zur Verkleinerung des Hofes überwiegt, der in einigen Fällen sogar unter einem Holzdach verschwindet, wofür wir in der Totenstadt der Kalifengräber von Kairo bei der aus dem Jahre 1475 stammenden Grabmoschee des Sultans Kait Bai mit ihrer Vier Iwan-Anlage ein eindrucksvolles Beispiel haben.

Das Minarett erhält unter den Mamluken seine für diese Periode charakteristische Gestalt, bei der die einzelnen, voneinander abgesetzten Teile des Schaftes reich dekoriert sind; Creswell hat sich mit dieser Entwicklung eingehend beschäftigt. Bei den ältesten Beispielen erhebt sich auf einem hohen Sockelbau mit quadratischem Grundriß ein oktogonaler Schaft, von dem ein Gesims aus Zellenstufen zum letzten, zylinderförmigen Abschnitt überleitet, den eine gerippte Haube krönt. Bei den Minaretten aus späterer Zeit ist der Unterbau oktogonal und zu Gunsten der beiden oberen Abschnitte, die mit einem kleinen Pavillon enden, niedriger gehalten, während sich gleichzeitig die Übergangszonen mit den Zellenstufen zu Balkonen entwickeln.

Bei den Mausoleen finden die Neuerungen vor allem bei den Kuppeln statt, die jetzt aus Werksteinen gebaut und auch außen mit einem Reliefdekor aus geometrischen Motiven oder Arabesken überzogen werden.

Wie bereits erwähnt, wurde in der Mamluken-Zeit der Gestaltung der Fassaden große Bedeutung beigelegt und viel Mühe darauf verwandt. Sie werden von monumentalen Portalen beherrscht, und Nischen und Blenden dienen der Gliederung. Das Stalaktitenmotiv *(muqarnas)* erfreut sich großer Beliebtheit, doch sind die Zellenstufen oft keine konstruktiven Bauglieder mehr, sondern architektonische Scheinelemente aus Holz oder Stuck. Stark ausgeprägt ist der Sinn für die Polychromie, der sich außen im bichromen Steindekor nordsyrischer Herkunft manifestiert; aber auch die Ornamentation mit glasierter Keramik setzt sich vom 14. Jahrhundert an durch. Von Bedeutung ist ferner die allmähliche Verbreitung farbiger Marmorinkrustationen in geometrischen Mustern.

Alles in allem kann man sagen, daß die Architektur der Mamluken, für die mit die meisten Zeugnisse zur Verfügung stehen, den Betrachter weitgehend kalt läßt.

90

Sultanija (Iran). Das Mausoleum des Öldschäitü (1309 - 1313). Die Stadt, deren Name die Sultanhafte, die Kaiserliche bedeutet, wurde von dem Mongolenherrscher Arghún im Jahre 1290 gegründet und ist dann die Hauptstadt des Ilchanen-Reiches geworden. Die Ansicht wurde von der Rückseite des Mausoleums aufgenommen, wo der Anbau der Grabmoschee dem Oktogon vorgelagert ist. Die Gliederung der Fassaden durch schlanke Lisenen, wodurch die Masse leichter und gestreckter erscheinen sollte, ist charakteristisch für die Architektur dieser Zeit. Ursprünglich hatten die Kuppel und die Zone der dem Tambour entsprechenden Galerie einen Dekor aus blauer glasierter Keramik.

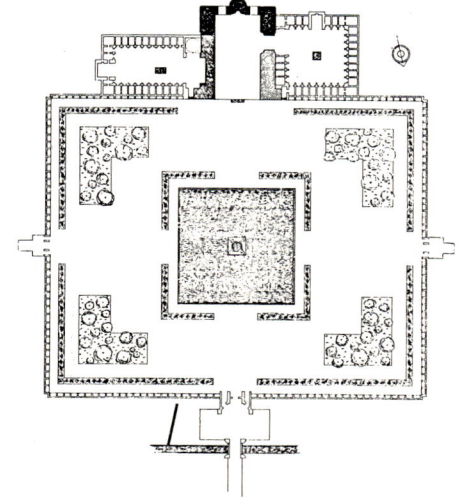

Täbris. Rekonstruktionsplan der Großen Moschee. Hier haben wir ein gigantisches Beispiel für den Moschee-Typ mit nur einem Iwan, der sich auf einen Hof öffnet. Dieses Schema ist in der iranischen Architektur entwickelt worden.

Die Invasion der Mongolen und das Reich der Ilchane

Seite 93:
Isfahan (Iran). Der riesige Michrab des Öldschäitü aus der Großen Moschee, der auf 1310, das heißt kurz nach dem Glaubenswechsel des großen Mongolenherrschers zum Schiismus, datiert wird. Er ist ein wunderbares Werk in Stuckrelief, in dem die Arabesken-Motive des seldschukischen Dekors wiederaufgenommen worden sind. Von hervorragender Qualität sind die kalligraphischen Elemente im runden Duktus des Neszchi wie auch in dem großen, horizontalen kufischen Schriftband mit seinen verschlungenen Grundstrichen. Der Michrab befindet sich in einem zur Zeit der Ilchane oder Mussaffariden erbauten Oratorium an der Westseite des Hofes nördlich des Iwans, wo der von den Seldschuken erbaute Trakt lag.

Die östlichen Gebiete der islamischen Welt steckten noch mitten in der Krise, die vom Zerfall des Seldschuken-Reiches verursacht war, als eine neue, mit furchtbaren Verheerungen verbundene Invasion über sie hereinbrach: der Einfall der Mongolenhorden unter Tschingis Chan (gestorben 1227). In ihrem schnellen Eroberungszug unterwarfen sie sich ein ungeheures Reich, das sich von der russischen Tiefebene bis nach China erstreckte. Bereits 1259 aber hatte sich dieses Reich in vier große Chanate aufgelöst – China, Turkestan, Südrußland und Persien – von denen die Oberherrschaft des Groß-Chans zumindest nominell anerkannt wurde.

Die iranischen Gebiete mit Aserbaidschan, das wegen seiner guten Weiden zum auserwählten Gebiet der neuen Herrscher wurde, Georgien, Armenien und ein Teil Kleinasiens wurden dem Hülägü, einem Enkel des Tschingis Chan, unterstellt. Ihm wurde 1261 der Titel Ilchan, was soviel heißt wie Chan oder Fürst des Stammes oder Landes, zugebilligt, worin die Abhängigkeit vom Groß-Chan ausgedrückt war. Unter Hülägü wurde die Eroberung fortgesetzt und abgeschlos-

91

sen. Im Jahre 1258 wird Bagdad eingenommen und geplündert und damit dem 'Abbasiden-Kalifat praktisch das Ende bereitet. Nur den Mamluken ist es gelungen, das Vordringen der Mongolen nach Westen im Jahre 1260 aufzuhalten.

Für die persische Geschichte ist die Herrschaft der mongolischen Nomaden und Hirten eine entscheidende Episode gewesen. «Der Einfall der Mongolen, der einer von außen hereinbrechenden Katastrophe glich, hat die Entwicklung jäh unterbrochen. Statt den Feudalismus der Ghasnawiden und Seldschuken einer zusammenhängenden Evolution einzuordnen, wurden von neuem Elemente eines Hirtenfeudalismus und der Sklavenwirtschaft eingeführt oder sie werden verstärkt. Der fortgeschrittenen sozialen Ordnung des muselmanischen Mittelalters und dem islamischen Recht werden fremde Einrichtungen aufgezwungen (wie zum Beispiel die Leibeigenschaft, der gewerbsmäßige Wucher und so weiter), wodurch die Möglichkeit zur Bildung neuer Formen für die islamische Gesellschaft verzögert worden ist». (A. Bausani.) Für einige Jahrzehnte ist vor allem Nordiran dem Ruin überlassen und das Land einer harten und erbarmungslosen Ausbeutung preisgegeben worden. Der alte Landadel wurde fast völlig vernichtet, und die den Mongolenhorden ausgelieferten Ländereien sind von den Bauern in Scharen verlassen worden. Die Handwerker und ihre Kinder hat man in den staatlichen Manufakturen wieder zu Sklaven gemacht. Den christlichen und hebräischen Minderheiten ging es dank der religiösen und rassischen Toleranz der Mongolen weniger schlecht, und auch die «Klasse der Mandarine», das heißt die persischen Beamten, kam besser davon; sie haben sich bald mit den neuen Herren verbündet und ihnen die Funktionäre für die Verwaltung gestellt.

Endlich, wenn auch langsam und mit vielen Ungewißheiten, begann das große Werk des Wiederaufbaus, das um die Wende des dreizehnten und zu Beginn des folgenden Jahrhunderts zu einem beachtlichen Wohlstand geführt hat. In der Landwirtschaft jedoch konnten die in der Invasion angerichteten Verwüstungen nie ganz behoben werden. Entscheidend hat zum Reichtum im Staat der Ilchane von Persien die intensive Wiederbelebung des Handels beigetragen. Durch die mongolische Eroberung ist in der Tat trotz aller Umwälzungen eine politische Konsolidierung erreicht worden, die Asien eine Zeit relativen Friedens – die pax mongolica – gebracht und etwa fünfzig Jahre gedauert hat. Während dieser Zeit konnten sich direkte Landverbindungen zwischen dem Mittelmeer und dem Fernen Osten mit Austausch und Verkehr von Waren, Menschen und Ideen von weltweitem Ausmaß entwickeln, wovon wir in Marco Polos «Il Milione» einen aufmerksamen und fesselnden Zeugenbericht besitzen. Vor allem das iranische Reich der Ilchane kam in den Genuß dieser Vorteile, da die Haupthandelsstraßen des Mittleren Ostens sich nach Norden verlagert hatten, als durch die Auseinandersetzungen zwischen den Mongolen und Mamluken der Verkehr auf dem klassischen Handelsweg des «Fruchtbaren Halbmonds» ungeheuer eingeschränkt worden war. Infolge der Achsenverschiebung war nicht mehr Bagdad der Knotenpunkt, sondern Täbris in Aserbaidschan, das die Eroberer zum Zentrum ihrer Macht erwählt hatten.

Von ungeheurer Bedeutung ist die Mongoleninvasion für die islamische Kultur gewesen, weil dadurch der Graben zwischen den Arabisch sprechenden Teilen der islamischen Welt und den persischen Sprachgebieten vertieft worden ist. Diese Spaltung hatte sich schon unter den Seldschuken abzuzeichnen begonnen, die in dem Definierungs-Prozeß der persischen Kunst sozusagen als Katalysatoren gewirkt haben. Von nun an sollte sie, zumindest im traditionellen Milieu des Islam, immer deutlicher werden. Anderseits werden das 13. und 14. Jahrhundert für die persische Dichtung als das Goldene Zeitalter angesehen, dem Sa'di, Dschelal ad-Din Rumi und Hafis mit ihren Stimmen Ausdruck gegeben haben.

Die Mongolen, die sich in ihrer Mehrzahl zum Buddhismus bekannten, zeigten sich den nestorianischen Christen gegenüber als wohlgesinnt und waren in Angelegenheiten der Religion insgesamt sehr tolerant. Lediglich politische Opportunität ließ es dem regierenden Chan Ghazan (1295 - 1304) ratsam erscheinen, zusammen mit seiner Umgebung zum Islam überzutreten, ein Glaubenswechsel, in dem die völlige Assimilierung der Herrschenden zum Ausdruck kam, die infolge veränderter politischer Bedingungen immer weniger Nachschub an frischen Kräften aus Zentralasien erhielten. Das Werk des Wiederaufbaus, das im wesent-

lichen von Chan Ghazan in die Wege geleitet worden war, wurde unter seinem Bruder Öldschäitü (1304 - 1317) und dann unter Abú Said (1317 - 1335) fortgesetzt. Nach dessen Tod zerfiel das Reich der Ilchane in mehrere Fürstentümer, wozu die Herrschaft der Jailariden von Bagdad, die ihren Besitz bis nach Aserbaidschan ausdehnen konnten, das Fürstentum der Kart in der Provinz Herat und die Herrschaft der Mussaffariden in Fars (Südpersien) gehören. Sie alle wurden von der Invasion des Tamerlan weggefegt.

Die Mongolenherrscher haben beim Wiederaufbau der von ihnen eroberten Länder Künstler, Handwerker und Gelehrte aus allen Gegenden an ihren Hof gezogen, und die Begegnung verschiedener Kulturen in einem kosmopolitischen, intellektuellen Milieu ist von ihnen begünstigt worden.

Maragheh und Täbris in Aserbaidschan, die Hauptstädte der Ilchane, wurden wichtige Bildungszentren, insbesondere für die Naturwissenschaften und die Geschichtsschreibung. Um 1300 hat der berühmte Historiker und Mäzen Raschid od-Din-Faslo'llah, der erst unter Ghazan und dann unter Öldschäitü Großwesir war, das Viertel Rub-i Raschidi in Täbris bauen lassen, das leider nicht erhalten blieb. Dort gab es Schulen, Bibliotheken und einige berühmte kalligraphische Werkstätten, die entsprechend den Absichten des Raschid od-Din ein künstlerisches und kulturelles Zentrum gewesen sind. Verloren ging leider auch eine andere große Gründung der Ilchane, jenes Viertel, das Ghazan etwa drei Kilometer von Täbris entfernt errichten ließ, wo sich außer dem Grab des Stifters Paläste, Bibliotheken, eine Moschee, Klöster, ein Oberservatorium und ein Gebäude für die öffentliche Verwaltung inmitten von Gärten und Brunnenanlagen befanden. Von Öldschäitü ist die Hauptstadt mehr nach Süden, nach Sultanija verlegt worden, wo sein großartiges Mausoleum erhalten blieb.

Die Architektur der Ilchane, der in neuerer Zeit Donald Wilber seine Studien gewidmet hat, stellt innerhalb der iranischen Baukunst vom ästhetischen Standpunkt kein neues Ergebnis dar. Insgesamt kann man sie als eine Fortsetzung der Seldschuken-Architektur betrachten, von der sie die Grundrißanlagen und die technischen Lösungen übernommen hat. Ihre kennzeichnenden Merkmale und Eigenheiten liegen in der vertikalen Betonung der Bauten, in der Erleichterung der nicht tragenden Bauteile mit Hilfe von Fensterdurchbrüchen, in der Gliederung der Flächen durch Nischen, Blenden und Lisenen und in der Konzentration der Massen auf verhältnismäßig wenig Schwerpunkte. Diese technischen Lösungen dienen aber nicht immer als Elemente eines einheitlichen stilistischen Ausdruckswillens, denn oft verschwindet alles unter einer dekorativen Verkleidung, die das Hauptanliegen des Architekten ist. Die Vertikalität wird häufig, vor allem im Inneren der Bauten, durch Kunstgriffe betont, zum Beispiel mit Hilfe von ganz schlanken Ecksäulen. Auch bei den Kuppeln und ihren Tambouren wird die Höhe gesteigert. Die früheren Kuppeltypen behaupten sich, doch gibt man ihnen gerne eine eiförmige Gestalt, die die zwiebelförmige Kuppel voraussahnen läßt, die in der Timuriden-Periode bevorzugt werden sollte. In der Zeit der Ilchane hat sich außerdem die Kuppel mit doppelter Schale durchgesetzt. Charakteristisch ist das Gewölbe, das durch eine Reihe von Transversalbogen gebildet wird, die durch kleine Gewölbe entweder mit kontinuierlicher Biegung, häufiger aber abgestuft und im Bogenscheitel gebrochen, verbunden sind. Als dekoratives Element verbreitet sich der Flachbogen, der in der Seldschuken-Kunst so gut wie unbekannt war. Der Iwan erhält besondere Bedeutung, er wird höher und wird immer häufiger von zwei Minaretten flankiert. Das ornamentale Motiv der Zellenstufen findet weite Verbreitung und nimmt höchst komplizierte Formen an. Ungebrannte Ziegel bleiben das bevorzugte Material für den Baukern, der aber im allgemeinen mit gebrannten Ziegeln verkleidet wird. Für die Gewölbe und Kuppeln werden ausschließlich Backsteine verwendet. Stein und Marmor kommen selten zum Einsatz, nur Aserbaidschan bildet hierin eine Ausnahme.

Varamín (Iran). Eingang der Großen Moschee.
Unter der Herrschaft des Sultans Abú Said 1322
bis 1326 erbaut, zeigt diese Moschee die charak-
teristischen Kennzeichen der Architektur der
Ilchane, die Betonung der Vertikaltendenz und
den reichen Dekor aus glasierter Keramik.

Wie gewöhnlich steht uns reicheres Beweismaterial aus der sakralen Baukunst und dem Grabbau zur Verfügung. Bei den Moscheen kommt noch der einfache Typ des überkuppelten Tetrapylon vor, zum Beispiel in der Masjíd-i Babà Abd Allàh in Nayin aus dem Jahre 1300. Auch das Schema des Kuppelsaals, dem ein Iwan und ein Hof vorgelagert sind, hält sich weiter, wofür die drei Moscheen von Dashtí, Kaj und Aziràn im Raum von Isfahan, die auf etwa 1325 zu datieren sind, genannt seien. Die Große Moschee von Täbris, die zwischen 1310 und 1320 Taj al-Din Ali Shah Jilàn Tabrizí, der große Förderer der Künste, der erst unter Öldschäitü und dann unter Abú Said Minister war, errichten ließ, scheint im wesentlichen aus einem Iwan bestanden zu haben, der auf einen riesigen Hof hinausging. Die Dimensionen dieses Iwans sind beeindruckend; seine Breite beträgt 35 Meter, die Tiefe etwa 65 Meter, der Ansatzpunkt des Gewölbes liegt 35 Meter über dem Boden und die Mauern sind 10 Meter dick. Der außerordentlich edel wirkende Iwan ist jetzt in der Außenansicht am schönsten. Seine Masse hoher Ziegel zeigt eine vollkommen homogene Textur; sie wird durch einen gewaltigen, dem Michrab entsprechenden halbzylindrischen Vorbau belebt, an dessen beiden Seiten große Fenster die riesigen Mauerflächen unterbrechen.

Im Osten ist bei der auf 1320 zu datierenden Moschee von Forumàd das alte Bauschema Chorassans mit den beiden einander gegenüberliegenden Iwanen angewandt worden. Das einzige Beispiel einer Moschee mit einer Vier Iwan-Anlage, das uns aus der Zeit der Ilchane erhalten blieb, findet sich in Varamín bei Teheran. Dieser Bau wurde in der Regierungszeit des Abú Said von 1322 bis 1326 errichtet und stellt in seinen harmonischen Proportionen ein ausgewogenes und reifes Werk der Weiterentwicklung seldschukischer Prinzipien dar. Diese Moschee ist mit äußerster Sorgfalt erbaut worden und zeigt eine aufwendige, reiche Ornamentation von keramischer Verkleidung in blauen Farbtönen, außerdem Terrakotta- und Stuckdekor, die nie die architektonischen Linien überlagern, sondern sich der Gliederung unterordnen und sie hervorheben. Aus der Zeit der Mussaffariden (1349) stammt eine andere schöne Moschee mit vier Iwanen, die Hauptmoschee von Kerman, bei der jedoch auf den Kibla-Iwan kein Kuppelpavillon folgt. Bemerkenswert ist bei dieser Moschee das Hauptportal, das die Anlage besonders betont und monumental gestaltet ist; hier wurde eine für die folgende Epoche kennzeichnende Tendenz vorweggenommen. Im Dekor sind wiederum unmittelbare Vorankündigungen der timuridischen Bauornamentik zu erkennen. Bei der Großen Moschee von Natànz hingegen, die auch eine Vier Iwan-Anlage hat, liegen besondere Bedingungen vor; sie gehört zu einer Baugruppe, die zwischen 1304 und 1325 entstand und ein Mausoleum sowie ein Kloster (khanaqàh) einschließt.

Aus der gleichen Periode stammen noch einige andere berühmte Heiligtümer, wozu der Pir-i Bakràn (1303 - 1313) in Linjàn gehört, dessen großer und tiefer Iwan mit dem prachtvollen Stuckdekor des Michrab den wesentlichen Teil des Heiligtums bildet, ferner der weit größere Komplex von Bistàm, der um das Grab des zwischen 875 und 877 nach Christus verstorbenen Bayazéd, eines berühmten Heiligen, entstand. Das Mausoleum als Grabturm mit sternförmigem Grundriß und der unter einem hohen Dach verborgenen Innenkuppel läßt sich auf einen charakteristischen und weit verbreiteten Typ zurückleiten, dem wir bereits begegnet sind. Erwähnt sei unter diesen Bauten der schöne Mil-i Radkhàn (ungefähr 1280 bis 1300) im östlichen Iran, dessen durch halbzylindrische Pfeiler gegliederte Außenwand ein Mantel aus gebrannten Ziegeln mit geometrischen Motiven schmückt; zum Dach leitet eine Reihe fransenähnlicher Bogen über, ein Motiv, das wahrscheinlich durch Zelte angeregt worden ist. Auch der als Gunbàd-i Ghaffariyà bekannte Grabturm mit quadratischem Grundriß in Maragheh in Aserbaidschan sei genannt, der um 1328 entstanden ist. Einen eigenen Platz kann eine Gruppe von Mausoleen in Kum beanspruchen, die aus der Zeit zwischen 1278 und dem Ende des 14. Jahrhunderts stammen; sie scheinen in Anlage und Aufbau von älteren Bauten Aserbaidschans herzurühren. Kennzeichnend für sie sind der polygonale Grundriß und die unter einem hohen Pyramidendach verborgene Kuppel, die bei vielen dieser Bauten auf einem hohen Tambour ruht. Typisch ist ferner die bei der Außengestaltung auffallende Verjüngung, welche zusammen mit dem reichen Schmuck der Nischen und

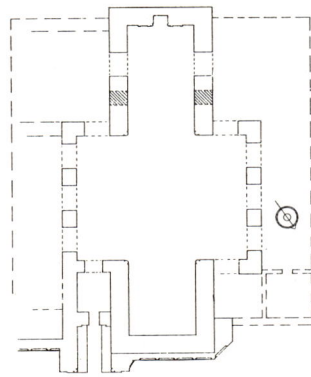

Forumàd. Grundriß der Moschee. In Chorassan war bei der Moschee das Zwei Iwan-Schema weit verbreitet und wurde der Vier Iwan-Anlage vorgezogen, die für die profane Baukunst (Häuser und Paläste) und auch für die Medresse typisch war.

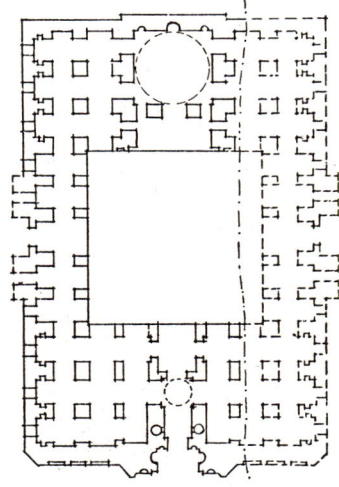

Varamín. Grundriß der Großen Moschee. Sie stellt ein vollendetes Beispiel für die Vier Iwan-Anlage dar.

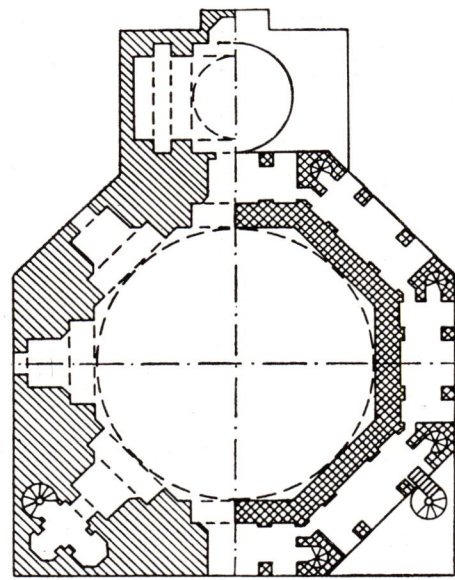

Sultanija. Grundriß vom Mausoleum des Öldschäitü. Die Zeichnung zeigt auf der linken Seite den Bau etwas oberhalb der Fundamente mit tiefen Nischen, von denen die Seiten des Oktogons im Inneren gegliedert sind. Auf der rechten Seite ist das Mausoleum im Querschnitt in Höhe der Galerie wiedergegeben.

Blenden – charakteristischen Elementen aus dem Formenschatz der Architektur der Ilchane – die Vertikaltendenz betonen. Für diese Grabbauten sind beispielhaft die Imamzadà Ali ibn Jafàr (1300) und das Gunbàd-i Sabz (1330 bis 1365).

Ein anderer Typ von Grabbauten, der zwar weniger häufig vorkommt, ist das Mausoleum mit quadratischem oder polygonalem Grundriß und eiförmiger Kuppel. Das berühmteste Beispiel für diese Monumente ist das Mausoleum des Öldschäitü in Sultanija. Dieses 1309 bis 1313 errichtete Mausoleum stand ursprünglich inmitten von Bauten, die jetzt zerstört sind, und ist das Zentrum der neuen Residenz gewesen. Der monumentale Bau hat einen oktogonalen Grundriß und wird von einer Kuppel gekrönt, deren Durchmesser 24,50 Meter beträgt. Das Untergeschoß, das an der Nordseite zwei Erweiterungen in der Grundrißform stumpfer Dreiecke aufweist, während auf der Südseite der Anbau der Grabkammer vorragt, trägt eine Galerie, die auf jeder Seite des Oktogons von drei Fenstern mit Spitzbogen durchbrochen ist. Sie dient als Tambour und wird an der Außenseite durch ein Gesims mit Stalaktitenzellen abgeschlossen. Auf ihr ruht die eiförmige Kuppel mit nur einer Schale, deren Dicke vom Ansatz bis zum Scheitel durch aufeinanderfolgende Aussparungen abnimmt. Diese technische Lösung, die man bei der Kuppel der Großen Moschee von Varamín sichtbar ließ, wurde hier unter einem dünnen, von einer Reihe von Bogen getragenen Ziegelmantel verborgen. An jeder Ecke des Oktogons erhebt sich ein kleines Minarett. Außen hat man besonders auf die Fassaden im Osten, Westen und Norden Sorgfalt verwandt, die durch Blendfelder und flache Blendnischen belebt sind. Das Monument kann als ein gelungenes Ergebnis der Bemühungen angesehen werden, die bis zum Mausoleum des Ismail in Buchara und dem Kuppelgrab des Sultans Sandschar in Merw zurückreichen. Der ungeheure Druck wird auf wenige Punkte abgeleitet, sodaß das durch Galerien, Fensterdurchbrüche und Nischen gegliederte Mausoleum leicht wirkt, ein Eindruck, der noch stärker gewesen sein muß, als die Majolikaverkleidung in Hell- und Dunkelblau den Kontrast zu den Partien aus gebrannten Ziegeln betont hat. Dem Vorbild im Kuppelmausoleum des Sultans Sandschar steht die sogenannte Haruniya in Tus näher, die auf den Anfang des 14. Jahrhunderts zu datieren ist. Dort wird der kompakte Sockelbau von den schlanken Lisenen, die die Fassaden gliedern, in die aufwärtsstrebende Bewegung miteinbezogen. Zu erwähnen ist auch das Mausoleum des Garladàn, das aus einem Iwan besteht, der aus Transversalbogen, die durch kleine Gewölbe miteinander verbunden sind, zusammengesetzt ist. Diese Gewölbeform war zur Zeit der Ilchane, wie bereits erwähnt, verbreitet und hatte in der Sassaniden-Zeit berühmte Vorbilder. Mit diesem Schema war der Vorteil verbunden, daß man durch die Aneinanderreihung große Flächen überwölben und von der Seite oder von oben bessere Beleuchtungsmöglichkeiten schaffen konnte. Für dieses Wölbungssystem sind schöne Beispiele der Chan Orthmà in Bagdad, die an die Moschee von Yazd angeschlossenen Oratorien, das Oratorium von Abarqúh und das Oratorium des Öldschäitü in der Großen Moschee von Isfahan aus der Zeit der Mussaffariden. Die zuletzt genannte Betstätte hat einen großen Michrab, der 1310 von Öldschäitü gestiftet wurde, ein wunderbares Beispiel für den Stuckdekor, der noch an die Traditionen der Seldschuken-Zeit gebunden war.

Von der profanen Baukunst der Ilchane wissen wir nur wenig. Besonders in der Anfangszeit dürften ihre Paläste aus leicht vergänglichem Material erbaut worden sein, weil sich der Hof der Mongolen nur langsam von den alten Gewohnheiten trennte, in Zeltstädten zu wohnen, die jederzeit verlegt werden konnten. Wir kennen nur die geringen Reste eines großen, teilweise von Abaqa (1265 - 1281) wiederhergestellten Palastes in Takht-i Sulaymàn. Es sind Pfeiler eines riesigen Iwans, vielleicht vom Thronsaal des Palastes, der an der Stirnseite mit übereinander angeordneten Reihen von Nischen mit Stalaktiten in den Wölbungen geschmückt war. Zu erwähnen sind auch einige Karawansereien, die die für diese Bauten übliche Anlage zeigen, nämlich die Karawansereien von Marànd (1330 - 1335) und von Sarchàm (1332 - 1333) an der Handelsstraße von Aserbaidschan, bei denen man im kombinierten Einsatz von gebrannten Ziegeln und Werksteinen syrische Einflüsse erkennen kann, die vor allem bei dem Portal der Karawanserei von Sarchàm, wo Marmor und Sandstein zusammen vorkommen, nicht zu übersehen sind. Schließlich ist noch die Karawanserei von Sin an der von Isfahan nach Norden führenden Straße zu erwähnen. Sie wird auf 1330 bis 1331 datiert und besitzt außer dem üblichen Portal noch eine sechseckige Vorhalle, die bis in den Hof hineinreicht.

Was die Ornamentation betrifft, so ist die Zeit der Ilchane für die Entwicklung der persischen Architektur zu einer entscheidenden Phase geworden. Beim Innendekor bleibt der Stuck entscheidend, er wird in anpassungsfähiger Weise bald glatt, bald modelliert benutzt, wobei die Ornamente sowohl ausgeformt wie eingepreßt, eingeschnitten und bemalt werden. Bei der Außenornamentation wird der keramische Flächenschmuck, der für die Seldschuken-Architektur kennzeichnend war, unter den Ilchanen zwar nicht aufgegeben, aber immer mehr im Sinne der Farbe eingesetzt, sei es im Spiel mit dem verschiedenen Kolorit des Backsteins, vor allem aber durch den sich ständig weiter verbreitenden Einsatz glasierter Keramik. Sie wird zur Verkleidung weiter Flächen benutzt, wo die ornamentalen Kompositionen unter Verwendung geometrischer, floraler und epigraphischer Motive entweder mit Kacheln und vorgefertigten Elementen oder als echte Mosaiken gestaltet werden. Erste ausgedehnte Erfahrungen mit der keramischen Dekoration weiter Flächen scheint man im Lauf des 13. Jahrhunderts im Sultanat von Rum unter der Anregung persischer, vor den Mongolen geflüchteter Handwerker erworben zu haben. In der dann folgenden Zeit sollte der keramische Dekor unter den Timuriden und Safawiden die Zeit seines höchsten Glanzes erleben.

98

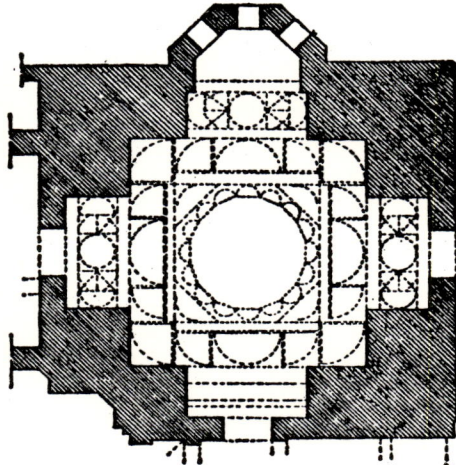

Herat. Grundriß vom Mausoleum der Gauhàr Shad. Es ist in die Baugruppe der von dieser Fürstin gegründeten Medresse eingegliedert.

Samarkand. Grundriß vom Mausoleum des Tamerlan (Gur-i Mir):
1. Mausoleum des Tamerlan
2. Hof
3. Kloster (khanaqàh)
4. Medresse
5. Galerie aus dem Jahre 1424
6. Südlicher Anbau
7. Kuppelraum

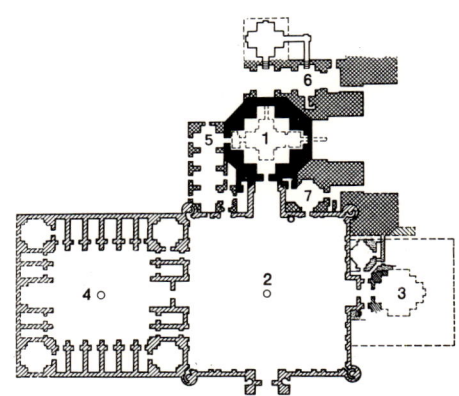

Die Baukunst im Reich der Timuriden

Das islamische Asien wurde gegen Ende des 14. Jahrhunderts von einer neuen gewaltigen Katastrophe heimgesucht, von der Invasion des Tamerlan (Timur-i Läng, das heißt «der Lahme»). Auch hier handelte es sich um den Einfall von «Hirten», die auf ihren schnellen und ruchlosen Raubzügen in den überfallenen Ländern, insbesondere im Iran und Afghanistan, oft die Existenzgrundlagen von Bauern und Handwerkern zerstört haben. Diese Invasion ist ohne Zweifel zusammen mit den vorausgegangenen türkisch-mongolischen Einfällen in erster Linie schuld an der heutigen Rückständigkeit der Landwirtschaft dieser Gebiete: Tamerlan, der aus einem türkisierten mongolischen Geschlecht stammte, wurde 1336 in Käsch (dem heutigen Schahr-i säbs) in Transoxanien geboren. Er ist die typische Erscheinung eines wilden Abenteurers und großen Kondottiere. Als fanatischer Muslim hat er sich für den Islam und die Stärkung der Orthodoxie eingesetzt mit dem Ziel, die islamische Einheit wiederherzustellen, hat dabei aber praktisch nur seine Glaubensgenossen bekämpft. Staatsmännische Fähigkeiten hat er nicht besessen, und er mußte sein Werk immer von neuem beginnen. Es ist kaum möglich, aus der Serie seiner großen Siege, die ihn von

Samarkand (Usbekistan). Das unter dem Namen «Gur-i Mir» (Grab des Emir) bekannte Mausoleum des Tamerlan, gesehen von Norden. Der älteste Teil ist der Mittelteil mit dem hohen Tambour, der die große Rippenkuppel trägt; sie hat einen zwiebelförmigen Umriß. Die Wölbung der Innenkuppel beginnt am Ansatz des Tambours.

einem Ende Asiens zum anderen trugen, über Straßen, die von den berüchtigten Pyramiden aus den Schädeln der Besiegten gekennzeichnet waren, ein folgerichtiges Eroberungsprogramm abzuleiten. Im Jahre 1380 beginnt er mit dem Einfall in Iran. 1391 bis 1392 besiegt er die Goldene Horde an der Wolga, erobert 1392 bis 1395 Persien von neuem und plündert Bagdad. Dann überschreitet er den Kaukasus und schlägt die mit den Mamluken verbündete Goldene Horde ein zweites Mal schwer. Anschließend verwüstet er die Krim mit Feuer und Schwert. So zerreißt er das ertragreiche Handelsnetz zwischen Europa und Asien. 1395 bis 1396 brandschatzt er Astrabad (das heutige Gorgan) und Sarai, die Hauptstadt der Goldenen Horde an der Wolga. 1398 überfällt er Delhi, kehrt aber 1399 eilig in den Westen zurück, um eine der zahllosen gegen seine Herrschaft gerichteten Revolten zu ersticken, wobei er Syrien und Georgien verwüstet. Dann richtet er seinen Angriff gegen das Osmanische Reich, schlägt das türkische Heer in der Schlacht von Ankara (1402) und nimmt den Sultan Bajesid I. gefangen. Damit hat er den Fall Konstantinopels um ein halbes Jahrhundert verzögert. 1404 kehrt er in seine Hauptstadt Samarkand zurück; er stirbt, fast siebzig Jahre alt, während er eine Invasion Chinas vorbereitet.

Sein ungeheures, sich von Rußland bis nach China erstreckendes Reich ist eine zerbrechliche Schöpfung geworden. Daran konnte auch die Nachfolge durch seinen Sohn Schah Roch (1407 - 1447), einem friedliebenden Fürsten, der die Künste gefördert hat und zumindest dem östlichen Teil des Staates, dessen Hauptstadt jetzt Herat wurde, eine Zeit der Ruhe sicherte, nichts ändern. Nach dem Tod des Schah Roch zerfiel das Reich schnell. Ihm war Ulugh Beg, sein Sohn, in der Herrschaft gefolgt, – auch er hatte künstlerische und literarische Interessen und hat außerdem die Astronomie gefördert. Zerrissen von Kriegen hat sich das Reich dann in eine Reihe kleinerer Fürstentümer aufgelöst, während die tatsächliche Macht des Herrscherhauses sich auf Samarkand, Buchara und Herat beschränkte. Zentralasien ist in der zweiten Hälfte des 15. Jahrhunderts in die Macht anderer Türken gefallen, der usbekischen Schaibaniden, während Westiran schon seit geraumer Zeit unter den Kämpfen zweier miteinander rivalisierender turkmenischer Sippenverbände zu leiden hatte, die nach den Attributen ihrer Stämme als Turkmenen vom «Schwarzen Hammel» (Qarà Qoyunlú) beziehungsweise vom «Weißen Hammel» (Aq Qoyunlú) bekannt sind. Im Abendland ist der zum Klan des «Weißen Hammels» gehörende Usun Hassan (gestorben 1478) durch seine politischen Beziehungen zu Venedig die bekannteste Gestalt. Er hat – allerdings vergeblich – einen Plan zur Beseitigung des gemeinsamen Feindes, des Osmanischen Reiches, zustandezubringen versucht. In Ardebil in Aserbaidschan hat sich mit dem Erlöschen der Macht des «Weißen Hammels» eine neue Dynastie, die Safawiden, durchsetzen können, die auch türkischen Ursprungs, jedoch Schiiten waren. Zur gleichen Zeit hat sich am entgegengesetzten Ende ein anderer Kondottiere, Babur, der sich der Abstammung sowohl von Tschingis Chan wie Tamerlan rühmen konnte, in Kabul ein kleines selbständiges Reich geschaffen, das ihm als Ausgangsbasis für die Eroberung Indiens dienen sollte. Damit sind die Grundlagen für ein neues Großreich, den Staat der Großmogulen, durch ihn geschaffen worden.

Die Zeit der Timuriden ist für die Künste außerordentlich fruchtbar gewesen, da alle Herrscher dieser Dynastie sie ungewöhnlich gefördert haben, – angefangen bei Tamerlan, der ausnahmslos alle Künstler, Handwerker, Literaten und Gelehrte, die er in den von ihm unterworfenen oder ausgeraubten Gebieten auftreiben konnte, nach Samarkand bringen ließ, um seine Residenz zu einer würdigen Hauptstadt seines Riesenreichs zu machen. In der allgemeinen Blüte des künstlerischen Schaffens hat die Buchkunst die höchsten Leistungen vollbracht. Ihre größten Förderer sind der Sultan Bai Sonkor (gestorben 1433), der Sultan Husain Baikara (1469 - 1506) und sein Wesir Mir 'Ali Sher Navai gewesen, die am Hof von Herat eine Akademie für die Buchkunst gefördert haben, die in dem berühmten Behsad (1455 - 1533) die bedeutendste künstlerische Persönlichkeit der mittelalterlichen iranischen Malerei aufzuweisen hatte. In Herat, das ein echtes Kulturzentrum war, lebte auch der letzte klassische persische Dichter, Dschami, und dort hat die türkische Dichtung ihre Blüte erlebt.

Von den Timuriden, die viel gebaut haben, blieb uns eine ganze Anzahl von Monumenten erhalten, die vor allem im Osten, und zwar insbesondere in Samarkand und Buchara in Transoxanien, sowie in Herat, Meschhed, Balkh und Mazar-e Scherif in Chorassan konzentriert sind. Hingegen weiß man sehr wenig über die Baukunst dieser Zeit in Mittel- und Westiran, von der nur ein herrliches Bauwerk zeugt, die Blaue Moschee von Täbris, die ein turkmenischer Sultan vom «Schwarzen Hammel» errichten ließ.

Samarkand (Usbekistan). Das Mausoleum des aus Anatolien stammenden Astronomen Ghazi-Zadè Rumî (1437) in der Nekropolis Shah Zindà. Die Kuppeln ruhen auf hohen Tambouren, die mit kufischen Inschriften geschmückt sind.

Ein Staub ist Gold . . .

Ein Staub ist Gold, dem Farbe nur der Glanz der Sonne leihet,
Wer eine goldne Krone trägt, hat Staub aufs Haupt zerstreuet.
Der Armut Winkel ist ein Schatz, die Schlange ihn zu hüten
Wird sich dem Aug' der Gier allein im Ring der Thüre bieten.
Ein Bettler ist, wem andrer Müh verhilft zu seinem Brote,
Und nennst du ihn auch König, stellst ein Land ihm zu Gebote.
Dem Jungen Hoch, dem Arbeit wohl die hohle Hand gehärtet,
So daß sie sich beim Trunke gleich als Becher ihm verwertet.
Wer Dornen seines Wegs zertritt, ist mir der rechte Wandrer,
Er lobt sich seinen rauhen Pfad, nicht Blumenwiesen andrer.
Mir gilt für lieb nicht, wer da wird so zärtlich fein befunden,
Daß junge Gräser, Flieten gleich, die Füße ihm verwunden.
Mag sich Dschâmî auch Lebenslang im Armutsgau ergehen,
Sein Reichtum wird im Stolze der Genügsamkeit bestehen.

[Hart, Seite 225, Dschâmî-Übersetzung von Wickenhauser]

Samarkand. Plan des Registan-Viertels:
1. *Medresse des Ulugh Beg*
2. *Shir-dàr-Medresse*
3. *Moschee-Medresse Tiliya-kari*
4. *Chaharsu («Kreuzweg»), das Zentrum des Basars.*

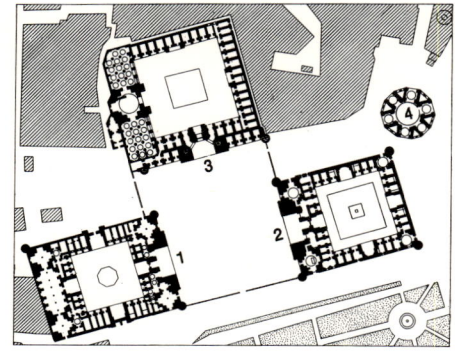

In der Architektur der Timuriden gibt es keine Neuerungen, sie bleibt den iranischen Traditionen verpflichtet, die sich zur Zeit der Ilchane, insbesondere unter den Jailariden und Mussaffariden herausgebildet und weiterentwickelt hatten, doch kommen spezifische thematische Abwandlungen unter der nicht zu bezweifelnden Mitwirkung einer zentralasiatischen Komponente vor. Im Städtebau fällt das Interesse an der räumlichen Disposition auf, wovon die Reste einiger monumentaler Baugruppen zeugen, wie der berühmte Registan-Platz in Samarkand, ehemals Zentrum der Stadt.

Bei der Planung ist ein stärkeres Bemühen um die Nutzung des Innenraums zu beobachten, das vor allem seit der Mitte des 15. Jahrhunderts festzustellen ist. Das Tor nimmt gigantische Dimensionen an und wird neben der Kuppel, der man eingehende Studien widmet, zum charakteristischen Element. Die auf hohem Tambour ruhende zwiebelförmige Kuppel tritt in Erscheinung, bei der zwar die symbolische Bedeutung eine Steigerung erfährt, die aber zum Innenraum keine reale Beziehung mehr hat, weil aus statischen Gründen eine von außen unsichtbare, niedrigere und flachere Innenkuppel erforderlich wird. Das eleganteste Beispiel ist ohne Zweifel die Kuppel des Gur-i Mir («Grab des Emir»), des Mausoleums des Tamerlan, die außen zylindrische, auf Konsolen mit Zellenstufen ruhende Rippen trägt und im Glanz ihrer Keramik strahlt.

Die Entwicklung der Kuppel und ihre Größe waren durch das System begrenzt, das mit Ecktrichtern den Übergang vom Sockelbau bewältigte. Diese Trompen entlasteten den Druck nur in den Eckzonen und mußten entsprechend stark sein. Hinzu kam, daß die Höherstellung der Kuppel mittels des Tambours eine Erhöhung des Gravitationszentrums im Gebäude zur Folge hatte, was insbesondere in einem häufig durch Erdbeben erschütterten Gebiet nicht zu wünschen war. Im Raum von Chorassan und Transoxanien wurde nun ein neues Konstruktionssystem entwickelt, das den Druck des Gewichts der hohen Bedachung mit einem System einander schneidender Transversalbogen, die durch ein Rippennetz miteinander verbunden waren, über alle Mauern verteilte. Diese Lösung kann man als den höchsten Triumph der Bautechnik in der zentralasiatischen Architektur des 15. Jahrhunderts bezeichnen (G. Pugachenkova). Mit dem neuen System wurde eine bedeutende «Erleichterung» des Kuppelgewichts erreicht, ohne den Innenraum zu beeinträchtigen, und auch die trägen Mauermassen in den Eckzonen konnten vermindert werden, wodurch eine bessere Verteilung und die Vergrößerung der Räume möglich wurden. Außerdem erreichte man mit der Schaffung eines elastischen und gegen Erdbeben widerstandsfähigeren Konstruktionssystems, daß das Gravitationszentrum des Gebäudes mehr nach unten verlagert wurde. Diese technische Lösung ist zum Beispiel bereits 1432 im Mausoleum der Gauhàr Shad (der Gattin des Schah Rukh) in Herat zur Anwendung gekommen und hat im Mausoleum Ishràt-Khànà in Samarkand, das 1464 begonnen wurde, eine seiner vollendetsten Ausgestaltungen erfahren. Der dieser strukturellen Lösung eigene dekorative Effekt ließ das System im gesamten islamischen Osten Mode werden; es wurde als eine rein ornamentale Formel mißbraucht.

Die Freude an Pracht und Glanz findet im Baudekor ihren vollendeten Ausdruck, wo die vielfarbige Keramik weite Verbreitung findet. Entweder benutzt man modellierte und glasierte Elemente aus Terrakotta, öfter aber kleine Ziegel, deren eine Schnittfläche eigens mit einer Glasur überschmolzen wird. Bei den großen Flächen herrschen die geometrischen Muster vor, und auch die kufischen Schriftelemente spielen eine große Rolle. Hochentwickelt ist auch das aus kleinen Stücken zusammengesetzte echte Fayencemosaik, das für Pflanzenmotive und epigraphische Friese in der kursiven Thuluth-Schrift beliebt ist. Diese kostspielige Technik ist bereits seit der Mitte des 15. Jahrhunderts nach und nach von den billigeren Kacheln in meist quadratischer Form verdrängt worden, bei denen das Malen der Ornamente in der sogenannten *cuerda seca* -Technik ausgeführt wird. Als Farben dominieren Türkis und Lapislazuli oder Kobaltblau, doch kommen auch Purpur, Grün und Gelb vor.

Im vielfarbigen keramischen Dekor besteht die Tendenz, die Bauten wie mit einem leuchtenden Mantel zu überziehen, doch werden bei den besseren Werken die architektonischen Linien nie erdrückt. Die Manifestation eines barbarischen Prunks findet ihr Gesetz im dekorativen Maß, das im eigentlichen Sinne iranisch ist,

Samarkand (Usbekistan). Detail von der Fassade der Shir-dàr-Medresse (1619 - 1636) am Registan-Platz. Dieser Bau stammt aus der Zeit der usbekischen Schaibaniden, zeigt aber Wiederholungen timuridischer Formen in der monumentalen Gestaltung des Portals, in den zwiebelförmigen, auf hohen Tambouren ruhenden gerippten Kuppeln über den Eckräumen und in den Minaretten.

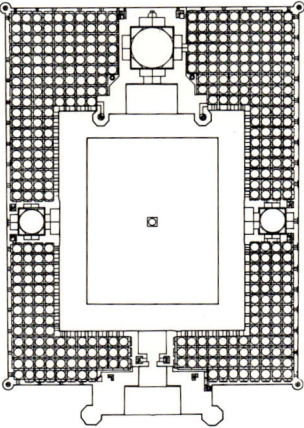

Samarkand. Rekonstruktion des Grundrisses der Bibi Chanum-Moschee.

Turkestan. Grundriß von dem Moschee-Kloster-Komplex von Khvajà Ahmàd Yasaví.

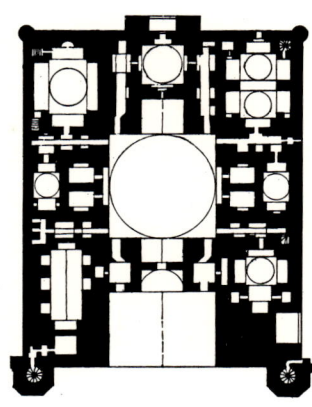

Täbris (Iran). Die Blaue Moschee («Gök masjid» in Türkisch, der Landessprache von Aserbaidschan). Jahàn Schah, ein Herrscher vom Klan des «Schwarzen Hammels», ließ sie 1462 bis 1465 erbauen. Trotz ihrer starken Beschädigung gehört diese Moschee zu den schönsten Monumenten der iranischen Architektur der Timuriden-Zeit. Von besonderer Feinheit ist der Dekor aus Fayencemosaiken.

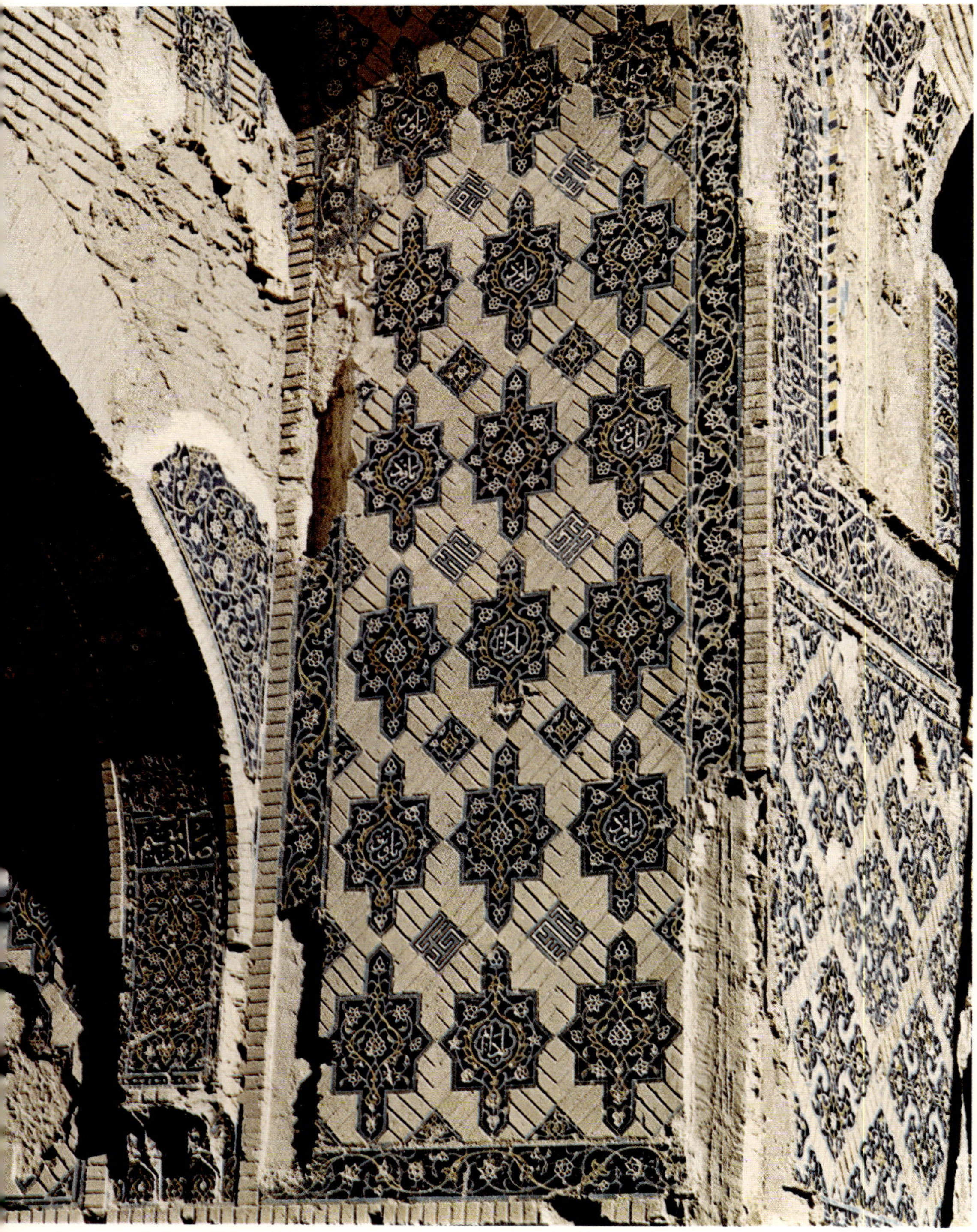

Täbris. Grundriß der Blauen Moschee. Sie zeigt das Schema ohne Hof, das vielleicht auf anatolische Einflüsse zurückgeht.

wo es keine Zugeständnisse an die Ziererei gibt, und das sogar in Verteidigungswerken, wie wir bei einigen der erhalten gebliebenen Türme der Festung von Herat beobachten können, die Ornamentation natürlich erscheinen läßt. Der Stuck findet, besonders im Inneren der Bauten, reiche Verwendung, und die Paläste werden auch mit Malereien geschmückt.

Von den großen Profanbauten des Tamerlan kennen wir nur die Reste des gewaltigen, von zwei Minaretten flankierten Portals des Aq Saray, jenes Palastes, den sich der Herrscher in Schahr-i säbs («die grüne Stadt») errichten ließ, wohin er in Alternative zu Samarkand die Hauptstadt zu verlegen erwogen hatte. Von dieser Residenz hat uns Clavijo, der spanische Botschafter am Hof Timurs, der sie 1404 noch unvollendet sah, eine staunenerregende Beschreibung hinterlassen. Danach war das Schloß ein Palast iranischen Typs, dessen Hauptiwan, der augenscheinlich von zwei kleineren Iwanen flankiert wurde, wie Babur in seinen «Erinnerungen» berichtet, größer gewesen ist als der Taq-e Kesra, der riesige Palast von Ktesiphon. In Samarkand blieben uns von der Großen Moschee, die

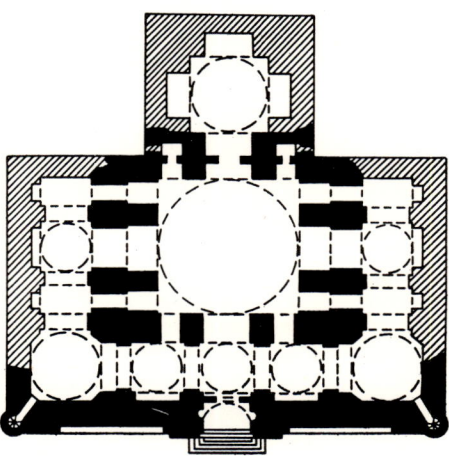

Balkh (Afghanistan). Das Mausoleum des Khvajà Abú Nasr Parsà (1460 - 1461). Der polygonale Bau hat abgeschrägte Ecken mit zwei übereinanderliegenden Nischen. Nach den timuridischen Vorbildern war der Torbau monumental gestaltet und von zwei gewaltigen, jetzt größtenteils zerstörten Turm-Minaretten flankiert. Man beachte die der Entlastung dienende Zellenstruktur, über der die keramische Verkleidung angebracht wurde.

Oben:
Buchara (Usbekistan). Die Chahàr Bagh-Moschee. Mitte des 16. Jahrhunderts.

Unten:
Ghasni (Afghanistan). Das Mausoleum des Abdurrazàq (1507). Dieser Bau ist ein gutes Beispiel für die spät-timuridische provinziale

Baukunst. Charakteristisch sind die massiven Ecktürme, ein aus der profanen Baukunst Transoxaniens stammendes Motiv, und die riesigen Tore, die auf jeder Seite emporragen und damit den typischen «Staccato-Rhythmus» betonen, der für die räumliche Gestaltung der Timuriden-Bauten typisch ist und unter den Safawiden wiederaufgenommen wurde.

Von Liebe heiß . . .

Von Liebe heiß, von Sehnsuchtsdrang erfaßt,
So irrt' ich gestern unstät durch die Weiten,
Bis Dich zu schauen des Verlangens Hast
Mich trieb, dem Feuertempel zuzuschreiten.
Sieh' dort – ihm fern sei Unheil! –
ein Verein,
Wo Erden- nicht, nein, Gottes-Lichter flimmern,
Und ringsum Glut gleich jener, deren Schein
Einst Moses nächtlich sah am Horeb
schimmern.
Sieh' dort – ein Alter schürend Flammenlicht,
Um ihn in Ehrfurcht kriechend Priester, junge,
Jasmin die Wangen, Rosen das Gesicht,
Schmalmundig alle und von süßer Zunge,
Und Harfe, Zither, Trommel, Laute, Rohr,
Wein, Fackeln, Speisen, Königskraut und
Rosen,
Mondschöner Schenken, moschuslock'ger
Chor
Und heitrer Sänger anmutsvolles Kosen,
Und Magierpriester jeden Ranges dann,
Geschürzt zum Werke, ihren Dienst
beschickend;
Doch ich, voll Scham, daß ich ein Muselmann
Stand dort, mich scheu in einen Winkel
drückend.
Da frug der Greis: «Wer da?» die Antwort war:
«Ein Liebender, der umirrt ohne Rasten.» –
«Reicht reinen Weins» rief er, «ein Glas ihm
dar,
Ob ungeladen, mag er heut' hier gasten!»
Der Schenk der Magier mit der Feuerhand
Ließ in den Becher rinnen lohe Flammen;
Ich trank – und wegschwand Denkkraft und
Verstand,
Unglaube, Glaube, schmolz im Brand
zusammen;
Hinstürzt' ich trunken und im Rausche dort
Mit einem Laut, umsonst, daß ich beschreib'
es,
Aus meinem Innern plötzlich scholl dies Wort,
Durch alle Fiebern dröhnend meines Leibes:
Nur Einer ist und nichts als dieser Eine,
Ein einz'ger Gott, sonst keine Gottheit, keine!
[Hart, Seite 248/49,
Hatif-Übersetzung von Ottokar Schlechta-
Wssehrd]

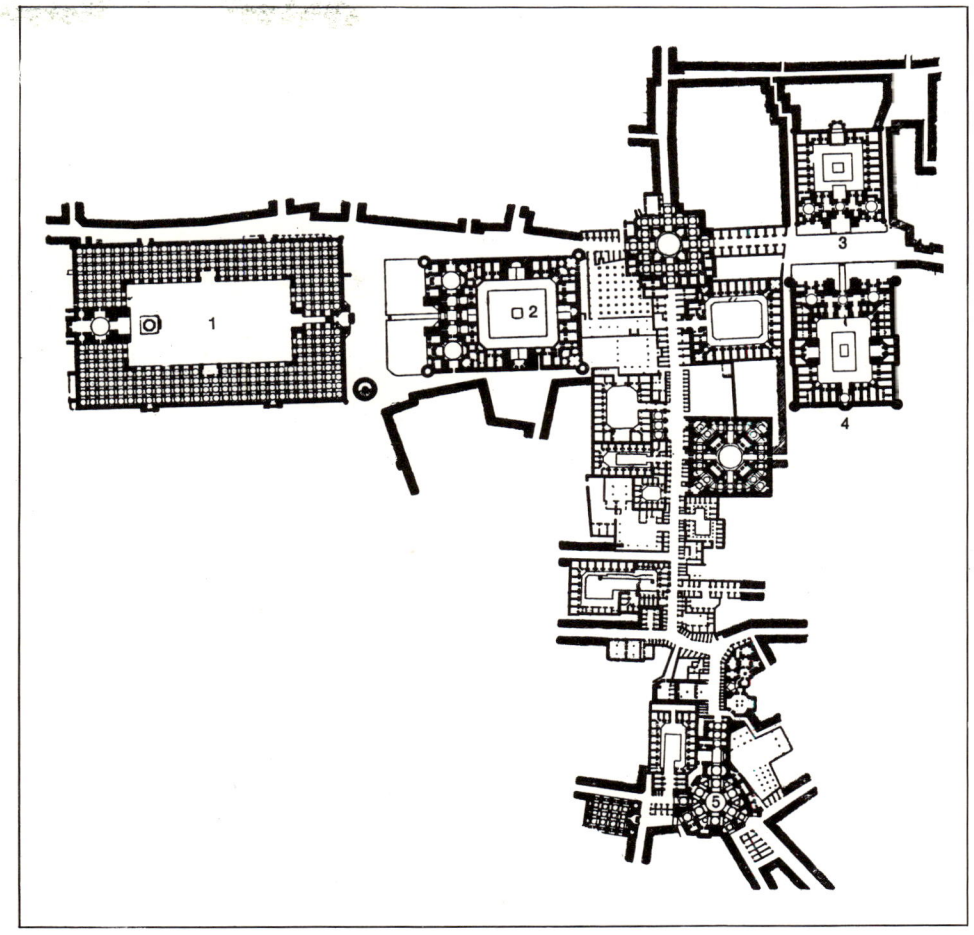

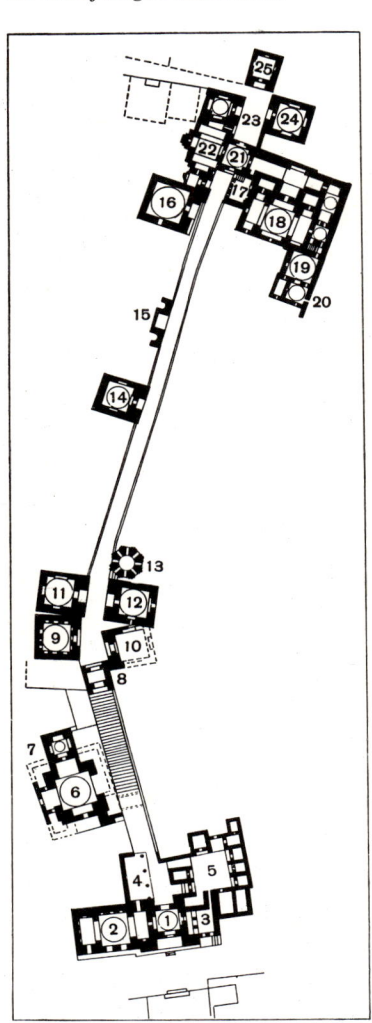

Tamerlan errichten ließ, nur gewaltige Ruinen. Sie wurde 1399 begonnen und ist unter dem Namen Bibi Chanum-Moschee bekannt. Zu ihrer Vier Iwan-Anlage treten als neues, zusätzliches Bauelement mehrere Minarette, vier an den Ecken und jeweils ein Paar für das Eingangsportal und den Haupttiwan, der dem überkuppelten Betsaal vorgelagert war. Anscheinend hatten die Seitentrakte auf Pfeilern ruhende kleine Kuppeln nach dem bereits in der Seldschuken-Zeit bei der Großen Moschee von Isfahan vorkommenden Schema. In der Medresse des Ulugh Beg, die 1417 bis 1420 in Registan, dem Zentrum von Samarkand, erbaut wurde, begegnen wir dem Motiv der vier Kuppelsäle an den Ecken des Baukomplexes. Auch die Moschee, die Gauhàr Shad, die Gattin des Schah Rukh, zwischen 1405 und 1418 in Meschhed gegründet hat, ist eine Vier Iwan-Anlage. Der aus Schiras stammende Baumeister Qivàm al-Din hat für die gleiche Fürstin 1417 die Musalla *(musallàh)* von Herat zu bauen begonnen, von der nur zwei Eckmirarette erhalten blieben. In der Moschee gibt es merkwürdigerweise ein Doppelheiligtum, das sich aus zwei einander anschließenden Kuppelsälen zusammensetzt, von denen einer hinter dem Iwan liegt. Eine solche Doppelanlage kommt zum erstenmal in Turkestan bei der aus den Jahren 1394 bis 1395 stammenden Moschee von Khvajà Ahmàd Yasaví vor, die ebenfalls ein Architekt aus Schiras, Hají Husayn, geschaffen hat. Zu dieser durch ihre Geschlossenheit besonders schönen Baugruppe gehören außer der Moschee, die von einem seltenen Typ ist und keinen Hof hat, noch ein Mausoleum, ein Kloster und eine Bibliothek. Qivàm al-Din ist vielleicht auch der Baumeister der von Gauhàr Shad gegründeten Medresse in Herat gewesen, von der außer einem Minarett noch das in der westlichen Ecke angelegte und 1432 beendete Mausoleum erhalten blieb. Wir haben diesen Bau bereits erwähnt, als von dem neuen, in der Timuriden-Zeit entwickelten Kuppelsystem mit den einander schneidenden Bogen die Rede war. Die gleiche Tragkonstruktion findet sich in einem anderen Bau, in der Medresse von Chargird, die von Qivàm al-Din begonnen, jedoch 1444 von einem anderen aus Schiras stammenden Architekten, Ghiyàth al-Din, vollendet worden ist. Bei dieser Medresse ist nicht allein die Betonung der Vorhalle bemerkenswert, sondern auch, daß der Hauptiwan über die rückwärtige Mauer vorragt. Auffallend sind außerdem die beiden apsidenartigen Räume mit fünf Fenstern, von denen die beiden in den Ecken gelegenen Kuppelsäle belebt werden, ein Motiv, das nicht nur in der Medresse von Herat vorkommt, sondern Analogien in anatolischen Bauplänen hat. Auf die Schule des Qivàm al-Din scheint auch der Neubau des Heiligtums von Khvajà Abd Allàh Ansarí in Gazurgàh bei Herat zurückzugehen, den Schah Rukh 1428 durchführen ließ. In dieser Vier Iwan-Anlage mit einem großen und verlängerten Hof bietet uns der Dekor ein besonders umfangreiches Formenmaterial der timuridischen Bauornamentik, unter dessen Motiven insbesondere der «Sterndekor» bezaubert.

Die Vier Iwan-Anlage hat sich jetzt endgültig und allgemein durchgesetzt und sollte sich mit geringen Abwandlungen auch in der späteren Epoche der usbekischen Herrschaft halten, wie man an den Bauten nachweisen kann, die noch am Registan-Platz von Samarkand neben der Medresse des Ulugh Beg stehen. Dort sind bei der Shir-dàr-Medresse aus den Jahren 1619 bis 1636 und bei der Medressen-Moschee Tiliya-karí (1660) ältere Gründungen der Timuriden durch Anlagen im Vier Iwan-Schema abgelöst worden. Auch die Masjíd-i Kalàn in Buchara (1514) und die Medresse Mir-i Aràb (1530 - 1536) sowie die aus dem Jahre 1652 stammende Medresse des Abdulaziz Khan bieten weitere Beispiele.

Auf andere architektonische Traditionen, in denen man starke anatolische Einflüsse erkennen kann, geht ein bedeutendes Monument aus der Timuriden-Zeit im westiranischen Gebiet zurück: die Blaue Moschee von Täbris. Sie wurde 1462 bis 1465 von einem zum Klan des «Schwarzen Hammels» gehörenden Herrscher erbaut. Diese Moschee hat keinen Hof, ihr großer, zentral gelegener Kuppelsaal ist von sieben kleineren Kuppelräumen umgeben.

Die Grabbauten dieser Zeit stehen meist nicht isoliert, sondern sind entweder in Baugruppen eingeordnet oder mit religiösen Stiftungen verbunden wie zum Beispiel im Baukomplex Khvajà Ahmàd Yasaví, oder wie man bei dem Mausoleum der Gauhàr Shad sehen kann. Auch Gruppenanlagen von Grabbauten kommen vor, wo den einzelnen Gräbern jedoch ihre Individualität bewahrt bleibt, zum Beispiel in der Nekropolis von Samarkand, namens Shah Zindà (das heißt des «lebenden Königs», ein Beiname des Qasím ibn 'Abbas, der den Islam nach Samarkand gebracht haben soll). Diese kleine Totenstadt entstand entlang einer Straße; den Zugang eröffnet ein großes Tor, das Ulugh Beg errichten ließ. Die Grabbauten gehören zu einem weit verbreiteten Typ, es sind Kuppelmausoleen auf quadratischem Grundriß. Wichtig sind sie, weil man an ihnen die Entwicklung des Timuriden-Stils verfolgen kann, beginnend mit der aus dem Jahre 1334 stammenden Grabmoschee des Qasím ibn 'Abbas bis hin zur Zeit des Ulugh Beg. Einige Grabbauten von Verwandten des Timur sind bemerkenswert, unter anderem Mausoleen seiner Schwestern und Neffen, die auf die Zeit nach 1371 zu datieren sind, außerdem auch das aus dem Jahre 1437 stammende Mausoleum des Astromomen Ghazí-Zadè Rumí. Einen oktogonalen Grundriß findet man bei dem berühmtesten timuridischen Grabbau, der gleichzeitig zu den schönsten gehört, beim bereits erwähnten Gur-i Mir aus dem Jahre 1405, der später in eine größere Baugruppe eingegliedert worden ist. Ein Mausoleum mit polygonalem Grundriß haben wir in dem phantastischen und überladenen Grabbau des Khvajà Abú Nasr Parsà in Balkh, das 1460 bis 1461 errichtet wurde.

Unter den späten provinzialen Werken gibt es einige Bauten, bei denen im Inneren die besondere Gliederung der Räume auffällt, wozu das Mausoleum in Ghasni von 1507 gehört, das für Abdurrazàq, einen Nachkommen der Timuriden, erbaut wurde. Hier wird außerdem mit den vier großen Ecktürmen ein aus der profanen Baukunst Transoxaniens stammendes typisches Motiv wiederaufgenommen.

Diesen Überblick über die Baukunst der Timuriden kann man nicht abschließen, ohne die Gärten zu erwähnen, von denen lediglich die Erinnerung blieb. Sie waren Anlagen vom Typ des Tschahar Bagh in Isfahan, die nach einem geometrischen Plan angeordnet und von hohen Mauern umgeben waren, wie wir aus späteren Beispielen wissen, in denen sich dieser Typ erhalten hat. Diese Gärten waren in der iranischen Welt außerordentlich selten, und man hat in ihnen in einer feindlichen Umwelt die Natur in mildernder Weise interpretiert.

Isfahan (Iran). Die Königs-Moschee (1611 - 1616), die Schah Abbas der Große (1588 - 1629) bauen ließ. Blick vom Hof auf den nördlichen Iwan, über den man zum Maidan-i Schah-Platz gelangt, an dem das große, von zwei Minaretten flankierte Portal steht.

Persien unter den Safawiden

Gegen Ende des 15. Jahrhunderts machte sich eine aus Ardebil stammende türkische Dynastie im iranischen Gebiet bemerkbar, die Safawiden (1501 - 1736), ein Ereignis, das fundamentale historische Folgen haben sollte. Unter dem Schah Ismail (1501 - 1524) ist nicht nur noch einmal der militärische Zusammenschluß von Gebieten gelungen, deren Bevölkerung in der Mehrzahl Iranier waren, sondern damals sind auch die Grundlagen des heutigen Iran geschaffen und der Keim zur persischen «Nation» gelegt worden. Den Safawiden, deren Familie ursprünglich das Privileg zur Leitung einer mystischen Bruderschaft hatte, gelang es, ihre Untertanen, wenn auch langsam und mit Gewalt, zu ihrer Doktrin zu bekehren, einem gemäßigten Schiismus. Unter ihnen hat der Iran jene Richtung angenommen, durch die sich der Staat heute von allen seinen Nachbarstaaten unterscheidet, die sich offiziell zur Sunna bekennen. «Mit der religiösen, wenngleich erzwungenen Einigung wird das iranische Volk jedenfalls ein Volk, und zwar in der einzigen in diesem islamischen Konnex möglichen Form, indem zum Zusammenschluß unter gemeinsamen Dogmen und Gesetzen die Isolierung von den Nachbarn tritt» (A. Bausani). Zweifellos haben im Individualisierungsprozeß des Iran die ständigen Auseinandersetzungen mit dem osmanischen Reich im Westen, den Usbeken im Nordosten und den Großmoguln von Indien, mit denen die Safawiden lange über den Besitz des heutigen Afghanistan stritten, keine geringe Wirkung gehabt. Selbst die afghanische Invasion des 18. Jahrhunderts, die dem Safawiden-Staat praktisch das Ende bereitet hat, ist ein wichtiger Faktor für den neuerlichen Zusammenschluß des iranischen Volkes geworden. Denn erst im 18. Jahrhundert hat der Osten der islamischen Welt seinen kulturellen Zusammenhang eingebüßt und hat sich im großen und ganzen in drei Teile gespalten: Persien, Zentralasien und Indien unter den Großmoguln.

Durch seine anti-osmanische Einstellung gewann das Safawiden-Reich die Sympathien der europäischen Mächte, mit denen freundschaftliche Beziehungen angeknüpft wurden. Eine Ausnahme bildeten nur die Portugiesen, die den Handel im persischen Golf behinderten, zu dem nach Eröffnung der Kap-Route der Zugang gesichert war, der nicht vom Verhalten des Osmanischen Reiches abhing.

Unter Schah 'Abbas dem Großen (1588 - 1629), der ein Zeitgenosse etwa von Philipp II. von Spanien, Elisabeth von England, von Iwan dem Schrecklichen und dem Großmogul Akbar war, erreichte das Safawiden-Reich seinen Höhepunkt. Die Macht war stark zentralisiert und stützte sich auf eine Reihe kluger, administrativer Anordnungen, die auf die ständige Förderung der produktiven Kräfte des Landes ausgerichtet waren. Damals bemühte man sich um eine Verringerung der Steuerlasten, und dank eines hervorragenden Straßensystems, das mit einem dichten Netz von Karawansereien ausgestattet war, erlebten Handwerk und Außen- wie Binnenhandel einen Aufschwung. Von besonderer Leistungsfähigkeit war die Seidenproduktion in ihren verschiedenen Zweigen, und im 17. Jahrhundert erreichen die Teppichwebereien ihren höchsten technischen Stand; die Produkte dieser Manufakturen gehören zu den wichtigsten Gütern des persischen internationalen Handels, der vor allem auf Europa ausgerichtet ist. Ein ausgedehntes Netz von Handelsbeziehungen steht zur Verfügung. Der weitgereiste Chardin berichtet, daß persische Handelsvertreter selbst in so fernen Ländern wie China oder Schweden anzutreffen waren. Die großen Handelsgeschäfte wurden aber vor allem von der armenischen Minderheit und den großen europäischen Handelskompagnien getätigt – den Engländern, Holländern und Franzosen –, die den Export aus Persien in erster Linie über das Meer leiteten. Die Zeit, da der Güteraustausch über die großen Handelsstraßen führte, ist vorbei. Dieser Ausfall, die wachsende technologische Überlegenheit Europas und die enormen Schäden, die der Landwirtschaft in den Jahrhunderte dauernden, immer neuen Invasionen und in sinnloser Ausbeutung zugefügt worden sind, sollten zur entscheidenden Krise nicht nur Persiens, sondern der islamischen Welt insgesamt führen. Nach dem Tod von Schah 'Abbas II. (1642 - 1667) begann

Isfahan (Iran). Die Königs-Moschee (1611 - 1616). Detail von der Stalaktitenwölbung des großen Eingang-Iwans am Maidan-i Schah-Platz. Die Portale haben in der Timuriden-Zeit eine monumentale Gestaltung erhalten. Der Dekor besteht aus Mosaiken von glasierter Keramik.

Isfahan. Grundriß der Königs-Moschee. Wegen der Ausrichtung nach Mekka liegt die Moschee nicht in der Achse des Maidan-i Schah-Platzes.

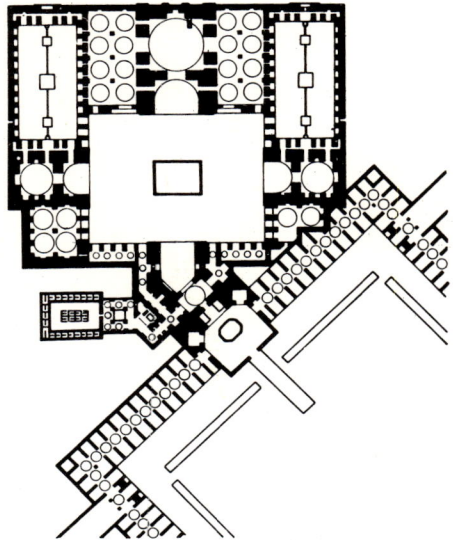

Links:
Isfahan (Iran). Innenansicht der Königs-Moschee (1611 - 1616). Detail von der Ornamentation aus glasierter Keramik.

Rechts:
Isfahan (Iran). Innenansicht der Kuppel, die in der Königs-Moschee den Raum vor dem Michrab überwölbt.

Seite 116 - 117:

Isfahan (Iran). Blick von der nördlichen Schmalseite auf den Maidan-i Schah (den «Königs-Platz»). Er gehört zu der großzügigen Stadtanlage, die Schah Abbas der Große planen ließ, als er Isfahan zur Hauptstadt seines Reiches machte. Der 150 Meter breite und ungefähr 500 Meter lange Platz ist von zweistöckigen Arkaden umgeben, in die sich folgende Bauten einfügen: links der Ali Kapu, rechts die Scheich Lotfollah-Moschee, im Norden das große Portal der «qaisariyya», des Basars, und auf der Südseite die Königs-Moschee. Da der Platz für Polospiele bestimmt war, sind die Dimensionen für einen Stadtplatz zu groß geraten.

Seite 119:

Isfahan (Iran). Die Scheich Lotfollah-Moschee (begonnen 1603, wahrscheinlich aber erst 1617 vollendet). Sie steht an der Ostseite des Maidan-i Schah-Platzes und hat nur einen einzigen großen Kuppelsaal. Da auch sie wegen der Kibla-Orientierung schräg zur Achse des Platzes liegt, erfolgt der Zugang über einen langen, geknickten Korridor, an dessen Ende man die Moschee genau gegenüber des Michrab betritt.

der Verfall des Safawiden-Reichs, das sein Ende in den afghanischen Kriegen von 1722 bis 1738 fand, in denen neue ungeheure Zerstörungen angerichtet wurden. Allein im Raum von Isfahan sind damals mehr als tausend Dörfer zerstört worden, das heißt zwei Drittel aller.

Insgesamt ist die Epoche der Safawiden eine Zeit hoher künstlerischer Blüte, auch wenn die Literatur, die allerdings noch nicht ausreichend erforscht ist, eher von Dürre gekennzeichnet zu sein scheint. Dafür treten in ihr volkstümliche Elemente zutage, die vorher in der aristokratischen Poesie Persiens keine Beachtung fanden, und in der Lyrik des «indischen» Stils, der so genannt wird, da er von den indischen Literaten persischer Kultur bevorzugt worden sei, entwickelt sich eine neue Blüte. Alle Zweige der «dienenden Künste» sind durch ein hohes Niveau gekennzeichnet. Wir haben bereits die Textilkunst erwähnt, aber auch an die Keramik muß erinnert werden, die aus der Nachahmung des chinesischen, für Persien und die Türkei importierten blau-weißen Porzellans frische Impulse empfängt. Die Freude am Porzellan, das nicht mehr dem Menschen zum Gebrauch dient, sondern für die Einrichtung bestimmt ist, fördert den Sammeleifer und läßt eine besondere Form der Dekoration entstehen, die «Wand mit vasenförmigen Nischen», in denen die kostbaren chinesischen Porzellane oder ihre persischen Nachahmungen aufgestellt werden. Auch die Miniaturmalerei erlebt eine Zeit der Blüte. Berühmt ist die «Schule von Täbris», der ersten Hauptstadt der Safawiden, die sich unter Behsad und seinen Schülern entwickelt hat; von ihr gingen Anregungen bis in die Türkei und nach Indien aus, wo sie der großen Schule der Mogul-Malerei den Weg gebahnt hat. Starke Impulse

hat die Buchkunst durch die Förderung des Schah Tamàsp (1524 - 1576) erhalten, der die Hauptstadt nach Kaswin verlegt hat.

Isfahan wird unter Schah 'Abbas dem Großen wieder zur Hauptstadt, wie zur Seldschuken-Zeit; es hat in Risa-'Abbasi einen genialen Künstler, der nicht wie viele der ihm folgenden Maler den oft unheilvollen Einflüssen der europäischen, holländischen und italienischen Malerei erliegt.

Die Architektur bietet noch einmal einen für die künstlerische Kultur des Iran besonders charakteristischen Aspekt, obwohl sie insgesamt keine neue Ideen mehr hervorgebracht hat. Die alten Entwürfe werden in Übereinstimmung mit den imperialen Zielen der Dynastie, die, wie wir gesehen haben, schon in der Timuriden-Zeit ihren prunkvollen Ausdruck fanden, in grandioser Form neu gestaltet. Aber unter den Safawiden bildet sich die iranische Architektur in der Suche nach konstruktiven, weniger übersteigerten Formulierungen ihr eigenes Maß. Es ist eine Variation über ein Thema, eingehend studiert und sorgfältig ausgearbeitet, mit der eine noch völlig mittelalterliche Aristokratie ihrem Verlangen nach Verfeinerung und Pracht Ausdruck geben kann; das ästhetische Ideal manifestiert sich im Dekorativen und Abstrakten mit gelegentlichen Manierismen und zählt mehr als das, was man sagt; nichts bleibt der Improvisation überlassen. Die Nichtbeachtung eben dieses Aspekts hat einige Kritiker zu ihrem harten Urteil über die Architektur der Safawiden veranlaßt. Oft ist von einer dekorativen Kruste im Hinblick auf den Reichtum an Farben gesprochen worden, die wieder einmal die Dürftigkeit der Strukturen verschleiern solle. Dürftig und von schlechter Qualität war in der Tat oft das Material, ein Umstand, der zusammen mit der schnellen und flüchtigen Erstellung der Bauten deren schnellen Verfall verursacht hat. Wenn man aber die Bauten der Safawiden-Zeit in ihren Konstruktionen eingehender studiert, wird man oft von dem Reichtum an kühnen technischen Lösungen überrascht, in denen sich die Lebenskraft und die schöpferischen Möglichkeiten der iranischen Baumeister in Fülle zeigen. Der persischen Architektur mangelt es nicht an Freiheit, aber die im Stil zum Ausdruck kommende Gestaltung der Strukturen wird immer einem Prozeß intellektueller Übertragung unterworfen. Strukturen dürfen nur an die Oberfläche kommen, wenn sie sich stilisieren lassen und dekorativ geeignet sind, und wenn sie sich den Konventionen einer Sprache unterordnen können, deren Ästhetik von der Religion bestimmt ist, von der jedem islamischen Künstler stets gegenwärtigen Grundvorstellung, daß alles veränderlich und vorübergehend ist. Die zwiespältige Beziehung zwischen der Verkleidung eines Gebäudes und seinen Strukturen ist demzufolge das Ergebnis von Untersuchungen und Bemühungen und bietet uns ein Maß, um die Qualität persischer und ganz allgemein islamischer Bauten beurteilen zu können.

Die meisten und wichtigsten Zeugnisse für die Architektur der Safawiden-Zeit bietet Isfahan aus der Zeit des großen Schah 'Abbas. Von der Tätigkeit dieses Herrschers sei zuerst die nach imperialem Maßstab konzipierte Stadtplanung des neuen Isfahan erwähnt, das im Süden des alten Stadtkerns entstand. Die Hauptachse war die aus drei Bahnen bestehende große Straße Tschahar Bagh (die «vier Gärten»), deren mittlerer Weg mit einem Kanal zur Promenade bestimmt war. Doppelreihen von Platanen und Pappeln säumten die Wege, und Blumenbeete haben die Straße geschmückt. An die Tschahar Bagh grenzten die Gärten der Adelspaläste, deren Grundstücke den Besitzern mit der Verpflichtung zum Bauen überlassen worden waren. Ein anderer Brennpunkt der Stadt war der riesige Maidan-i Schah («Königsplatz»), der für Polospiele, Paraden und Spaziergänge bestimmt war. An seiner Nordseite gelangte man durch ein gigantisches Portal in den Basar, der sein Gegenstück in dem gewaltigen Bau der Königs-Moschee (Masjíd-i Schah) auf der gegenüberliegenden Südseite hatte. An der Ost- und Westseite des Platzes stehen einander die kleine Scheich Lotfollah-Moschee und der Ali Kapu gegenüber, ein Torbau, durch den man in die Gärten des Tschehel Sotun-Pavillons gelangte, die sich bis zur Tschahar Bagh erstreckten. Der Platz ist in seinen Dimensionen – etwa 500 mal 150 Meter – allzu groß. Aus den Bauten und den sie verbindenden zweistöckigen Arkaden hätte ein echter Stadtplatz geschaffen werden können, während er jetzt hoffnungslos leer wirkt.

118

Die Königs-Moschee (1611 - 1616), die wegen der Ausrichtung nach Mekka schräg zur Achse des Platzes errichtet wurde, ist durch einen geknickten Zugang mit dem großen, von zwei Minaretten flankierten Portalbau verbunden, der in der Front des Maidan-i Schah-Platzes steht. In ihrer Vier Iwan-Anlage folgt auf jeden Iwan ein Kuppelsaal nach dem Schema, das in Samarkand bei der aus der Timuriden-Zeit stammenden Bibi Chanum-Moschee eingeführt worden ist.

Isfahan (Iran). Die Madàr-i Schah-Medresse (1706 - 1714), «Medresse der Mutter des Schah», deren Kuppel den Betsaal überwölbt. Angebaut an die Medresse ist eine Karawanserei, der Chan Madàr-i Schah, durch deren Einkünfte der Unterhalt von Professoren und Studenten gesichert war.

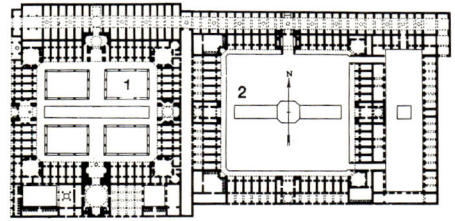

Isfahan. Grundriß der Madàr-i Schah-Medresse (1) und der dazugehörenden Karawanserei (2), die zur Finanzierung der Medresse diente.

Die Kuppel des Raums vor dem Michrab erhebt sich über einem oktogonalen, mit Bogen versehenen Tambour. Das «Heiligtum» liegt zwischen zwei Schiffen, die Pfeiler als Stützen und kleine Kuppeln als Bedachung haben, von ihnen gelangt man in die beiden Medressen. Zu beachten ist, daß die Bauten der vier Iwane nur unten miteinander verbunden sind, worin sich eine Lösung von den traditionellen, mehr blockartigen Strukturen zeigt, eine Tendenz, die schon in der Architektur der Timuriden gegeben war. Der Bau hat vollendet ausgeglichene, grandiose Proportionen trotz eines gewissen «Staccatos» der Räume, die in der prächtigen Verkleidung aus glasierter Keramik miteinander verbunden sind. In diesem Dekor herrschen die Fliesen vor, während die kostspieligeren Mosaiken einigen stärker beachteten Zonen vorbehalten blieben. Außen dominieren die blauen Töne, wodurch bei der Baumasse der Eindruck von Leichtheit und Luftigkeit erzielt wird, während bei den Verkleidungen im Inneren weiße und gelbe Töne das Spiel übernehmen. Etwa aus der gleichen Zeit ist die kleine Scheich Lotfollah-Moschee (1603-1617) an der Ostseite des Maidan-i Schah-Platzes, die Schah 'Abbas zu Ehren seines Schwiegervaters errichten ließ. Auch sie liegt nicht in der Achse des Platzes, darum führt ein abgeknickter langer Korridor zum Betsaal. Diese Moschee hat keinen Hof und besteht aus nur einem Saal mit quadratischem Grundriß, über dem sich mit bis zum Boden reichenden Trompen in den Ecken die Kuppel über einem von Fenstern durchbrochenen Tambour erhebt; sie hat – was in dieser Zeit selten vorkommt – nur eine Schale. In ihrem Umriß wirkt die Kuppel etwas gequetscht und erinnert an frühere Bauten aus der Seldschuken-Zeit. Ihre Außenverkleidung aus glasierten Kacheln hat einen karamelfarbenen Untergrund, von dem sich grüne oder blaue Arabesken mit schwarzen Konturen abheben. Im Inneren überwiegen die blauen Töne, während die Motive des Dekors an Teppiche erinnern. Von unübertroffener Eleganz sind die Inschriften am Tambour. Dank der Harmonie der Proportionen, der Komposition des Dekors und der Wahl der Farben ist ein Eindruck von reiner und erlesener Schönheit erreicht worden; die kleine Scheich Lotfollah-Moschee ist zu einem der Meisterwerke der persischen Architektur geworden.

Unter den Werken, die auf Schah 'Abbas zurückzuführen sind, müssen die Umbauten im schiitischen Heiligtum der Grabmoschee des Imam Resa in Meschhed erwähnt werden und auch die Verschönerung und Vergrößerung eines anderen großen Heiligtums in Mahàn bei Kerman, das leider unter den Kadscharen sehr verändert worden ist. Mehrere Herrscher aus der Safawiden-Dynastie waren an dem interessanten Baukomplex beteiligt, der um das Grab des namengebenden Gründers der Dynastie, des Scheichs Safi, in Ardebil entstand. Auch die Umbauten dürfen nicht vergessen werden, die in ununterbrochener Folge in der Großen Moschee von Isfahan durchgeführt wurden, wo der größte Teil des Dekors aus glasierter Keramik und der Stalaktitenschmuck der Iwane auf Verschönerungen in der Zeit der Timuriden und Safawiden zurückgehen. Allerdings sind ganze Partien mehr oder weniger originalitätsgetreu in jüngster Zeit ergänzt worden.

Auf die Regierungszeit des Solaiman (1667 - 1694) geht die Musalla von Meschhed zurück, wo in dem sehr hohen, von zwei Kuppelräumen flankierten Iwan die Vorbilder aus der Timuriden-Zeit, die sich in Transoxanien durchgesetzt hatten, weiterwirken. Der letzte große Bau Isfahans aus der Safawiden-Zeit ist die 1706 begonnene Madàr-i Schah-Medresse an der Tschahar Bagh. In diesem Baukomplex sind eine Moschee, eine Medresse und eine Karawanserei zusammengefaßt. Mit den weitschweifigen Rhythmen ihrer großen Höfe und den Harmonien ihrer architektonischen Linien strahlt diese Gruppe eine zauberhafte Ruhe aus.

Bei den Grabbauten werden die Kuppelmausoleen mit quadratischem und häufig auch polygonalem Grundriß bevorzugt. Aus den Anfängen der Dynastie sei das elegante Portal vom Mausoleum des Harún-i Vilayà aus dem Jahre 1512 in Isfahan erwähnt, bei dem der Dekor noch an die Bauten der Timuriden im Westen Irans erinnert, für die die Blaue Moschee in Täbris das nächstgelegene Beispiel ist. Das Bibi Dukhtaràn-Mausoleum in Schiras hat einen quadratischen Grundriß und einen kreuzförmigen Saal, ferner tiefe Nischen an drei Fassaden. Aus der Zeit des Schah 'Abbas mag das eigenartige Babà Rukn al-Din-Mausoleum mit pentagonalem Grundriß genannt werden. Am weitesten verbreitet sind aber

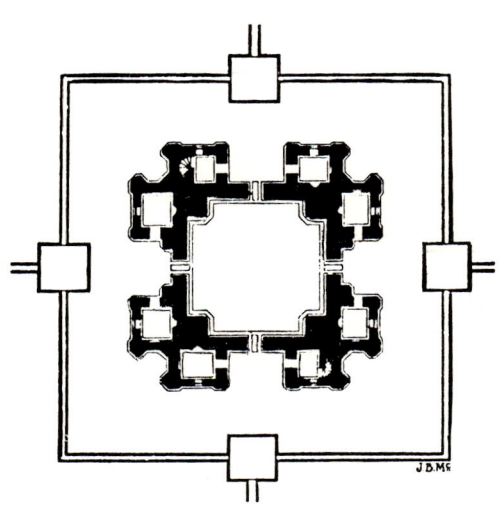

Meschhed. Grundriß vom Mausoleum des Khvajà Rabí, eines Gefährten des unglücklichen vierten Kalifen 'Ali. Der Grundriß zeigt ein Quadrat mit abgeschrägten Ecken, in die tiefe Nischen eingegliedert sind. Die Ornamentik dieses Mausoleums in glasierter Keramik zeigt eine beachtliche Qualität.

121

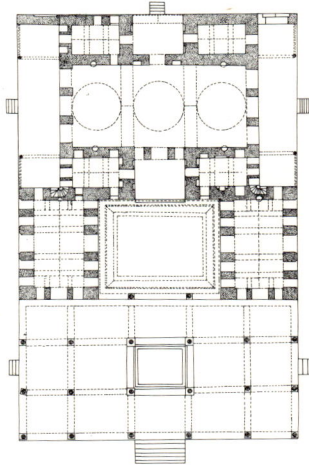

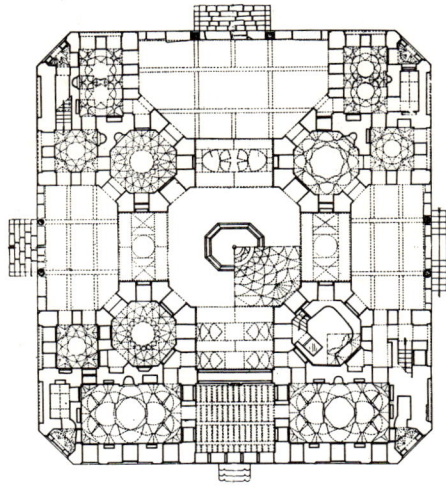

die oktogonalen Bauten, die an den Seiten tiefe Nischen aufweisen, wie das Mausoleum des Khvajà Rabì in Meschhed, das aus dem Jahre 1622 stammt, und das unter dem Schah Solaiman 1643 erbaute Heiligtum von Quadàm-gàh.

Die Palastarchitektur ist uns von der Zeit des Schah 'Abbas an bekannt. Die Schlösser der Safawiden sind keine ausgedehnten, einheitlichen Komplexe, sondern Bauten von verhältnismäßig bescheidenen Dimensionen und sogar ausgesprochen kleine Schlößchen, die in die Landschaft gestellt sind und den typisch iranischen Geschmack erkennen lassen, der mindestens bis auf die Achaimeniden zurückgeht. Auch vielen Anregungen aus der zentralasiatischen Nomadentradition begegnet man bei den Pavillonen, die von geometrisch angelegten Gärten umgeben sind. Diese Bauten sind einfallsreiche und elegante Interpretationen von Typen, die im persischen Hausbau stets lebendig geblieben sein müssen, wie zum Beispiel der *talàr,* eine Art Veranda-Terrasse, mit seinem flachen, von hohen Holzsäulen getragenen Dach, zwischen denen Vorhänge gespannt wurden. Der Talàr wurde unter den Safawiden zu einem Motiv für die Palastarchitektur. Eines der wichtigsten Beispiele ist der Talàr, der das zweite Geschoß des Ali Kapu bildet, der in Isfahan an der Westseite des Maidan-i Schah-Platzes steht. Ali Kapu bedeutet die «große Pforte», und dieser Pavillon mit seinen verschiedenen Geschossen und seiner komplexen Baugeschichte hat in der Tat den Eingang zu einem großen Garten eröffnet, der sich hinter ihm erstreckte, der Naqsh-i Jahàn, – das «Ebenbild der Welt». Im Erdgeschoß dieses Torpavillons waren auch einige Verwaltungsbehörden untergebracht, während die oberen Geschosse dem Herrscher vorbehalten waren, der dort oft ausländische Gesandte zur Audienz empfing. Demnach stellt der Ali Kapu, wie die osmanische «Hohe Pforte», ein Symbol der Macht dar und war eine Residenz des Herrschers.

In dem kleinen Teil, der von dem großen Garten des Naqsh-i Jahàn übrigblieb, steht der berühmte Pavillon des Tschehel Sotun, die «vierzig Säulen» (in Wirklichkeit sind es nur zwanzig), ein Name, der sich auf den schönen Talàr bezieht, der sich im Wasser eines Beckens spiegelt, das zu einer wohlüberlegten kompositionellen Einheit gehört. Er dient als Veranda für einen Iwan, der zwischen zwei Trakten mit kleinen Zimmern liegt, die wiederum einem großen, durch Transversalbogen dreifach unterteilten Empfangsraum vorgelagert sind. Von den auf Fliesen gemalten Bildkompositionen haben sich große Stücke des Originals erhalten, und andere wurden im Zuge der Restauration ergänzt. Bei einigen Teilen ist der europäische, insbesondere holländische Einfluß zu erkennen. Die Decke des Talàr ist ein kostbares Werk der Kunsttischlerei. Ein dreifach unterteilter Iwan, dessen Wände ebenfalls von vielen Fenstern durchbrochen sind, ist der Talàr in Ashràf aus der Zeit Schah 'Abbas II. (1642 - 1667), bei dem in der Bedachung komplizierte Gewölbesysteme vorkommen. Zu den Meisterwerken dieser Pavillon-Architektur gehört auch das kleine Schlößchen des Schah Solaiman in Isfahan, Hescht Bihischt, das heißt «die acht Paradiese». Es ist ein zweigeschossiger Bau auf quadratischem Grundriß mit abgeschrägten Ecken, der auf das uralte Schema der kreuzförmigen Anlage mit den sich daraus ergebenden Räumen in den Ecken zurückgeht, ein Plan, der noch heute in großen Teilen des Iran produktive Wirkungen hat. Bei dem genannten Pavillon ist dieses Schema bis in alle Einzelheiten durchdacht und aufgegliedert worden. Die Räume verteilen sich auf zwei Geschosse, und eine weite Öffnung nach außen vermitteln die drei großen Talàr.

In der Nähe von Isfahan blieb der Park von Farahbàd, «der beglückende Aufenthalt», in seinen wesentlichen Anlagen erhalten. Er gehörte zur Sommerresidenz des Schah Hosain und wurde 1700 angelegt. Bei diesem vollkommenen Beispiel einer geometrischen Gartenanlage wird das belebende Wasser mit Hilfe eines sorgfältigen Systems verteilt.

Das umfangreiche und vielfältige Programm, mit dem Schah 'Abbas den Handel zu fördern suchte, kann hier nur kurz erwähnt werden. Schwerpunkte waren außer den städtischen Basaren eine Reihe eindrucksvoller Karawansereien, bei denen für den Zugang zu den Ställen ein rationales System eingeführt wurde. Von den vielen Brücken, die in der Safawiden-Zeit wiederhergestellt oder neu errichtet wurden, sind ohne Zweifel die beiden über den Sende Rud führenden Brücken Isfahans die berühmtesten: die Allàhverdì Khan-Brücke, die nach ihrem Erbauer,

Oben:
Isfahan (Iran). Ali Kapu. Dieser hohe Pavillon bildete den Eingang zum großen Park, der das «Ebenbild der Welt» genannt wurde. Außerdem diente er als Regierungssitz, wo auch Botschafter empfangen wurden.

Unten:
Isfahan (Iran). Tschehel Sotun (der Pavillon der «vierzig Säulen»), der unter Schah Abbas dem Großen (1588 - 1629) erbaut wurde.

Isfahan (Iran). Ali Kapu. Die Decke des «talàr» ist ein kostbares Intarsia-Werk, dessen Einlagen aus Holz und Metall bestehen. Drei Reihen hoher Holzsäulen mit Stalaktitenkapitellen tragen die Decke. Auf der Terrasse befindet sich ein Marmorbecken, dessen drei Fontänen von hydraulischen Maschinen betätigt wurden.

Folgende Seite:
Isfahan (Iran). Pul-i Khvajú, die «Brücke des
Khvajú»; sie überquert den Sende Rud, dem die
Oase von Isfahan ihre Fruchtbarkeit verdankt.
Diese Damm-Brücke an der Straße nach Schiras
wurde unter Schah Abbas II. (1642 - 1667) er-

baut. In den Arkaden und Pavillonen haben sich
die Perser gerne aufgehalten, um die vom Fluß
aufsteigende Kühle zu genießen und tun es auch
noch heute, wie bei der anderen berühmten Brücke
von Isfahan, der Allàhverdi Khan-Brücke, die
nach ihrem Erbauer benannt ist.

einem General des Schah 'Abbas, genannt ist und die Pul-i Khvajú-Brücke, die aus der Zeit Schah 'Abbas II. stammt. Es sind zweistöckige Dammbrücken nach sassanidischer Tradition, die Zimmer und Pavillone haben – in einem Fall mit Malereien geschmückt –, wo die Reisenden sich aufhalten und ausruhen konnten, um die vom Fluß aufsteigende Frische zu genießen.

Die Zeit der Safawiden ist die letzte große Epoche der persischen Kunst gewesen und uns scheint, daß die vielen Kaufleute, Künstler und Reisenden aus Europa von Persien unter dem großen 'Abbas mit Recht tief beeindruckt worden sind. Unter ihnen hat es aufmerksame und wißbegierige Beobachter der persischen Verhältnisse gegeben, von denen vor allem der aus Rom stammende Pietro della Valle und der Franzose Chardin erwähnt werden müssen.

Mit dem Verhängnis der afghanischen Invasion (1722 - 1738) wurde der Safawiden-Dynastie ein Ende gesetzt und dem Einfall des osmanischen Feindes in den Iran der Weg bereitet. Noch einmal gelang es einem Türken, einem General aus dem turkmenischen Stamm Afschar, der sich unter dem Namen Nadir zum Schah von Persien machte, die alten Grenzen wiederherzustellen. Nadir ist ein vom Glück begünstigter Krieger gewesen, dem es gelang, die Feinde zu verjagen; er hat sogar Lahore plündern können, das im Herzen der von den Großmoguln beherrschten Länder lag, die nominell auch die Herren von Afghanistan waren. Aber durch seine Steuerpolitik und sein System der Unter-drückung hat er sich schnell Feinde geschaffen und ist 1747 ermordet worden. In der Provinz Fars konnte sich danach eine uralte iranische Dynastie, das Geschlecht der Sand durchsetzen und die Herrschaft über Persien, mit Ausnahme von Chorassan, erringen. Unter Karim Chan genießt Persien eine dreißig Jahre während gute Herrschaft (1750 - 1779), und im Raum der neuen Hauptstadt Schiras werden unter seiner Regierung ein wirtschaftlicher Aufschwung und ein beachtlicher Wohlstand erreicht, von dem mehrere qualitätsvolle Bauten in dem von ihm gegründeten Viertel zeugen. Erwähnt sei die Masjíd-i Vakil (was «Moschee des Herrschers» bedeutet, ein Titel den Karim Chan sich zugelegt hatte). Völlig überraschend begegnen wir hier einer Anlage mit «Breitsaal», dessen kleine Kuppeln auf den charakteristischen gedrehten Marmorsäulen ruhen.

Aus den Kämpfen, die dem Tod des Karim Chan folgten, geht eine neue Dynastie hervor, die Kadscharen (1794 - 1925), unter denen sich der Iran kulturell von der übrigen Welt des Islam isoliert. In dieser Zeit ist die Kunst durch starke partikularistische Tendenzen geprägt, die einesteils auf einer neo-archaischen Rückbesinnung, im Liebäugeln mit der Vergangenheit – von den Achaimeniden bis zu den Safawiden – beruhen, wobei zum Teil auch volks-tümliche Elemente, die vorher wenig in Erscheinung treten konnten, sich durch-setzen. Anderseits gelangen westliche, mehr überraschende als verarbeitete Ein-flüsse zur Wirkung, insbesondere in einer kolonial russisch-zentralasiatischen Version, aus denen sich jedoch Werke von künstlerischem Gehalt ergeben haben.

Isfahan. Plan der Stadt:
1. Maidan-i Schah-Platz
2. Königs-Moschee
3. Scheich Lotfollah-Moschee
4. Ali Kapu
5. Tschehel Sotun
6. Basar-Tor

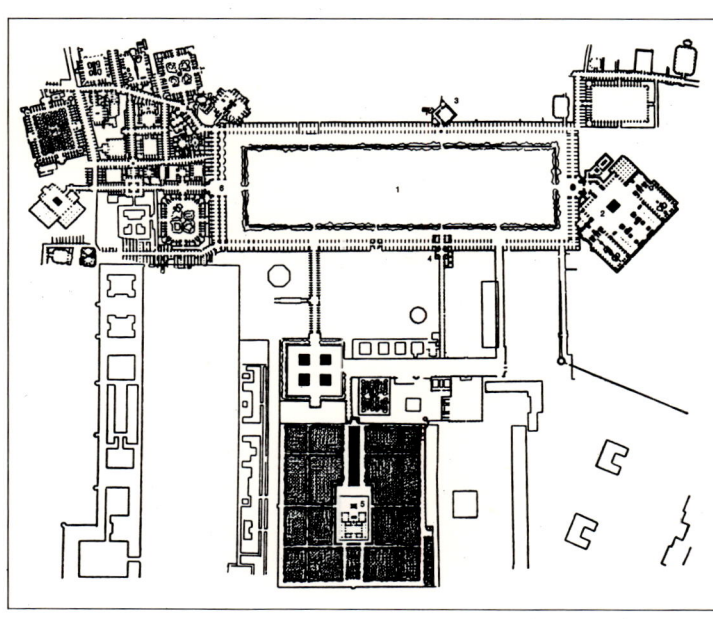

Das islamische Indien

Verschiedenere Welten als die hinduistische und die islamische sind kaum vorstellbar. Im Hinduismus ist eine große religiöse Toleranz ohne allgemeinverbindliche Dogmatik – wo das höchste Ziel die Verwirklichung des Individuums ist und der Glaube an Gott in gewisser Weise an zweiter Stelle steht – gekoppelt mit einem in eisernen Kastengesetzen streng geschlossenen sozialen System, in dem es keine Übergänge gibt, obwohl diese Kasten ein gemeinsames Erbe an uralten Traditionen haben. Auf der anderen Seite steht der Islam mit seinem starren Monotheismus und seiner grundsätzlichen sozialen Aufnahmebereitschaft in die Bruderschaft der gemeinsamen Religion, die auch als universales politisches Gesetz gilt. Die indische Welt in ihrer metaphysischen Bindung an eine üppige und dämonische Natur, die für sie zum Gegenstand ihres Glaubens und ihrer Selbstaussage wird, steht in krassem Gegensatz zum entmythologisierenden Islam, der praktische Ziele verfolgt, sich aber in einer abstrakten Sprache ausdrückt und dessen Doktrin die naturalistische Nachahmung ablehnt.

Sobald diese beiden Kulturen miteinander in Kontakt kamen, mußte ein Zusammenstoß unvermeidlich sein und konnte nur dramatisch verlaufen. Aus dieser Situation ständiger Spannung hat sich dann aber eine ursprüngliche, bedeutende künstlerische Kultur entwickelt, in der der Islam schließlich für den ganzen Zauber der hinduistischen Kunst empfänglich wurde und diese wiederum vom Islam fruchtbare Impulse empfangen hat und von ihm durchdrungen worden ist. Die indisch-islamische Kunst ist – wie Hermann Goetz es formuliert hat – ein üppiger Zweig der islamischen Gesamtkunst, offenbart aber gleichzeitig einen wesentlichen Aspekt der indischen Kunst.

Man darf nicht vergessen, daß die indische Welt schon viele Jahrhunderte vor dem Islam durch dschainistische und buddhistische Lehren in eine Krise geraten war. Sie hatten vor allem in Kaufmannskreisen Eingang gefunden, weil sie in gewissem Sinne universalistisch waren und zur Auflösung der Kastenstruktur neigten. Die gleichen Kreise sollten für die Botschaft des Islam besonders empfänglich sein.

Nur langsam und unter Behinderungen drang der Islam in Indien vor. Im allgemeinen begegnet man nicht jenen Massenbekehrungen zum neuen, von den Eroberern eingeführten Glauben, die wir in anderen Gegenden beobachten konnten. «Indien ist in der Tat das einzige asiatische Land, in dem der Islam jahrhundertelang eine beinahe absolute politische Vorherrschaft ausgeübt hat, ohne sich als Religion durchsetzen zu können» (V. Vacca). Der Islam blieb bis zum Aufstand von 1857 im wesentlichen eine Angelegenheit der Elite, das heißt der Klasse der Mächtigen, die fremd waren oder als Fremde empfunden wurden, der Fürsten, der Soldaten und Beamten sowie des vom Islam bevorzugten Stands, nämlich der Kaufleute – und gerade letztere haben entscheidend zu seiner Verbreitung in Indien beigetragen. Auch unter den Angehörigen der oberen Klassen, zum Beispiel bei den Großgrundbesitzern im Norden, hat es an Glaubensübertritten nicht gefehlt, insgesamt fielen sie jedoch nicht ins Gewicht. Von der hinduistischen Bevölkerung werden nur weniger privilegierte Außenseiter Muslimen: die erst seit kurzem Städter gewordenen, die Entwurzelten oder die zu keiner Kaste gehörenden, die an die Zentren der Macht und des Handels drängen und im Bekenntnis zur Religion der Herrschenden ihren sozialen Aufstieg erreichen wollen. Bemerkenswerte Erfolge gehen auf das Missionswerk der *Sufi* zurück, der islamischen Mystiker, deren Bruderschaften hierarchisch gegliedert waren, sich aber stets im Rahmen der strengen Orthodoxie hielten. Da zwischen ihrem Leben und dem der indischen Gesellschaft eine gewisse Übereinstimmung bestand, konnten sie in den unteren Klassen einen beachtlichen geistigen Einfluß gewinnen. Die große Masse der indischen Bevölkerung bestand jedoch aus Bauern, die in geschlossenen Dorfgemeinschaften ohne Wechsel und Veränderungen lebten. Im allgemeinen wurde das bebaubare Land von den einheimischen Fürsten verwaltet, die gegen eine gewisse Autonomie die sehr drückenden Steuern eintreiben mußten und dafür stellvertretend die Macht ausübten. Auf Grund dieser

Situation konnten die theoretischen Gleichheitsbestrebungen des Islam in der statischen bäuerlichen Gesellschaft Indiens wenig Einfluß gewinnen, zumal diese kaum mit ihm in Berührung kam und daher weder Möglichkeiten noch Vorstellungen hatte, wie sie durch ihn zu Vorteilen gelangen könne. Außerdem gab es im Islam keine einheitliche Taktik: Oft wurde die Kaste der Brahmanen von den Steuern befreit, die den neubekehrten Muslimen hingegen nicht erlassen wurden. Obwohl die Anhänger des Islam immer in der Minderheit gewesen sind, ist ihr entscheidender Einfluß nicht abzustreiten. In gewisser Hinsicht hat Indien dem Islam sogar moderne und einheitliche Staatsformen zu verdanken, denn letztlich hat er die hinduistische, in Verwirrung geratene Welt mit dem Verlangen nach Erneuerung erfüllt.

Die Gebiete, die die stärkste Islamisierung erfuhren, entsprechen etwa dem heutigen West-Pakistan und Ost-Bengalen im Nordwesten beziehungsweise Nordosten des indischen Subkontinents. Die Gründe dafür sind, daß das Indus-Tal und der Pandschab durch ihre Nachbarschaft zum iranischen Bereich einesteils dem islamischen Druck am anhaltendsten ausgesetzt waren, und daß anderenteils durch diesen Raum der intensivste Handelsverkehr ging; hier hatte sich auch der Buddhismus verbreitet, und der Hinduismus war weniger dicht geschlossen. In Bengalen hingegen könnte der starke Erfolg des Islam auf das große Vakuum zurückzuführen sein, das entstanden war, nachdem der Hinduismus in unerbittlichen Verfolgungen den Buddhismus im Laufe des 12. Jahrhunderts zurückgedrängt hatte.

Die politische Geschichte des islamischen Indien ist außerordentlich verwickelt, und wir können hier nur kurze Hinweise geben. Die islamische Eroberung läßt sich grob in drei Abschnitte unterteilen. Bereits zur Zeit der Omajjaden wird im 8. Jahrhundert die Provinz Sind islamisiert, aber erst gegen Ende des 10. und zu Beginn des 11. Jahrhunderts setzt unter dem ideologischen Vorwand des Heiligen Krieges die Jagd nach den indischen Reichtümern ein. Sie beginnt unter dem Ghasnawiden Machmud, der von Norden her durch das Einfallstor des Chaiber-Passes über die klassische Straße der Eroberer eindringt. Das Ergebnis dieser verhängnisvollen, weitreichenden Streifzüge, die hauptsächlich auf Beute ausgerichtet sind, war die begrenzte Eroberung des Indus-Beckens; die Folgen hingegen waren insofern unermeßlich, als das empfindliche Gleichgewicht der geteilten, widerspruchsvollen indischen Welt erschüttert wurde.

Die Ghoriden, die den Ghasnawiden folgten, sind die Vorkämpfer der zweiten Periode. In der für die Geschichte des hinduistischen Indien entscheidenden Schlacht von Tarain (1192) bringen sie das nördliche Indien unter die Hegemonie des Islam, die sich bis nach Bengalen erstreckt. Als der Ghoride Mu'is ed-Din Mohammed 1206 ohne Erben stirbt, wird aus den indischen Besitzungen durch seinen aus dem Sklavenstand emporgestiegenen türkischen General Kutb-ud-Din Aibak das «Sultanat von Delhi» geschaffen und damit die erste islamische Dynastie Indiens, die sogenannten Mamelucken (1206–1290), gegründet. Sein Nachfolger Iltutmisch (1211-1236) sorgte für die Festigung des Reiches und insbesondere den Schutz der Grenzen im Nordwesten gegen die drohenden Mongolen, wodurch die Ausdehnung nach Süden verlangsamt wurde. Mit Erfolg hat dann Ala ud-Din Khalji (1296-1321), der türkisch-afghanischer Herkunft war, die Eroberungen wieder aufgenommen. Von ihm ist praktisch der ganze Subkontinent unterworfen und damit die dritte Phase der islamischen Eroberung Indiens abgeschlossen worden.

Ala ud-Din, der sich auf Münzen als «zweiter Alexander» bezeichnet hat, war zweifellos der bedeutendste islamische Fürst Indiens vor den Großmoguln. Unter ihm verlor die islamische Herrschaft allmählich die Kennzeichen einer militärischen Okkupationsmacht und begann die Gestalt eines indischen Staates anzunehmen, der von im Lande geborenen Mohammedanern regiert wurde. Durch die schnelle Ausdehnung des Sultanats, in dem verschiedenartige Völker zusammengeschlossen waren, ergaben sich große Probleme im staatlichen Aufbau. Ala ud-Din nahm sich ihrer mit Energie und erbarmungsloser Strenge an; da aber sein Werk auf dem absoluten Despotismus seiner persönlichen Autorität aufgebaut war, hat es ihn nicht überdauert.

Im Jahre 1321 bestieg ein Türke, der eine indische Mutter hatte, Ghiyàs ud-Din Tuglak, den Thron von Delhi. Er war der Gründer der gleichnamigen Tuglak-

Der wahre Wert (von Emir Chosrau)
Die Schönheit machet nicht des Menschen Wert,
Sein Wert wird durch sein Inneres erklärt.
Wo böses Herz die Schönheit straft zu lügen,
Ist schlechtes Wort gemalt in schönen Zügen.

Liebesghasel (von Emir Chosrau)
An deiner Thüre lieg' ich jede Nacht,
Mit Seufzern werden Tage hingebracht.
Zerbrich mein armes Herz nicht, o mein Leben!
Seit ich dich kenn', verfloß ein ganzes Leben;
Und wär' in Staub zerfallen mein Gebein,
Lebendig würd' es durch die Liebe sein.
[Hart, Seite 146]

Dynastie (1320 - 1414), die für die Verbreitung des Islam unter der Bevölkerung der Stadt und für die fortschreitende Indisierung der regierenden mohammedanischen Klasse gesorgt hat. Die Tuglak wollten den Staat mit Hilfe eines besser durchdachten Steuer- und Tributsystems reorganisieren, doch wurde dadurch nur eine schärfere Trennung in zwei Klassen von Untertanen erreicht, die privilegierte Schicht der Muslimen und die Klasse der Hindus, die keine oder fast keine Rechte besaßen. Unter Muhammàd Tuglak, der ein durchaus intelligenter Herrscher war und oft sogar geniale Ideen hatte, wurden die Gegensätze unerträglich. Schließlich entschloß er sich zu einigen unglückseligen Maßnahmen, die das Volk zum Aufruhr trieben. Als dann noch Not und Teuerung eintraten, geriet der Staat in eine schwere wirtschaftliche Krise. Nach dem Tod des Muhammàd (1351) zerfiel das Sultanat von Delhi in eine Reihe unabhängiger Fürstentümer, aber die Hindus verstanden es nicht, die Situation für sich und für den Versuch eines selbständigen Wiederaufbaus zu nutzen.

Diese politisch zerrissene und militärisch geschwächte Welt traf die Invasion des Tamerlan mit ihrem Höhepunkt, der Plünderung Delhis (1398), wie ein verheerender Blitz. Die später von einem timuridischen Statthalter des Pandschab gegründete Dynastie der Sayyíd (1414 - 1451) war eine schwächliche Vasallen-Dynastie; sie war auf den Thron von Delhi gelangt, der nur noch einer Kulisse glich. Die Macht des Staates reichte kaum über die Grenzen der Stadt hinaus. Die Sayyíd wurden von dem tatkräftigeren afghanischen Geschlecht der Lodi (1451 - 1526) abgelöst; sie versuchten, die nördlichen Gebiete wieder zu vereinigen. In die Kämpfe, die unter dem letzten Herrscher der Lodi-Dynastie zwischen den afghanischen Generalen entstanden, mischte sich dann Babur ein, der seiner Herrschaft beraubte Erbe von Fergana. Von seinem neugegründeten kleinen Reich in Kabul eroberte er mit wenigen, aber gut organisierten Truppen 1526 den Thron von Delhi und wurde zum Begründer der berühmtesten islamischen Dynastie Indiens, der Großmogul. (Die persische Bezeichnung *mughul* bedeutet Mongole. In Wirklichkeit war Babur ein Chagatai-Türke und nur von seiner Mutter her mongolischer Abstammung.) Der neuen Dynastie fiel die Aufgabe zu, das umfassende Werk der politischen Einigung des von Gegensätzen geprägten Landes wiederaufzunehmen und zu vollenden. Babur selbst hat dieser Aufgabe mit einigen glänzenden Kapiteln seiner Erinnerungen («Babur-Name») einen neuen Aspekt abgewonnen.

Die Eroberung Indiens durch die Großmogul wurde zwar verhältnismäßig schnell erreicht, ist aber nicht leicht gewesen und wurde durch den Aufstand der Radschputen und die Rebellion des Afghanen Sher Shah Sur beinahe zunichte gemacht. Dieser hat 1540 Humayun, den Sohn des Babur, vertrieben, welcher 1530 nach dem Tod seines Vaters die Herrschaft übernommen hatte. Humayun mußte zu den Safawiden nach Persien fliehen. Die kurze Herrschaft des Sher Shah (1540 - 1545) war aber für die Organisation der staatlichen Verwaltung von großem Nutzen, und der Staatsapparat der Großmogul ist darauf und nach diesem Vorbild aufgebaut worden. Humayun konnte seine Macht erst ein Jahr vor seinem Tode 1555 zurückgewinnen. Sein Sohn Akbar, die berühmteste und überragende Persönlichkeit der Dynastie, folgte ihm auf den Thron. Er war ein einsichtsvoller Herrscher, ein unermüdlicher Organisator, ein genialer Staatsmann, zugleich tief religiös und tolerant, außerdem ein großer Förderer der Künste. Akbar begriff, daß eine echte Herrschaft über Indien nur zu verwirklichen war, wenn zuerst die wirtschaftlichen und sozialen Unterschiede zwischen den Muslimen und der Masse der Hindus beseitigt würden. So schaffte er die steuerlichen Benachteiligungen ab und sorgte für die Überwindung des Feudalsystems. Nachdem er die Macht stark zentralisiert hatte, bemühte er sich in persönlichen Kontakten um die hinduistische Aristokratie und versuchte vor allem, die Radschputen an sich zu binden, indem er sie für die höchsten Staatsämter unterweisen ließ, die weitgehend Laien anvertraut wurden. Als Akbar klar wurde, daß Indien nicht nur politisch, sondern auch geistig eine Einheit sein müsse, gab er seinen orthodox-islamischen Glauben auf und stiftete eine neue synkretistische Universalreligion, in der die unterschiedlichsten Glaubensansprüche zusammentrafen. Nach den Vorstellungen des Gründers sollte diese verbindende Religion die Gegensätze zwischen den Hindus und Muslimen überwinden. Sie war aber viel zu stark verstandesmäßig konzipiert, blieb demzufolge praktisch auf den Hof beschränkt und hat den Tod Akbars nicht überdauert.

Der von Akbar geförderte Universalismus, durch den ein islamisch-hinduistischer Staat entstehen sollte, vertrug sich weder mit der politischen Realität Indiens noch mit dem nicht-indischen Universalismus des Islam. Zwar hat sich der Geist der Toleranz bei den unmittelbaren Nachfolgern des Akbar - Dschahangir (1605 - 1627) und Schahdschahan (1627 - 1658) - noch erhalten, aber unter Aurangseb (1658 - 1707) wird eine strenge Restauration im Sinne der islamischen Orthodoxie durchgeführt, weil die Tatsachen zeigten, daß «ein islamischer Staat – in der gegebenen Situation – nur als ein einheitlich islamischer Staat mit hinduistischen Untertanen möglich war, welche allein durch Anerkennung des übernationalen islamischen Gesetzes die Gleichstellung mit der herrschenden Klasse erreichen konnten» (A. Bausani). Aurangseb ist eine tragische und finstere Persönlichkeit gewesen, hartnäckig und energisch bis zur Grausamkeit, gläubig bis zum Fanatismus, – nicht umsonst hat man ihn mit Philipp II. von Spanien verglichen. Nachdem er sich zum Verteidiger des Islam ernannt hatte, wurde ab 1669 eine Politik betrieben, die in schroffem Gegensatz zu den Plänen des Akbar stand. Er verfolgte die Mehrzahl seiner hinduistischen Untertanen und führte unerbittlich alle früheren demütigenden Benachteiligungen wieder ein, sodaß es zu blutigen Aufständen kam. Die Kriege, die von ihm nach 1680 im Süden zur Durchsetzung des Islam geführt wurden, überforderten die Möglichkeiten der staatlichen Organisation, – die Auflösung des Heeres und der wirtschaftliche Zusammenbruch waren die Folgen. So wurden die furchtbaren Jahre des 18. Jahrhunderts vorbereitet, das vielleicht die schlimmste Zeit in der ganzen indischen Geschichte gewesen ist. Der Handel, eine der Haupteinnahmequellen für den Schatz der Großmoguln, aus dem die Reichtümer verteilt wurden, erlitt zunächst schwere Rückschläge und verlagerte sich dann. An den Küsten, die von der Zentralmacht niemals genügend beachtet wurden, hatten die Ostindischen Handelskompagnien der Briten, Holländer und später Franzosen die portugiesische Seeherrschaft verdrängt; damit war der erste Schritt zur kolonialen Besetzung des Subkontinents vollzogen worden. Der Tod des Aurangseb (1707) bezeichnet das Ende der tatsächlichen Macht der Mogulkaiser, aber «obwohl das Reich der Großmoguln im Laufe des 18. Jahrhunderts seinen historischen Auftrag erfüllt hat und als Staatsgebilde zerbricht, bleibt es dem Namen nach weiter bis 1833 bestehen und übt noch theoretisch die Herrschaft aus, indem jedwede politische Macht auf der Halbinsel weiter von den Großmoguln verliehen wird. Sogar als nach dem großen Aufstand von 1857 der britische Gouverneur den letzten Großmogul abgesetzt und verbannt hat, sollte das für die Königin Viktoria kein Hindernis sein, 1876 den Titel ‹Kaiserin von Indien› anzunehmen, als würde sie sich damit, wenn auch von ferne, in die lange Reihe der mit Babur beginnenden Herrscher einordnen» (M. Bussagli).

Trotz ihrer ursprünglichen Züge ist die indisch-islamische Kultur von der persischen Welt bestimmt worden. Zuerst vor allem auf dem Umweg über Afghanistan und Transoxanien, später in der Mogul-Zeit unmittelbar. Persisch war im Reich von Delhi nicht nur die Amtssprache, sondern es hat eine reiche Literatur hervorgebracht, in der die Geschichtsschreibung einen großen Platz einnimmt, aber auch bedeutende Dichter wie Amir-i Khosrau (1253 - 1325) gehören dazu. Im sogenannten «indischen» Stil, der insbesondere seit dem 16. Jahrhundert gepflegt wurde, hat sich in der Dichtung eine ganz und gar unsprüngliche Entwicklung durchgesetzt. Wie Bausani berichtet, gehörten zu ihren kanonischen Forderungen die Aufhebung des Gesetzes formaler Harmonie, das für den klassischen Stil das oberste Gebot war, und ferner die Konkretisierung des Abstrakten. Es ist ein intellektueller und gekünstelter poetischer Stil, der für den Geschmack eines Mitteleuropäers schwer zugänglich ist und den man nur mit Hilfe ausführlicher Kommentare verstehen kann. Zu seinen berühmtesten Vertretern gehört Bedíl (1644 - 1721).

Als eine islamische Schöpfung ist das Urdu anzusehen, das anfangs eine Umgangssprache in ganz Indien war, die bis zu Beginn des 20. Jahrhunderts gebraucht wurde, und jetzt zur Staatssprache von Pakistan erhoben worden ist. Urdu ist eine Mischsprache auf indischer Basis mit persisch-arabischen Elementen und wird mit arabischen Schriftzeichen geschrieben. Nach den Einfällen der islamischen Er-

oberer hat sie sich im Norden, am Hof von Delhi, als «Kommunikationsmittel» zwischen den neuen Herren und den lokalen Volksgruppen ausgebildet. Ihr Name deutet in der Tat auf den «militärischen» Ursprung: Urdu kommt von (zahàn-i) urdú, das bedeutet «die Sprache des (kaiserlichen) Lagers», (urdú heißt in Türkisch und Mongolisch das Lager). Die ältesten literarischen Zeugnisse stammen nicht aus Delhi, wo das Persische als Kultursprache Vorrang genoß, sondern aus dem Dekkan, wo Urdu von den Soldaten der Khalji-Dynastie eingeführt wurde. Vielleicht ist das auf die Propaganda der Sufi zurückzuführen, die im Urdu ein leichtes Verständigungsmittel fanden, vielleicht drückte sich darin auch die Opposition gegen den Hof von Delhi aus. Erst im 18. Jahrhundert beginnt mit Valí, dem bedeutenden Dichter aus dem Dekkan, die große Zeit der Urdu-Dichtung des Nordens.

In der künstlerischen Kultur des islamischen Indien nimmt die Miniaturmalerei einen hervorragenden Platz ein; für sie wurde der Hof der Großmoguln zum bedeutenden Zentrum. Diese Kunst stand zuerst unter persischem Einfluß durch das Wirken safawidischer Künstler, die im Gefolge des Humayun an den Hof von Delhi kamen und dort die großen Bücherwerkstätten organisierten. Schon unter Akbar gibt es aber eine Miniaturistenschule autonomen und urspünglichen Stils, die aus der großen Beteiligung hinduistischer Künstler mit ihrem aufgeschlossenen Sinn für die Natur Impulse empfängt. Unter Dschahangir und Schahdschahan erreicht die Miniaturmalerei ihre höchste Verfeinerung, und Anregungen aus den figürlichen Darstellungen Europas, insbesondere der italienischen und flämischen Kunst, die zuerst als Stiche nach Indien gelangten, werden aufgenommen und verarbeitet. Eine ganze Anzahl sensibler Werke höchster Vollendung sind vor allem von den hervorragenden Porträtminiaturen erhalten. Im Kunsthandwerk verdienen die unter persischen Einflüssen entstandenen Stoffe und auch die Teppiche besondere Erwähnung. Die stärksten Eindrücke von der islamischen Kunst Indiens bietet uns in reichster Fülle jedoch die Architektur. Wahrscheinlich ist es keine Übertreibung, wenn man mit Sir Mortimer Wheeler sagt, daß «die indisch-islamische Architektur die bezauberndste Episode in der gesamten Geschichte der Baukunst ist».

Die indisch-islamische Architektur, die mit der ersten Dynastie von Delhi begann, wurde unter den folgenden Dynastien des Sultanats weiterentwickelt, hat aber

Delhi (Indien). Alaí Darvazà (ungefähr 1305).
Dies ist das Eingangstor zu der von Ala ud-Din
Khalji geplanten Erweiterung der Moschee Quvvàt
al-Islam. Bei dem würfelförmigen Torpaviilon,
den eine etwas flachgedrückte Kuppel deckt, sind
die Mauern durch Blendnischen und Nischen mit
Marmorgittern belebt. Trotz des Prunks hat dieser
Bau eine ausgewogene Komposition. Sein Dekor
ist aus rotem Sandstein und weißem Marmor
gearbeitet, zu dem Inkrustationen aus schwarzem
Marmor und blauem Schiefer hinzukommen,
woraus man auf die Mitarbeit von Künstlern
aus dem Gudscharat schließen kann.

Rekonstruktionszeichnung der Moschee Quvvàt
al-Islam (von Percy Brown):
1. *Die erste Moschee des Kutb-ud-Din Aibak*
2. *Kutb-Minar*
3. *Die Erweiterung des Iltutmisch*
4. *Das Mausoleum des Iltutmisch*
5. *Die nur zum Teil ausgeführte Erweiterung*
   des Ala ud-Din Khalji
6. *Alai-Minar, das riesige, aber nicht vollendete*
   Minarett, das Ala ud-Din Khalji geplant
   hatte
7. *Das Mausoleum des Ala ud-Din Khalji*
8. *Die Medresse des gleichen Herrschers*
9. *Alaí Darvazà, das Eingangstor*

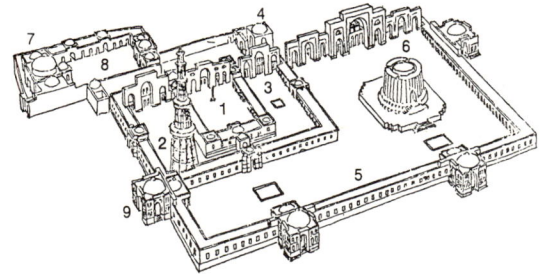

136

erst in der Zeit der Großmoguln eine eigene stilistische Einheit erreicht. In der
ersten «imperialen» Phase (12. - 16. Jahrhundert), für die vor allem die Bauten
von Delhi und Ajmer (Radschasthan) kennzeichnend sind, haben sich die Provinz-
Sultanate gebildet, die beim Fall der Tuglak-Dynastie die Unabhängigkeit gewannen: Bengalen, Gudscharat, Dschaunpur, Malwa, Dekkan, Khandesch, Bidschapur
und Kaschmir. Dschaunpur und Malwa sind vom Hofstil von Delhi stärker ab-
hängig, während man in den anderen Sultanaten merkliche Unterschiede feststellen kann, die auf das Überwiegen starker lokaler Traditionen zurückzuführen
sind – wie zum Beispiel im Gudscharat – oder auf besondere Umweltbedingungen
(zum Beispiel in Kaschmir und Bengalen). Im Dekkan hingegen ist im Sultanat
der Bahmani zunächst ein starker persischer Einfluß zu beobachten, den man auch
in der Architektur der Nachfolgestaaten des Bahmani-Reiches (Bidschapur und
Golkonda) feststellen kann. Von der zweiten Hälfte des 16. Jahrhunderts an ist
in den Bauten dieser Sultanate eine starke Wiederbelebung hinduistischer Einflüsse
zu beobachten, während man im 17. Jahrhundert in Bidschapur auf deutliche
osmanische Einflüsse trifft.

Im Gegensatz zur Hindu-Architektur, die fast ausschließlich sakrale Bauten aufweist, ist die islamische Architektur in Indien durch eine große Vielfalt von Bauten
vertreten, seien es sakrale Monumente (Moscheen und Gräber) oder profane
Bauten für öffentliche und private Zwecke (Festungen, Paläste, Pavillone, Brücken,
Gartenanlagen, Häuser). Verglichen mit anderen islamischen Ländern blieben sie
uns in Indien in größerer Zahl erhalten, was mit darauf zurückzuführen ist, daß
das meistbenutzte Baumaterial – Bengalen und Kaschmir ausgenommen – Stein,
ein schöner roter Sandstein, ist, neben dem – hauptsächlich zu dekorativen
Zwecken, wie für die Umrahmung von Fenstern und Bogen – weißer Marmor
verwendet wird.

Die Baupläne sind recht einfach, doch ist es schwierig, sie auf gemeinsame Anregungen zurückzuführen. So gelangt man von einem vagen iranischen Einfluß,
der mit der iranischen Kultur der ersten türkisch-afghanischen Dynastien über-
einstimmt, zu deutlicheren timuridisch-zentralasiatischen Anregungen, die man an
der klar betonten Monumentalität der Bauten erkennen kann (insbesondere in
Dschaunpur), und traf unter den Mogulkaisern dann auf persische Einflüsse.
Bei der Ausbildung des indisch-islamischen Geschmacks sind auch lokale Traditionen stark beteiligt gewesen. In den Sultanaten von Delhi, vor allem aber in
den Provinz-Reichen, sind oft die Wahl des Dekors oder sogar des Bauplans
(Gudscharat, Kaschmir, Bengalen) durch sie bestimmt worden. Zur Zeit der Großmoguln hat man lokale ästhetische Überlieferungen bewußt beachtet, um so
eine Verschmelzung der beiden Welten zu versuchen. Wenn dies auch bei der
Wahl der Vorbilder zu einer gewissen Verwirrung geführt hat, so hat es anderseits mit dazu beigetragen, daß die indisch-islamische Architektur einen völlig
originalen Charakter erhielt.

Die ersten arabischen Bauten in Sind, im Pandschab und im Gebiet von Lahore
(das mehrere Jahre die Hauptstadt der Ghasnawiden war) sind zerstört worden,
ausgenommen einige Moscheen vom ersten 'abbasidischen Typ, die man in den
Ruinen von Mansura-Brahmanabad und in Tatta, im Süden der Provinz Sind
wiederentdeckt hat, – sie waren aus Ziegeln und Teakholz erbaut.

Die Architektur der Ghasnawiden und Ghoriden Afghanistans hat für einige der
erhaltenen indisch-islamischen Bauten die Vorbilder geliefert. Der hochberühmte
Kutb-Minar von Delhi ist angeregt worden durch das unter den Ghoriden erbaute Minarett von Jam in Afghanistan. Beachtenswert ist anderseits auch der
Einfluß, den Indien zur Zeit der Ghoriden in einigen afghanischen Gebieten – vor
allem auf dem Gebiet des Dekors – ausgeübt hat. Dafür zeugen eine ganze Reihe
marmorner Grabskulpturen in Ghasni und in einer kleinen Moschee im Süd-
westen Afghanistans, die kürzlich von dem Iranisten Gianroberto Scarcia entdeckt
wurde. Sie gehört zu den seltenen Steinbauten und zeigt unübersehbare Einflüsse
der Kunst von Radschasthan. Die älteste Moschee von Delhi, die Quvvàt al-Islam,
die für zahlreiche Kaiser- und Provinz-Moscheen als Vorbild gedient hat, ist durch
die vielen Umgestaltungen zu einer schwer überschaubaren Anlage geworden.
Ihrem Plan nach geht sie zurück auf den Moscheetyp mit breitem Saal und davorgelagertem Hof. Aus Hindu- und Dschaina-Tempeln stammende Spolien wurden

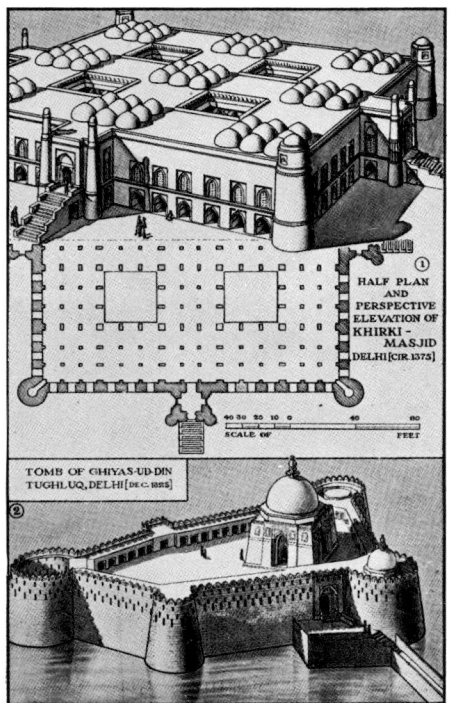

Delhi. Diese Rekonstruktionszeichnungen der Khirki-Moschee und ihres Grundrisses (oben) und vom Mausoleum des Ghiyàs ud-Din Tuglak in Delhi stammen von Percy Brown.

Ahmedabad. Rekonstruktion der Großen Moschee (von Percy Brown). Diese Moschee ließ der Sultan Ahmed, der Ahmedabad gegründet und zur Hauptstadt des Gudscharat gemacht hatte, zwischen 1411 und 1423 errichten. Sie ist typisch für einen der wichtigsten Provinzialstile. Eine besondere Entwicklung erfährt der Mittelteil mit dem Betsaal, dessen Kuppeln hohe Säulen in hinduistischem Stil mit übereinandergetürmten Teilen tragen. So entsteht ein Komplex von abgestuften Dächern mit breiten Vorkragungen, bei dem sich die bogenlinige Architektur iranischer Herkunft – die auch im großen Iwan vertreten ist – mit der hinduistischen Dreistein-Tradition verbindet.

beim Bau verwendet, dessen erste Periode auf 1195 zu datieren ist. 1199 erhielt der Betsaal nachträglich eine monumentale Fassade, deren Bogen iranische Einflüsse zeigen, die aber zu dem übrigen Bau nicht paßt. Sie wurde von ortsansässigen Handwerkern ausgeführt, die unechte Bogen mit vorkragenden Steinen errichteten.

Von ähnlicher Anlage ist die Arhai-din-ka-jhompra in Ajmer, die zwischen 1200 und 1235 erbaut wurde. Auch hier paßt die Fassade iranischen Typs mit dem großen Iwan in der Mitte, den zwei Minarette überragen, nicht zu dem Bau mit den hinduistischen Pfeilern. Bei den Erweiterungen der Quvvàt al-Islam gibt es im Hinblick auf das Schema keine Umgestaltungen. Die erste geht auf Iltutmisch zurück und wurde 1229 abgeschlossen. Die dritte Bauphase, ein gewaltiges Unternehmen, fällt in die Regierungszeit des Ala ud-Din Khalji; bei dieser Erweiterung mußten die Moscheen seiner beiden Vorgänger miteinbezogen werden. Von dem gewaltigen Vorhaben wurden nur die Fundamente realisiert, und lediglich der Südteil der Umfassungsmauer mit dem Eingangstor, dem Alaí Darvazà (1305), ist vollendet worden. Dieser Torbau besteht aus einem würfelförmigen Sockel, der von einer flachen Kuppel gekrönt ist. Seine Mauern sind durch Nischen und Felder mit üppigem Dekor belebt, der aus rotem Sandstein und weißem Marmor gearbeitet ist und zusätzlich Inkrustationen aus schwarzem Marmor und blauem Schiefer hat. Nicht nur in der Polychromie, sondern auch an einigen Ornamenten kann man Einflüsse durch die Kunst von Gudscharat erkennen. Zu dem Erweiterungsplan des Ala ud-Din gehörte auch ein riesiges Minarett, von dem nur das erste Teilstück in Angriff genommen worden ist. Es sollte die dreifache Höhe des bereits riesigen Turms des Kutb-Minar erreichen. Dieses zur ersten Moschee von Delhi gehörende Minarett hatte Aibak 1199 gestiftet, damit es «Gottes Schatten auf den Osten und Westen werfe», wie auf einem seiner Schriftbänder steht. Vollendet, beziehungsweise wiederhergestellt und umgestaltet wurde es von Iltutmisch, von Firos Schah Tuglak und schließlich im Jahre 1828 von dem Großmogul Akbar II. In fünf übereinandergetürmten, sich verjüngenden Schaftelementen erreicht es jetzt eine Höhe von 73 Metern. Aber nur die ersten drei gerippten Teile mit dem sternförmigen Grundriß stammen aus der Entstehungszeit. Sie sind durch Balkone mit schönen Stalaktitgesimsen, auf denen sie ruhen, voneinander getrennt; elegante Schriftbänder, die von Bordüren mit geometrischen und floralen Motiven eingefaßt sind, schmücken sie. Wahrscheinlich hat ursprünglich ein kleiner überkuppelter Pavillon, ein Tschatri (chhattri), den Abschluß hergestellt wie bei dem ihm nächstverwandten Modell, dem aus der Ghoriden-Zeit stammenden Minarett von Jam. Obwohl der Kutb-Minar zu den charakteristischsten Werken der indisch-islamischen Welt gehört, ist er nur selten nachgeahmt worden. Später sollte das Minarett in Indien in das Gebäude, zu dem es gehört, eingegliedert werden; jedenfalls hat es dort nicht die Entwicklung erlebt, die ihm in der iranischen oder osmanischen Welt beschieden war.

Die Moscheen der Tuglak-Dynastie spiegeln wie die anderen Bauten dieser Epoche die militärischen Ideale der Dynastie und unterscheiden sich etwas in der Anlage, die geschlossener und kompakter ist. Die Khirkí-Moschee (etwa 1375) sieht von außen wie eine Festung mit Bollwerken aus. Sie erhebt sich auf einer Plattform mit Arkaden, sodaß man zu den vorspringenden Toren über elegante Treppen emporsteigen muß. Im Inneren hat sie vier kleine, rechteckige Höfe. Die Bedachung ist nicht einheitlich, bald ist sie flach, bald durch viele kleine Kuppeln gelöst. Eine Abwandlung dieses Schemas findet man in einigen späteren Moscheen Bengalens (Chota Sona-Moschee in Gaur, 1493 - 1519), die eine rechteckige Anlage mit wenigen und engen Öffnungen an den Seiten haben, also einen Saal ohne Hof, der von kleinen Kuppeln und einem eigenartigen Dach mit Vorkragungen bedeckt ist, das auf die in diesem Gebiet üblichen Holzhütten zurückgeht. Es sollte auch bei den Baumeistern der Großmoguln viel Gefallen finden (Pavillone mit bangaldàr in den Festungen von Lahore, Delhi und Agra). Bei den älteren Moscheen Bengalens (Adina, 1364) wurde das Schema mit Hof und Breitsaal beibehalten, der jedoch von einem geräumigen Transept mit Tonnengewölbe durchschnitten ist. Alle Bauten Bengalens wirken etwas massig und schwer durch die Verwendung großer Ziegel als Ersatz für die in diesem Gebiet seltenen Steine. In den Moscheen des Staates Gudscharat gewinnt das Transept, das im Ver-

Delhi (Indien). Das Mausoleum des Ghiyàs ud-Din Tuglak (1325), des Gründers der Tuglak-Dynastie (1320 - 1414). Die strengen und drückenden Linien dieses Monuments sind für den Stil der Dynastie kennzeichnend, von dem auch die Architektur der Sultanate von Malwa und dem Dekkan beeinflußt worden ist.

Delhi (Indien). Das Mausoleum des Humayun. Sein Bau wurde acht Jahre nach dem Tod des Herrschers (1556) begonnen und 1572 vollendet. Das inmitten eines Gartens auf einer hohen Plattform stehende Gebäude ist von der persischen Baukunst stark beeinflußt. Der Architekt war iranischer Abstammung. Durch die großen Nischen und die Fensterdurchbrüche hat er jene besondere Leichtigkeit und Luftigkeit erreicht, die diesen Bau auszeichnen. Man beachte die für den indischen Stil charakteristischen Tschatri an den Ecken.

Agra (Indien). Festung der Mogulkaiser. Der
Khass Mahal aus der Zeit des Schahdschahan
(1637). Dieser Bau enthielt den Hauptsaal des
Harems, vor ihm befindet sich ein Wasserbecken.
Rechts und links sieht man zwei Pavillone, deren
Dächer einen Bangaldàr haben. Sie werden
«naulaki» genannt, was «neun Millionen» bedeu-
tet.

Seite 142:
Fatehpur Sikri (Indien). Divàn-i Khas, der aus der
Zeit des Akbar (nach 1568) stammende Saal für
die Privataudienzen (der Saal für die öffentlichen
Audienzen war der Divàn-i Am). Er gehört zu
den interessantesten Bauten der Stadt. Die hindu-
istische Kunst, vor allem des Gebiets von
Radschasthan, war bei den Bauten von Fatehpur
Sikri in großem Maße und in programmatischer
Weise beteiligt worden. Diese Beschäftigung hin-
duistischer Künstler entsprach den universalisti-
schen Idealen Akbars.

Seite 143:
Fatehpur Sikri (Indien). Blick vom Säulengang
des Heiligtums des Scheichs Salím Chistí auf den
aus der Zeit des Akbar (nach 1568) stammenden Hauptiwan der Großen Moschee. Man beachte die charakteristischen Tschatri und die für
Radschasthan typischen S-förmigen Konsolen,
von denen das vorkragende Dach abgestützt wird.

hältnis zu den Seitenschiffen beträchtliche Proportionen aufweist, eine besondere
Bedeutung; dort waren die Traditionen des hinduistischen Steinbaus noch lebendi-
ger. Bei den Moscheen von Cambay (1325), Ahmedabad (1423) und Champanir
(1523), die nacheinander Hauptstädte lokaler islamischer Dynastien waren, findet
man interessante und pittoreske Gegenüberstellungen von Elementen der iranischen Architektur mit ihren Bogenlinien und solchen der traditionellen hinduistischen Architektur im Dreisteine-Material. Die manuelle Geschicklichkeit der
Dschaina-Goldschmiede, die in zahlreichen Gemeinden dieses Gebiets ansässig
waren, macht sich im durchbrochenen Marmordekor einiger Fenster der Moschee
des Sidi Sayyíd (Ahmedabad, 1515) bemerkbar, – ein Vorspiel zu den strahlenden
«Marmorspitzen» in den Palästen der Großmogul.
Unter den Dynastien der Sayyíd und Lodi wurden in Delhi keine Großen Moscheen
erbaut, sondern nur kleine Privatmoscheen, die zu Grabbauten gehören. Dennoch
sind sie beachtenswert, weil man an ihnen die autonome Entwicklung des primitiven, iranisch beeinflußten Lokalstils mitsamt den vitalen Anregungen aus der
Architektur der Timuriden verfolgen kann. Jetzt wird die Fassade mit den großen
Arkaden, die in der Quvvàt al-Islam ein isoliertes Element geblieben war, zum
Teil des Gebäudes, das mit der großen, im Bogenscheitel leicht zugespitzten Kuppel
seine höchste Betonung erhält (Motkí-Moschee, 1505). Vom gleichen Typ sind
die spätere Jamala-Moschee (1536) und die verhältnismäßig kleine, aber strahlende
Qalà-i Khanà (1545), die Privatmoschee des Sher Shah Sur in Delhi, bei der auch
der Dekor mit den polychromen Marmorinkrustationen erscheint, der später von
den Baumeistern der Großmoguln besonders bevorzugt werden sollte.

Eine monumentale Steigerung der Fassade mit den großen Iwanen findet man bei den Moscheen des kleinen Sultanats Dschaunpur (ungefähr 1360 - 1480), wo die Betsäle von Iwanen mit gigantischen Proportionen beherrscht werden, wie es dem timuridischen Geschmack entspricht, der sich zur gleichen Zeit im Iran entwickelt hat (Atala-Moschee, 1408; Große Moschee, 1470).

Ein Wiederaufleben des Stils der Tuglak kann man in der Architektur des Sultanats Malwa beobachten, das durch seine geographische Lage ein Sammelpunkt für Einflüsse aus Delhi, dem Gudscharat und dem Dekkan ist. In den Sakralbauten seiner Hauptstädte Dhar und Mandu begegnen wir allen Elementen, die für diese Länder charakteristisch sind: hohe, durch Treppen zugängliche Plattformen, Dächer mit Vorkragungen, Kielbogen und große Rundkuppeln. Die Betsäle haben ein Transept und Pfeiler, die durch Bogen verbunden sind. Ein lokales Kennzeichen ist die lebhafte Vielfarbigkeit der heute zu einem großen Teil nicht mehr erhaltenen Ornamentik, die aus verschiedenfarbigen Marmorsorten und anderen Steinen, auch Halbedelsteinen wie Achat, Jaspis und Karneol bestand. Besonderen Glanz bekamen die Wände durch blaue und gelbe glasierte Kacheln, die außen in Bändern und Feldern angeordnet waren, wie es einer in Multan weit verbreiteten Sitte entsprach; vielleicht haben die ansässigen Muslimen diese Tradition bei jener Stadt entlehnt.

Starke Beeinflussung durch Tuglak-Bauten kennzeichnet auch die regionale Architektur des Dekkan, die im übrigen weitgehend von persischen und zentralasiatischen Kunstformen bestimmt ist. Dies läßt sich weitgehend auf die Tatsache zurückführen, daß die erste unabhängige Dynastie, die in diesem Gebiet dem Sultanat der Tuglak folgte, aus Persien stammte, – weswegen sich ständig Künstler, Handwerker, Kaufleute und Soldaten, die aus den iranischen Gebieten kamen, dort niederließen.

Die Moscheen von Gulbarga, Bidar und Golkonda – zwischen 1347 und 1687 nacheinander Hauptstadt des Staates – zeigen entweder in der Anlage oder in der Konstruktion iranische Formen, darunter auch große zwiebelförmige Kuppeln nach timuridischem Geschmack sowie Minarette, die mit kleinen, stark gewölbten Kuppeln abschließen. In Gulbarga wurde 1367 von einem aus Kaswin stammenden

Baumeister eine Große Moschee ohne Hof, doch mit einer von Arkaden durchbrochenen Außenmauer erbaut. Sie hat große Kuppeln, die auf Tambouren mit Fenstern ruhen. Auch im Inneren ist sie originell; sie wird von einer Reihe großer Bogen mit sehr tiefliegenden Kämpfern gegliedert, die recht wirkungsvoll sind, – ein Eindruck, der später bei den etwas jüngeren Tuglak-Moscheen von Delhi, der Kalí- und der Khirkí-Moschee (1370 und 1375), nachgeahmt worden ist. Ein anderer ungewöhnlicher Bau ist die Medresse des Mahmúd Gawàn in Bidar (1481), die den Timuriden-Bauten nahe verwandt ist, was vor allem an der Monumentalität der mehrgeschossigen Anlage und an der Lebhaftigkeit des Dekors aus glasierten Kacheln zu erkennen ist. Einen noch prächtigeren Anblick von noch größerer Verfeinerung bieten die Moscheen der späteren Sultanate des Dekkan, Khandesch und Bidschapur, die die gleichen persisch-zentralasiatischen Merkmale, aber mit beträchtlichen hinduistischen Beiträgen aufweisen.

Eine typisch lokale Prägung haben die Sakralbauten von Kaschmir, die überwiegend nach uralten einheimischen Traditionen aus Holz gebaut sind. Bei den Moscheen – meist Vier Iwan-Anlagen mit kreuzförmigem Grundriß – kann man viele kaschmir-indische Elemente bei den zugespitzten Portalbekrönungen finden, deren Vorbilder in buddhistischen Pagoden oder Hindu-Tempeln zu suchen sind. In den sehr hohen Innenräumen kommt die Holzbauweise mit ihren schlanken Säulen zur Wirkung, die oft in Gruppen eingesetzt sind, um die weiten, mit Gewinden geschmückten Bogen und die Decken mit den Vorkragungen zu stützen.

Der Bau von Mausoleen war für Indien etwas Neues, da man die Toten zu verbrennen und ihre Asche in die heiligen Flüsse zu streuen pflegte. Wenn bei der Anlage von Moscheen – als Stätten des Kults – hinduistische Traditionen in gewisser Weise beteiligt sein konnten, so galt das nicht für die Grabbauten, deren Formen aus den iranischen Ländern eingeführt worden sind. Das hat jedoch die lokalen Baumeister, die häufig einheimische Handwerker im Dienst islamischer

Herren waren, nicht daran gehindert, ihren Geschmack in einigen kennzeichnenden Details der Ornamentation zum Ausdruck zu bringen. Dazu gehören die kleinen, auf schlanken Pfeilern ruhenden Tschatri auf den Dächern der um die Zentralkuppel angeordneten Trakte oder die stilisierten umgedrehten Lotosblüten, die die Kuppeln krönen, sowie die Kapitelle und Scheinkonsolen in phantasiereichen Entwürfen.

Wie bereits bei den Moscheen, so kann man auch bei den Grabbauten eine fortschreitende Entwicklung verfolgen. Sie beginnt mit den strengen und geschlossenen Formen der ersten auf die Kuppelmausoleen zurückgehenden Bauten (die Mausoleen des Iltutmisch und des Ala ud-Din Khalji in Delhi). Dann kommen die «militärischen» Monumente der Tuglak, deren Masse aus rotem Sandstein mit den abgeschrägten Flächen durch die Kuppel und den Dekor aus weißem Stein verfeinert wird. Sie werden von den durchgebildeteren Formen der Mausoleen der Sayyíd- und der Lodi-Dynastie abgelöst, bei denen die Kuppel direkt auf einer Plattform von polygonalem Grundriß mit Arkaden zu ruhen scheint.

Das Streben nach monumentaler Wirkung steigert sich noch bei den Grabbauten des Geschlechts der Suri (das Grab des Hasàn Khan von etwa 1535 sowie das aus dem Jahre 1540 stammende Grabmal des Sher Shah, beide in Sasaràm). Bei diesen Monumenten begegnet man Plattformen mit Stufen und hohen, oft von Fenstern durchbrochenen Tambouren, auf denen die Kuppeln ruhen, die von zierlichen Tschatri umgeben sind. Die luftige und elegante Anlage, die so entstand, ist in manchem berühmten Grabbau der Großmoguln wieder aufgenommen worden.

In den Provinz-Sultanaten erlebt das Mausoleum, das hauptsächlich von den Vorbildern bestimmt ist, die unter den Dynastien der Tuglak und Lodi entwickelt wurden, gelegentlich leichte Umgestaltungen nach lokalem Geschmack. Beladen von hinduistischer Ornamentik, die dem Dekor des Michrab in der Adina-Moschee in Pandua sehr ähnelt, ist das Mausoleum des Jalàl ud-Din Muhammàd (1414 - 1431) am gleichen Ort. Bei den großen Grabbauten des Gudscharat, vor allem bei den Gräbern der Gemahlinnen des Sultans von Ahmedabad, überwiegt der hinduistische Geschmack für fein ausgearbeitete Ornamente an allen Architekturteilen. Trotz der Minarette, der islamischen Arkaden und Kuppeln sind diese Monumente kaum von hinduistischen Bauten zu unterscheiden.

In Malwa ist das Grabmal des Hoshàng (ungefähr 15. Jahrhundert) nicht nur durch seine Anlage bemerkenswert (ein würfelförmiger Bau mit einer auf einem Tambour ruhenden Kuppel), die den ersten indisch-islamischen Bauten ähnelt, sondern auch durch die Tatsache, daß hier zum erstenmal ein Mausoleum dieses Typs ganz aus weißem Marmor errichtet wurde. Im Jahre 1659 ist es von den Architekten der Großmoguln besucht worden, die das Tadsch Mahal erbaut haben, wie eine Inschrift bezeugt, die sie dort anbringen ließen.

Ein große Vielfalt findet man bei den Grabbauten des Dekkan, die wie die aus der gleichen Zeit stammenden Moscheen voller Pracht sind. Sie stehen auf hohen Sockeln mit Arkaden und sind von kunstvoll gestalteten, zwiebelförmigen Kuppeln gekrönt, die sich aus offenen Lotosblüten zu entfalten scheinen (Mausoleum des Ibrahim Roza in Bidschapur, 1615). Gelegentlich (wie beim Gol Gumbaz in Bidschapur von 1666) wird die würfelförmige Anlage beibehalten, aber sie wird an den Ecken durch originelle Minarette verschiedener Gestalt bereichert, die von Arkaden durchbrochen und von Kuppeln gekrönt sind, die sich an der Basis verengen. Bei den Grabbauten der Faruqi-Dynastie von Khandesch (15. Jahrhundert) wird hingegen die polygonale Anlage zahlreicher persischer Mausoleen wiederaufgenommen, doch werden sie mit einem dichten Steindekor hinduistischer Tradition überzogen. In Golkonda hat sich im Mausoleum des Sultans Dschamschid - wenn auch in abgewandelter Form - eine Erinnerung an die Grabtürme der Seldschuken mit polygonalem Grundriß erhalten. Jede Seite ist hier durch ein Tor mit Bogen oder Blendnischen durchbrochen. Die beiden Geschosse sind durch angebaute Terrassen getrennt, die von hinduistischen Konsolen abgestützt werden. Beim obersten Stockwerk sind die Ecken durch kleine Kuppeln betont, während eine schwere, zwiebelförmige Kuppel, die auf einem niedrigen, ebenfalls zweigeschossigen Sockelbau ruht, den ganzen Bau krönt. Eine weitere Erinnerung an die iranischen Mausoleen mit sternförmigem Grundriß

- wieder nach lokalem Geschmack abgewandelt - findet man in Srinagar in Kaschmir beim Mausoleum der Mutter des Zain ud-Abidin (1417 - 1467), dessen großer Eingangssiwan von Kuppeln überragt wird, die so angeordnet sind, daß sie eine abgestufte und abgerundete Pyramide bilden.

Mit dem territorialen Zusammenschluß Indiens unter den Großmoguln haben sich einheitliche ästhetische Kennzeichen im ganzen Land durchgesetzt. Der eigentliche Initiator der Mogul-Architektur war Akbar, während seine Vorgänger von den Eroberungszügen zu sehr in Anspruch genommen waren und sich demzufolge mit künstlerischen Aufgaben nicht beschäftigen konnten. Nur die Gründung einer kaiserlichen Bibliothek ist Humayun gelungen, nachdem er vom Hof des Safawiden Schah Tahmasp in sein Reich zurückgekehrt war. Mit Hilfe und unter der entscheidenden Anregung der beiden berühmten persischen Maler und Kalligraphen Mir Sayyíd Ali und Ábd us-Samád konnte sich so in Indien eine berühmte Schule der islamischen Miniaturmalerei entwickeln.

Um seine Politik einer Aussöhnung unter allen seinen Untertanen deutlich zu manifestieren, wollte Akbar auch der Kunst seines ungeheuren Reiches eine gemeinsame Ausdrucksform verleihen, in der alle islamischen und hinduistischen Tendenzen, die sich bisher in den so außerordentlich verschiedenen Gebieten gezeigt hatten, zusammenfließen sollten. So wurde unter ihm jener «eklektische» Stil ausgebildet, der in den zahlreichen auf ihn zurückgehenden sakralen und profanen Bauten von Allahabad, Lahore, Ajmer und Nagarcain nachzuweisen ist, und für den die Bauten seiner Residenz Fatehpur Sikri unübertreffliche Beispiele sind. Wheeler hat sie als eine «Orgie hinduistischer Phantasie im Rahmen einer iranischen Konstruktion» bezeichnet. Wenn die allgemeine Anlage der Paläste von der für iranische Bauten typischen Schlichtheit beeinflußt worden ist, die jedoch unter dem Geschmack der Dynastien der Khalji, der Sharqi von Dschaunpur, der Lodi und der Suri eine Weiterentwicklung erfahren hatte, so ist die Ornamentik hingegen völlig hinduistisch mit ihren Pilastern, Konsolen, Architraven, Tschatri, vorkragenden Wasserrinnen und Balkonen, die auf die überraschendste und einfallsreichste Weise zusammengestellt sind. In diesen üppigen Kompositionsstil fügen sich auch halbnaturalistische Motive von Reben, Blüten und Granatäpfeln ein, figürliche Reliefs und Wandmalereien, bei denen sich die künstlerischen Tendenzen aus Persien, dem Land der Radschputen und aus China verschmelzen.

Die anderen Festungs-Residenzen Akbars waren wie die Königsstädte der Tuglak (zum Beispiel Kotila-Firosschah) an strategisch wichtigen Stellen errichtet, nämlich zwischen einem Fluß und der eigentlichen Hauptstadt, sodaß sie beide beherrschten und doch gleichzeitig isoliert waren. Die Privatpaläste waren auf den Fluß ausgerichtet, während die Ämter, die Moschee, die Kasernen, der Basar und der Hof für die Audienzen auf der Stadtseite lagen. Hohe Ziegelmauern, die mit Platten aus rotem Sandstein verkleidet waren, umgaben den ganzen Komplex. Nach außen führten vier durch Verteidigungswerke geschützte Tore, die oft von Elefantenstatuen flankiert waren.

Dem «eklektischen» Stil Akbars begegnet man auch in den Bauten des Dschahangir und sogar noch in einigen Anlagen, die auf Schahdschahan zurückgehen (Palast und Park am Ana Sagár-See bei Ajmer, 1637), obwohl die Architektur unter ihm eine neue stilistische Richtung erhielt.

Verhältnismäßig unbetroffen von diesen Entwicklungen sind die Mausoleen, wie das 1572 vollendete Mausoleum des Humayun in Delhi zum Beispiel zeigt. Bei ihnen bleiben die starken persischen Einflüsse vorherrschend, auch wenn sich bereits die unter den Mogulkaisern herrschende Tendenz ankündigt, den ursprünglichen iranischen Kern zur komplizierten Anlage eines Pavillons zu «erweitern», in dem die Geschosse mit den Arkaden und die um die Zentralkuppel angeordneten Tschatri vervielfacht werden.

Die Bestrebungen nach einer Wiederherstellung der islamischen Orthodoxie, die nach dem Tode Akbars einsetzten, bedeuteten das Ende des eklektischen indoislamischen Stils. Deren Erfolg war aber nicht mit der Übernahme völlig iranischer Formen verbunden, weil damals die beiden Länder durch politische Rivalitäten entzweit waren. Hingegen lösen indo-islamische Motive des Dekkan und Bengalens die Elemente des Gudscharat oder des Nordens ab. Das deutlichste Kennzeichen ist die Bevorzugung weißen Marmors für fürstliche Bauten, während der rote Sand-

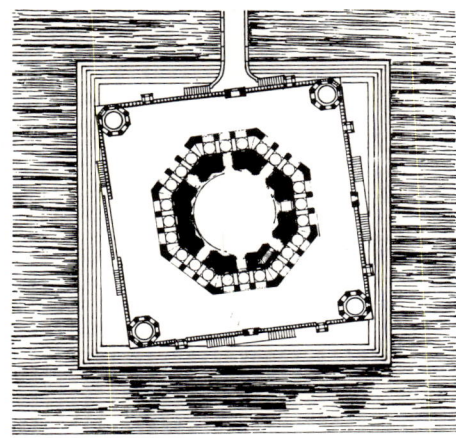

Sasaràm. Grundriß vom Mausoleum des Sher Shah Sur. Auf einer Plattform mit vier Eckpavillonen errichtet, erhebt sich dieser Bau auf einer künstlichen Insel über einer Wasserfläche. Das eigentliche Mausoleum ist ein von einer Kuppel gekröntes Oktogon, das eine vorgelagerte Galerie mit kleinen Kuppeln umgibt. Die Zentralkuppel wird von einem Tambour getragen. An jeder Ecke befinden sich Tschatri.

Delhi. Grundriß vom Mausoleum des Humayun. Dieser Bau ist durch eine reiche Gliederung gekennzeichnet, wie es den Grundsätzen der Architektur entspricht, die sich zur Zeit der Timuriden auf iranischem Gebiet entwickelt hat.

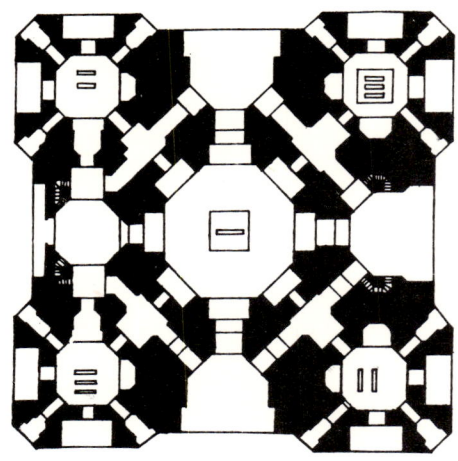

Agra (Indien). Detail von einem der Ecktürme des Mausoleums des Itimad-ud-daula (1628). Man sieht die feinen, mosaikähnlichen Steininkrustationen, die für die großen Bauten der Mogulkaiser typisch sind. Im Hintergrund ist eines jener Gebäude zu erkennen, die zusätzlich den Garten schmücken, in dessen Mitte das Mausoleum steht.

Agra. Plan von der Gartenanlage und dem Mausoleum des Tadsch Mahal. Zu dem am Ufer des Dschamna gelegenen Grabbau gelangte man durch einen persischen Garten. Das Mausoleum ist ganz aus weißem Marmor mit Einlagen aus Halbedelsteinen erbaut. Es steht auf einer niedrigen Plattform mit vier Eckminaretten in der Mitte einer Terrasse. Rechts und links erheben sich zwei Pavillone aus rotem Sandstein, eine Totenmoschee und ein Pilgerhaus. Jeder dieser Pavillone hat einen in drei Räume unterteilten Saal und ist von einer Kuppel gekrönt. Der Plan des Mausoleums geht auf iranische Vorbilder zurück. Seine große Zwiebelkuppel ruht auf einem hohen Tambour, während die zum weitverbreiteten Schema der Timuriden-Architektur gehörende tieferliegende Innenkuppel nicht zu sehen ist.

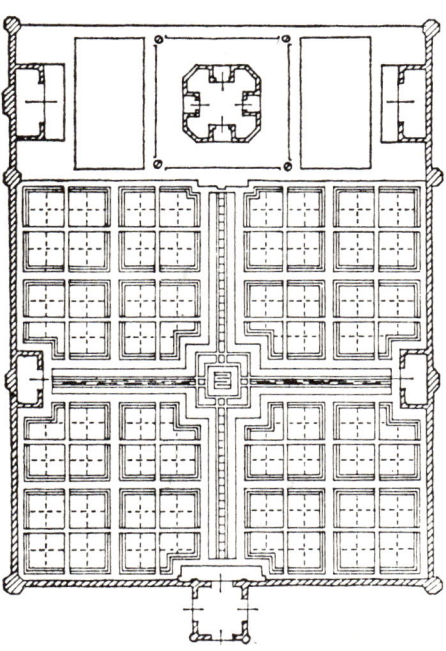

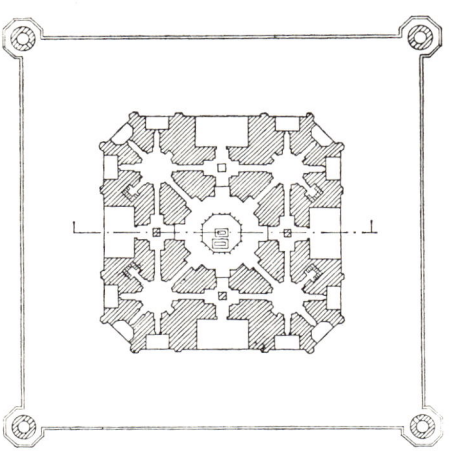

Agra (Indien). Festung der Mogulkaiser. Moti-Masjid, die «Perlmoschee», die 1646 bis 1653 unter Schahdschahan erbaut wurde. Blick auf die Zwiebelkuppeln über dem Betsaal und die Tschatri.

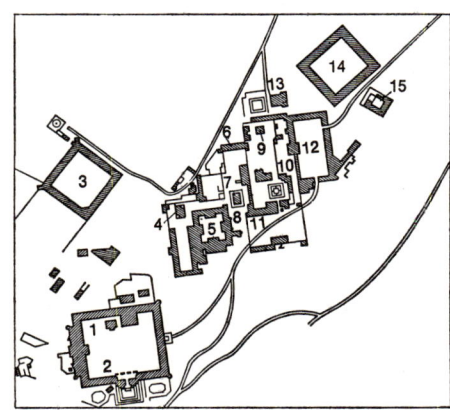

stein nur für die Fundamente und die geringeren Bauten benutzt wurde. Die stärker linear betonten Gebäude wurden durch Pfeiler und Lotosknospenkapitelle bereichert, durch Zacken- und durch Kielbogen, durch unsymmetrische Blütenkonsolen und Dächer mit Bangaldàr, durch Tafeln mit Blumenreliefs, bei denen vor allem Einflüsse aus Kaschmir zu erkennen sind, das von den Mogulkaisern als Sommerresidenz benutzt wurde. Auch an europäischen Anregungen hat es nicht gefehlt, wie Halbkreisbogen, Barockvoluten oder «Florentiner Mosaiken» (Pietra dura) zeigen. Dieser auf Nur-Dschahan, die persische Gemahlin des Dschahangir, zurückzuführende Stil erreichte seine größte Prachtentfaltung und seine höchste Vollendung in den Marmorpalästen der Festungen von Lahore, Agra, Delhi und Ajmer, die Schahdschahan errichten ließ. Auch die berühmten Mausoleen des Dschahangir in Lahore, des Itimad-ud-daula (Vater der Kaiserin Nur-Dschahan) und der Kaiserin Mumtas-Mahal (Tadsch Mahal) in Agra gehören zu den reifsten Werken dieses Stils, ganz abgesehen von den großen öffentlichen und privaten Moscheen in den gleichen Städten. Die Paläste sind meist um Höfe erbaut oder liegen in Gärten und haben einen recht einfachen Plan (Pavillone mit vorkragendem Dach), der durch außerordentlich verschiedene dekorative Elemente bereichert wird: Pfeiler und Arkaden von höchst verfeinerten Formen, durchbrochene Marmorplatten, die mit dem handwerklichen Geschick von Goldschmieden ausgearbeitet wurden, Blütenornamente und geometrische Motive in den verschiedensten Mustern. Oft gehören auch Brunnen dazu, Wasserbecken in Form von Lotosblüten und Fischteiche. Der Glanz des Marmors wird durch farbige Mosaiken aus bunten, goldgetönten oder türkis und rot bemalten Steinen belebt.

Für den Entwurf des weltberühmten Tadsch Mahal dienten als Richtlinien äußerste Schlichtheit und höchste Verfeinerung. Es ist das Mausoleum der Mumtas-Mahal, der «Lieblingsfrau» des Schahdschahan und wurde 1632 bis 1648 in Agra erbaut. Das Monument hat einen unregelmäßig oktogonalen Grundriß und wird von einer Zwiebelkuppel gekrönt. Der Sockelbau, den Tschatri und kleine Minarette schmücken, steht nach dem üblichen Schema der Großmogul-Zeit, das sich bereits unter der Suri-Dynastie durchgesetzt hatte, auf einer Plattform mit Eckminaretten. Vor dem Mausoleum, das in einem weiten Garten liegt, erstreckt sich ein langes

Fatehpur Sikri (Stadt des Sieges). Plan der Residenz. Die etwa drei Kilometer von Agra entfernte Zitadelle wurde 1568 als ein Zeichen des Triumphes für die Eroberung des Gudscharat von Akbar gegründet. Sie liegt in der Nähe des Ortes Sikri. Dort hauste Salim Chisti, ein Asket, dem der Kaiser die Geburt seines Erben, des späteren Kaisers Dschahangir, zu verdanken glaubte. Siebzehn Jahre später, nämlich 1585, hat Akbar Lahore zur Hauptstadt erhoben. Fatehpur Sikri wurde aufgegeben, was unter anderem auf die Schwierigkeiten in der Wasserversorgung zurückzuführen ist:

1. Grab des Scheichs Salim Chisti
2. Große Moschee
3. Karawanserei
4. Haus des Rajà Birbàl
5. Palast des Jodh Bai
6. Krankenhaus
7. Panch Mahal (fünfgeschossiger Palast)
8. Palast der Maryam al-Zamani, einer Prinzessin des Radschasthan, die die Gemahlin des Akbar und die Mutter des späteren Kaisers Dschahangir war.
9. Divàn-i Khas (Saal für die Privataudienzen)
10. Mädchenschule
11. Daftàr Khàn (Archiv)
12. Divàn-i Am (Saal für die öffentlichen Audienzen)
13. Bäder
14. Münze
15. Schatzhaus

Agra (Indien). Festung der Mogulkaiser. Perlmoschee, Blick auf den Betsaal. Hier haben wir ein gutes Beispiel für die klassische Baukunst der Großmoguln, für die auch die Zackenbogen typisch sind. Man beachte die Michrab-Darstellungen auf dem Fußboden. Sie dienten dazu, den Gläubigen ihre Stellung während des Gebetes anzuweisen.

150

Delhi (Indien). Die Große Moschee (1644 - 1658), die unter Schahdschahan erbaut wurde. Sie ist die größte Moschee der Mogulkaiser. Blick vom Hof auf die Fassade des Betsaals, die von zwei Minaretten eingerahmt und vom Hauptiwan und *den drei Zwiebelkuppeln beherrscht wird, wie es einem aus der Timuriden-Zeit stammenden Schema entspricht. Die Moschee steht auf einer hohen Plattform mit drei Treppen; über sie gelangt man durch drei Tore in den Hof. Von der* *ziemlich niedrigen Arkaden-Einfriedung des Hofes heben sich die Baukörper des Betsaals und der Tore als starke Kontraste ab.*

152

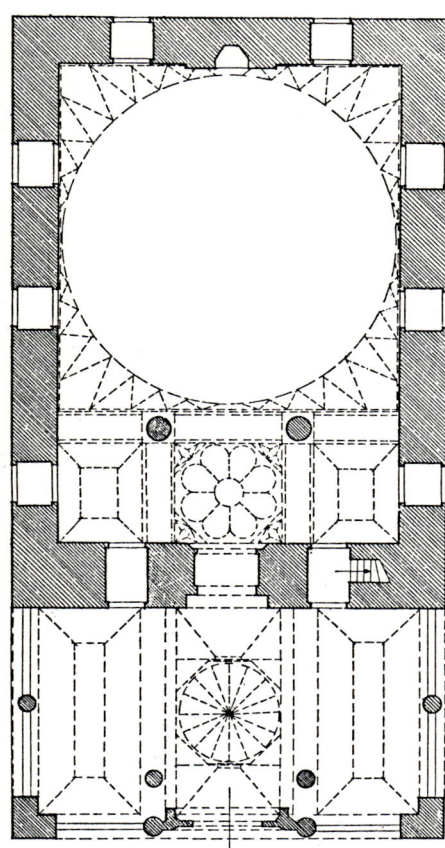

Iznik. Grundriß der Jeschil-Dschami (Grüne Moschee). Sie ist ein wundervolles Beispiel für die aus nur einem Kuppelraum bestehenden Moscheen. Der Übergang zum Kuppelkreis wurde hier mittels der «türkischen Dreiecke» erreicht, – eine für die erste osmanische Periode typische technische Lösung. Die dreibogige Säulenvorhalle kann auf byzantinische Einflüsse zurückgeführt werden.

Folgende Seite:
Istanbul. Rumelihisar, die auf dem europäischen Ufer des Bosporus gelegene Zitadelle, die unter Mohammed dem Eroberer 1452 innerhalb von vier Monaten errichtet wurde. Ihr gegenüber liegt auf dem asiatischen Ufer die Festung Anadoluhisar (1394-1395). Rumelihisar gehört zu den schönsten Wehrbauten des Orients. Den Plan der Festung soll der Sultan selbst entworfen haben, und er soll auch beim Bau beteiligt gewesen sein. Es heißt, er habe vor allem den Bau der Ringmauern überwacht, während er die Errichtung der drei großen Türme von Ministern habe beaufsichtigen lassen.

Wasserbecken, während zu seinen beiden Seiten die Pavillon-Bauten einer Totenmoschee und ihres Gegenstücks, einem Pilgerhaus, in die Anlage miteinbezogen sind. Die beiden letzterwähnten Gebäude sind aus rotem Sandstein. Das Mausoleum, für das der leuchtende und warmfarbige Marmor von Makrana benutzt wurde, geht auf persische Vorbilder zurück. Seine reinen architektonischen Formen verbinden sich harmonisch mit dem erlesenen Dekor der Inkrustationen. Die größte Wirkung geht aber ohne Zweifel von der vollendeten Eingliederung des Monuments in die Uferlandschaft des Dschamna aus, – eine Stimmung von unsagbar gelöster Melancholie. Dieses unübertroffene Meisterwerk der Baukunst aller Zeiten ist die Frucht der indisch-islamischen Kultur in vollendeter Reife, ist die Manifestation des höchsten Augenblicks einer sehnsüchtig gesuchten Synthese, ist die Verwirklichung des Wunsches nach klarer Harmonie, die die überfeinerte iranische Sensibilität des Babur noch vergeblich im üppigen, aber verzerrten Indien gesucht hatte, als er auf seinen Eroberungszügen mit diesem Land in Berührung kam.

Die großen Kaiser-Moscheen von Delhi (1648) und Agra kennzeichnen den Geschmack des Schahdschahan. Sie sind auf Plattformen errichtet, ihr Hof wird von niedrigen Arkaden begrenzt, über denen sich nach zentralasiatischem Vorbild der Block des Betsaales erhebt. Drei große zwiebelförmige Kuppeln aus weißem Marmor krönen ihn, und vorgelagert ist der gewaltige Iwan. In Delhi sind die Kuppeln durch längenkreisartige Zierleisten aus schwarzem Marmor unterteilt, während sie in Agra Ränder von rotem Sandstein haben. Marmorverkleidungen mit Inkrustationen aus bunten Steinen schmücken die Fassaden der Hofseite, die Portalbauten und die Michrabs.

Nur auf den von drei kleinen Zwiebelkuppeln bedeckten Betsaal beschränkt sind die durch höchste Verfeinerung ausgezeichneten kleinen Motí-Masjíd (Perlmoscheen) in den Festungen von Agra und Delhi und auch die Moschee, die Schahdschahan 1640 in der Umgebung von Kabul nach der Eroberung von Balkh und der Provinz Badaghschan errichten ließ; sie steht in der Nähe der bescheidenen Grabstätte seines großen Ahnen Babur.

Mit der Machtübernahme durch Aurangseb setzte ein schneller Verfall der Architektur ein. Zwar entsprach der systematischen Zerstörung der hinduistischen Tempel ein planmäßiger Aufbau von Moscheen und öffentlichen Bauten, doch wurde unter Berücksichtigung der orthodoxen Doktrin immer häufiger leichtvergängliches Material für solche Gebäude benutzt. Marmor und Sandstein wurden durch unbearbeitete Steine und alte Ziegel verdrängt, während der Dekor aus geformtem und bemaltem Stuck gearbeitet wurde, was einen dürftigen Eindruck machte. Überladenheit, Schwerfälligkeit und Unsicherheit wurden zu Merkmalen des Stils. Zu den besseren Werken dieser Periode gehören das Mausoleum der Bibí-ka Rauza, einer der Gemahlinnen des Aurangseb, in der neuen Hauptstadt Aurangabad im Dekkan; es wurde nach dem Vorbild des Tadsch Mahal erbaut, ohne dessen wundervolle Erhabenheit zu erreichen, obwohl es nicht ohne beeindruckende Schlichtheit ist.

Unter den letzten Großmogul hat man versucht, den Mangel an Ursprünglichkeit durch Bauten mit prunkvollem Dekor, aber von oft schlechtem Geschmack zu ersetzen. Die einzigen Erben der großen Traditionen der Mogulkaiser sind die Nawab-Wesire («Statthalter») von Oudh gewesen, der Nisam von Haiderabad und die überlebenden Radschputenfürsten.

Unter den Großmogul hat sich in Indien die Vorliebe für persische Gärten durchgesetzt, die auf Babur zurückgeht, der in diesem Land, das einen großen Teil des Jahres trocken ist, Sehnsucht nach den grünen Wiesen und Bächen von Fergana empfand, wo er seine Kindheit verbracht hatte. Als ein Mann von lebendigem und keineswegs literarischem Naturempfinden bemühte er sich, wo immer es möglich war, grüne, den Körper und den Geist erfrischende Oasen zu schaffen. Rührend ist seine Freude, wenn er in seinen «Erinnerungen» erwähnt, daß ihm bei Agra die Anlage eines Gartens gelungen sei, oder wenn er berichtet, zu welchen Erfolgen seine Initiative geführt habe: «So entstanden in Indien, dem es an Anmut und Harmonie gemangelt hat, schöne und gepflegte Gärten. Überall sah man liebliche Wiesen und auf jeder blühten Rosen und Narzissen» (nach der Übersetzung von Alessio Bombaci).

Das Osmanische Reich

«Sultan Mahomet Dei gratia totius Asie et Grece Imperator», unter diesem bezeichnenden Titel wird in einigen venezianischen Urkunden des Jahres 1480 Mohammed Fatih (der Eroberer) aufgeführt, der mit der Einnahme von Konstantinopel im Jahre 1453 dem Oströmischen Reich das Ende bereitet hat. Die eineinhalb Jahrhunderte währenden Kämpfe zwischen dem Osmanischen und dem Byzantinischen Reich waren mit dem Fall dieses letzten Bollwerks nun endgültig entschieden.

Kurz vor 1300 hatte das letzte der großen mittelalterlichen Reiche des Mittelmeerraums von einem der türkischen Fürstentümer seinen Ausgang genommen, die sich als Nachfolgestaaten der Seldschuken von Rum nach der Aufteilung Anatoliens gebildet hatten. Der Osmanische Staat *(osmanlï),* dessen Name sich von seinem Gründer 'Othman (Osman, gestorben 1326) herleitet, war ursprünglich auf ein kleines Gebiet zwischen Phrygien und Bithynien beschränkt. Seine erste feste Hauptstadt war Bursa (Prusa), das 1326 erobert wurde. In der folgenden Zeit gewannen die Osmanen über die anderen Fürstentümer Anatoliens immer mehr Überlegenheit und konnten sich im Jahre 1354 unter Ausnutzung der politischen Wirren auf dem Balkan sogar in Gallipoli festsetzen. Sie verfügten nicht nur über ein gut organisiertes Heer, sondern waren vor allem besessen von der Idee des Heiligen Krieges. Mit der Eroberung von Thrakien und Makedonien gelang es ihnen dann, in Europa fest Fuß zu fassen. Im Jahre 1402 erlitt der Osmanische Staat in seinem dynamischen Expansionsdrang aber einen schweren Rückschlag, als die Türken durch das timuridische Heer bei Ankara besiegt wurden. Damals ist sogar der osmanische Sultan Bajesid I., genannt Jyldyrym (der Blitz), von Tamerlan gefangengenommen worden.

Wenn auch ein großer Teil der anatolischen Besitzungen mit dieser Niederlage verlorenging, so blieben dem Osmanischen Staat doch noch die europäischen Länder, in denen ziemlich schnell eine Neuorganisierung gelang. Ein halbes Jahrhundert später war Anatolien bereits zurückerobert, und 1453 fiel, wie erwähnt, Konstantinopel, das jetzt den Namen Istanbul erhielt und endgültig türkisch wurde.

Die Zeit von der Eroberung Konstantinopels bis zum Tod von Süleiman dem Prächtigen (1566) kann als das Goldene Zeitalter des Osmanischen Reiches bezeichnet werden. In Europa reichten seine Grenzen bis zur Donau und zur Krim. Die gesamte Levante stand unter seiner Herrschaft: Syrien, Ägypten, Mesopotamien, die arabische Halbinsel und die nördlichen Küstengebiete Afrikas mit Ausnahme von Marokko. Das Osmanische Reich ist die dauerhafteste Schöpfung der türkischen Welt gewesen und hat sich als besonders lebenskräftig erwiesen; stets blieb es dem Islam verhaftet. Der Staat ist mit Umsicht und Energie aufgebaut worden, – ein in besonderer Weise und ausgezeichnet organisiertes Heer, eine Verwaltung eigener Art und ein gut ausgeglichenes soziales System, das zwar insgesamt mittelalterlich war, aber zweifellos moderne und zukunftsweisende Aspekte bot, sind die Grundlagen gewesen, die ihm zustatten kamen. Seine Organisatoren waren frei von Vorurteilen, denn dem religiösen Gesetz des Islam, der Scheri'a *(sharia),* wurde ein zeitliches Gesetz, Kanun *(qanun),* beigeordnet, dem vor allem Süleiman zu Wirksamkeit verhalf, der deswegen auch von den Türken «der Gesetzgeber» (Kanuni) genannt worden ist, während er im Abendland unter dem Beinamen «der Prächtige» Ruhm genießt. Die «Kanun-name» genannten Rechtsvorschriften dienten der Lösung praktischer Probleme des Staates, ein Komplex, den die Scheri'a bei aller Genauigkeit hinsichtlich der individuellen Pflichten des Muslim in recht allgemeiner, den praktischen Anforderungen nicht genügender Form behandelte.

Der Osmanische Staat hat es verstanden, im Inneren durch seine in religiösen Fragen tolerante Politik die Ruhe zu sichern, indem er von Anfang an die alte islamische Institution der den besiegten Völkern zugebilligten «Protektion» *(dhimma)* übernahm. Die Unterworfenen wurden in die sogenannten Millet, Religionsgruppen verschiedener Konfessionen, eingeteilt, wodurch sich der Staat regelmäßige Steuereinnahmen sicherte. Außer diesen Abgaben waren sie vor allem zur Treue

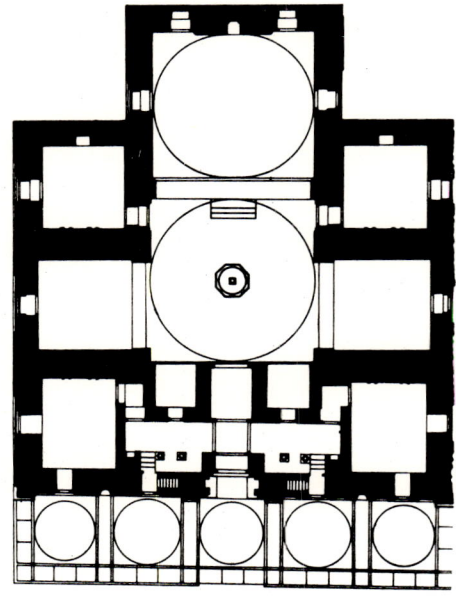

gegen den Herrscher verpflichtet. Im Osmanischen Reich waren die Millet theoretisch alle gleichgestellt, doch wurden die Muslimen, weil die herrschende Klasse zu ihnen gehörte, offensichtlich bevorzugt. Die Gesellschaft bestand aus zwei Hauptklassen, der herrschenden Klasse – das heißt die Osmanen – und der Klasse der Untertanen (die «beschützte Herde»). Diese Einteilung wurde aber nicht starr aufrechterhalten, sondern hing mit von Verdiensten ab, wodurch eine beachtliche soziale Beweglichkeit gewährleistet war. Das Fehlen eines eigentlichen völkischen Bewußtseins – bei den Osmanen hatte die Idee von der islamischen Ökumene Vorrang – begünstigte die Verbreitung einer türkischen Kultur von großer Anpassungsfähigkeit, die für die uneinheitlich zusammengesetzte Gesellschaft geeignet war.

Wie stets in der islamischen Geschichte gab es keine erzwungenen Glaubenswechsel. Der Übertritt zum Islam ist eine soziale Angelegenheit gewesen. Die Konversionsbestrebungen gingen von den Städten aus oder waren eine Reaktion auf besondere ethnische und religiöse Bedingungen, wie im Fall der spontanen und beträchtlichen Übertritte in Bosnien und der Herzegowina, in Serbien und Makedonien. Eine Ausnahme war nur die typisch osmanische Einrichtung der Devsirme (devshirmè), der «Knabenlese», in denen christliche Jünglinge, vor allem Söhne von Bauern aus dem Balkan, zum Glaubenswechsel gezwungen und nach Anatolien gebracht wurden, um dort die türkische Sprache und türkische Sitten zu erlernen. Mit diesen Aushebungen wurde die zuverlässige Kerntruppe der Janitscharen, das Eliteheer, ergänzt, aber die Rekruten wurden auch zu Diensten in der Verwaltung oder am Hof erzogen. Zwar hat das christliche Europa die Knabenlese verdammt, an Ort und Stelle wurde sie aber zuweilen nicht nur geschätzt, sondern häufig unbestreitbar sogar gefördert; jedenfalls hat sich die Devsirme als eine wirkungsvolle Einrichtung zur Förderung der Beziehungen zwischen Siegern und Besiegten erwiesen. Hierzu trug weiterhin bei, daß die Janitscharen mit der weitverzweigten Bruderschaft der Bektaschi, einem in Anatolien entstandenen Derwisch-Orden, in dem auch christliche Riten Aufnahme gefun-

Bursa (Türkei). Blick auf die Jeschil-Türbe (Grünes Mausoleum), die Grabkapelle des Tschelebi Mohammed Khan (1421) mit der kennzeichnenden Verkleidung aus grünen Fliesen. Auf der rechten Seite sieht man die Jeschil-Dschami, die aus dem Jahre 1421 stammt.

Bursa. Grundriß der Jeschil-Dschami. Der Plan in Gestalt eines umgekehrten T geht auf die Vier Iwan-Anlage der seldschukischen Medresse zurück, ein Schema, das sich in der osmanischen Architektur lange erhalten hat.

156

Istanbul (Türkei). Blick auf die Süleimanijje-Moschee, die Süleiman der Prächtige 1550 bis 1557 errichten ließ, ein Werk des Hofarchitekten Sinan.

den hatten, ideologisch verbunden waren. Im übrigen herrschte im Osmanischen Reich die sunnitische Orthodoxie unangefochten; der Schiismus wurde auch als Manifestation der Macht der rivalisierenden Safawiden verfolgt und ausgerottet. Die ketzerischen Elemente des Sufismus wiederum wurden von den religiösen Bruderschaften aufgefangen; diese unterstanden der unmittelbaren Kontrolle durch den Sultan und waren ihm treu ergeben.

Nachdem Selim I. (1512-1520) der Mamluken-Herrschaft ein Ende bereitet hatte, erklärte er sich zum Beschützer der Heiligen Stätten und gewann damit nicht nur bei allen arabischen Völkern, sondern in der islamischen Welt insgesamt unermeßliches Ansehen. Durch die Erfolge seiner Heere hat er sich in gewisser Weise das Recht erworben, den Kalifentitel zu führen, den er nach Vernichtung des ägyptischen Kalifats angenommen hatte, denn die islamische Gemeinschaft erhielt durch ihn wieder eine energische Führung. Die unter Selim vollzogene Eroberung der arabischen Gebiete hat die islamische Komponente des Reichs gestärkt, sodaß die Kultur des Osmanischen Reiches sich ganz im traditionellen Milieu des Islam entfalten konnte. Die Bereitschaft, Einflüsse aus dem Westen aufzunehmen, blieb auf die «praktischen» Wissenschaften begrenzt. Daß Mohammed II. die griechische Bevölkerung nach Istanbul zurückgerufen hat, was ihm von dem Historiker Christobulos den Beinamen «Philhellenos» eintrug, oder der Aufenthalt Gentile Bellinis an seinem Hof, der von dem Eroberer ein berühmtes Porträt geschaffen hat, und auch die Einladung, die Bajesid II. an Michelangelo gerichtet hat, an seinen Hof zu kommen, um eine Brücke zwischen Istanbul und Galata über das Goldene Horn zu bauen, dürfen uns nicht zu der Annahme verleiten, daß die Osmanen für den Geist der Renaissance wirklich aufgeschlossen waren.

Als ein Ereignis von großer Bedeutung ist zu erwähnen, daß die Medressen für weltliche Studien geöffnet wurden. Die osmanische Kultur ist zwar als eine spätislamische Kultur in ihren Grundzügen enzyklopädisch gewesen, zeichnete sich aber durch Reichtum und den Eifer ihrer Anhänger aus, sodaß Istanbul zu einem der bedeutenden Wissenszentren des Islam wurde, wo unermeßliche Bücher-

Adrianopel / Edirne. Blick auf den Mich-rab-Raum der Selimijje-Moschee. Sie ist das Meisterwerk des berühmten Architekten Sinan, wurde 1569 begonnen und 1575 vollendet. Selim II. ließ sie nach der Eroberung Zyperns als Zeichen seines Triumphes errichten.

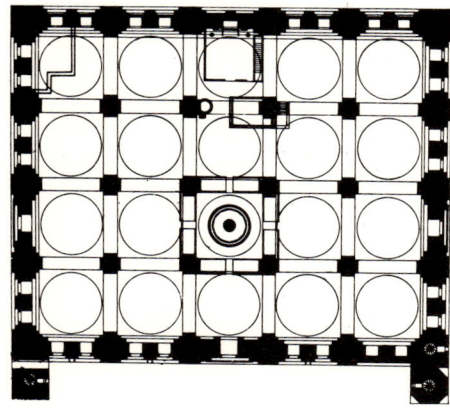

Bursa. Grundriß der Ulu Dschami (Große Moschee), die unter Murad I. begonnen und unter Bajesid I. (1394-1399) vollendet wurde. Sie gehört zum Typ der Moscheen, in deren Breitsaal jedes Geviert von einer eigenen Kuppel überwölbt ist, – die Last wird mit Hilfe von Pendentifs auf die Pfeiler übergeleitet. In der Moschee gibt es keinen Hof, aber er wird durch einen Reinigungsbrunnen in der Michrab-Achse symbolisiert. Die Kuppel über dem Geviert, in dem der Brunnen steht, ist nicht geschlossen, sondern weist im Scheitel ein großes «Auge» auf.

Adrianopel / Edirne. Grundriß der Üch Sherefeli-Moschee, die unter Murad II. in den Jahren 1437 bis 1447 erbaut wurde. In ihr ist zum erstenmal der Versuch unternommen worden, das große architektonische Ziel einer imperialen osmanischen Moschee in Angriff zu nehmen.

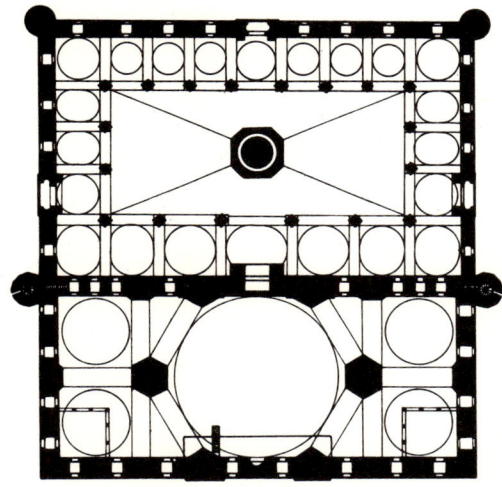

Seite 160:
Istanbul (Türkei). Die Süleimanijje-Moschee (1550-1557). Blick auf die linke Seite der Eingangszone. Man beachte den großen Turm, der der Stabilisierung dient.

Seite 161:
Istanbul (Türkei). Die Süleimanijje-Moschee. Blick auf die Zentralkuppel mit ihren Pendentifs, den sphärischen Dreiecken der Eckzwickel, auf eine der Halbkuppeln und eine Exedra.

schätze angesammelt worden sind. Neben dem Arabischen und Persischen wurde nun Türkisch zur dritten großen islamischen Literatursprache.

Aus Beuten und Steuereinnahmen des riesigen Reiches, das zu einer Weltmacht geworden war – in den Streitigkeiten zwischen Karl V. und Franz I. wurde Süleiman der Schiedsrichter –, haben sich in Istanbul ungeheure Schätze angehäuft. Noch einmal war dem Osmanischen Reich die Reintegration der arabischen Gebiete in einen einheitlichen Staat gelungen, jener Gesamtheit von Ländern, die die Schlüsselstellung in der antiken Welt für Durchgangsverkehr und Handel hatten, jene von Leben erfüllte «Isthmen-Zone» (M. Lombard), die seit langem in verschiedene, durch Unruhen zerrissene und oft ephemere Staatengebilde zersplittert war.

Handelsinteressen haben bei den osmanischen Eroberungen zweifellos eine Rolle gespielt, – wahrscheinlich gaben sie sogar den Ausschlag. Unter Selim I. wurde der Plan, einen Kanal durch die Landenge von Suez zu bauen, von neuem erörtert, ein Vorhaben, das schon im Jahre 1580 stark befürwortet worden war. Gegen Ende des 16. Jahrhunderts hat man auch an einen Don-Wolga-Kanal gedacht, der das Gebiet des Vasallenstaats der Krimtataren durchqueren sollte und der eine Wiederbelebung der nördlichen Handelsstraße Asiens ermöglicht hätte. Aber «vom internationalen Handel haben die osmanischen Türken zwar den Gewinn begehrt, geistig jedoch nicht profitiert» (A. Bombaci). Die große Flotte, über die sie verfügten, war vor allem eine Kriegsflotte, die eine Zeitlang das Mittelmeer beherrscht hat, während der Anteil der Handelsflotte nicht ins Gewicht fiel. Auf dem Indischen Ozean erschienen nun neben den rivalisierenden Persern neue und gefährlichere Konkurrenten. Wir sind im Zeitalter der großen Entdeckungen, – offensichtlich sind die osmanischen Geographen ausgezeichnet unterrichtet gewesen, denn auf der Karte des Admirals Piri Reis aus dem Jahre 1513 sind bereits die Küsten Amerikas eingezeichnet. Die Welt wird jetzt weiter, aber auch der Wettbewerb nimmt zu, und die «Isthmen-Zone» beginnt, an Bedeutung zu verlieren. Zur Zeit der osmanischen Eroberungen ist auch die Kap-Route eröffnet worden, und die portugiesische Marine entwickelte sich zu einem erbarmungslosen Feind der islamischen Seemacht. Auch bei den Waren tritt ein Wandel ein: es geht nicht mehr um die kleinen Mengen von Gewürzen, kostbaren Stoffen und Juwelen, sondern um große Ladungen von Rohstoffen, bei denen der billigere Seeweg dem langsameren und beschwerlichen Landtransport vorgezogen wird.

Nach der Regierungszeit Süleimans des Prächtigen (1520-1566) beginnt für das Osmanische Reich allmählich die Phase des Verfalls, die auf verschiedene innere und äußere Ursachen zurückzuführen ist. Hierzu gehört die weltweite schwere wirtschaftliche Krise, die zwischen 1550 und 1580 durch den großen Zustrom amerikanischen Silbers auf den Markt ausgelöst wurde, zu einer Verknappung des Goldes und einer Entwertung des Silbers führte, während zur gleichen Zeit noch die Staatsausgaben beträchtlich stiegen und die Einnahmen sich verringerten. Die Landwirtschaft ist ernsthaft bedroht, was mit sozialen Phänomenen von weitreichenden Folgen zusammenhängt, wie dem starken Wachstum der Bevölkerung, der Landflucht und dem Räuberunwesen, an dem organisierte Banden wie Einzelpersonen beteiligt waren. Doch erst gegen Ende des 17. Jahrhunderts beginnt für das Osmanische Reich der eigentliche Niedergang, als die im wesentlichen mittelalterlich gebliebene Staatsstruktur der neuen Dynamik des Abendlandes nicht mehr gewachsen war. Der technologische Rückstand, die wirtschaftliche Ausbeutung des Landes durch die großen europäischen Handelsunternehmen, welche durch die berüchtigten «ungleichen Verträge» begünstigt werden, das «maritime Ersticken», dem der immer stärkere Druck folgte, den Rußland ab 1700 auf das Osmanische Reich ausgeübt hat, führten zum Zusammenbruch mit der abschließenden Katastrophe des Ersten Weltkriegs (aus dem jedoch die Türkei der Türken hervorging, damals das einzige islamische Land des Nahen Ostens, das nicht unter Fremdherrschaft geriet).

Europa hat auf Grund seiner gemeinsamen Erfahrungen das Osmanische Reich lange ohne die nötige Distanz und damit aus einer falschen Perspektive betrachtet. Zu Anfang war das Entsetzen maßgebend, das die gewaltigen und gut gedrillten Heere der Sultane einflößten, später, im 19. Jahrhundert, betrachtete man es mit Verdruß wie einen Kranken, der durch das politisch-diplomatische Spiel am Leben

erhalten werden sollte. Man darf aber nicht vergessen, daß das Osmanische Reich eine gigantische Schöpfung gewesen ist, die nicht nur gut sechs Jahrhunderte überdauert, sondern auch Zeiten echter Größe aufzuweisen hatte.

Istanbul, an der Meerenge des Bosporus gelegen, wo Europa und Asien zusammentreffen, hat unter den Osmanen seine Stellung als «Zentralstadt», wo die Reichtümer des ganzen Staates zusammenflossen, wiedererlangt. Schon bald entwickelte sich dort eine Kultur von imperialem Gepräge, die das Kunsthandwerk und die Künste bestimmt hat, ihre Werke für die Bedürfnisse eines prachtliebenden Hofes und einer prunkfreudigen Aristokratie zu schaffen. Unter den dem Luxus dienenden Künsten hat sich vor allem die Textilkunst ausgezeichnet – mit ihren berühmten Samten und Seidenbrokaten aus Bursa, Istanbul, Amasya, Mardin, Damaskus und Chios, die uns insbesondere durch die Gewänder der Sultane bekannt sind. Aber auch die Teppiche der Hofmanufakturen, die Waffen, die Goldschmiedearbeiten und die hervorragenden vielfarbigen Keramiken von Iznik (Nikaia), wo in den Werkstätten außer der sehr schönen Geschirrware auch die charakteristischen, für die Wandverkleidungen bestimmten Fliesen hergestellt wurden, sind von hohem künstlerischen Niveau. Die Buchkunst hat gleichfalls einen hohen Stand erreicht, wobei insbesondere die Kalligraphie gepflegt wurde, aber auch die Miniaturmalerei nahm eine bedeutende Stelle ein. Den Glanz der persischen Miniaturen hat sie zwar nicht erreicht, aber sie zeigt eine eigenständige Originalität insbesondere durch realistische Züge und in der Wahl ihrer Themen, wo Geschichte und Chronik bevorzugt wurden, sodaß sie eine reiche, allerdings noch verhältnis-

mäßig wenig erforschte Quelle für Sitten und Bräuche der osmanischen Gesellschaft darstellt. Die künstlerischen Werke von höchstem Wert findet man aber in der Architektur; sie haben sich in dem gesamten von den Türken beherrschten Gebiet, vom Balkan bis nach Ägypten und weit nach Algerien, als Vorbilder durchgesetzt.

Die Zeit der Osmanen gehört zu den Epochen von besonders reicher architektonischer Phantasie. Die Traditionen werden nicht aufgegeben, aber sie werden frei und ohne Vorurteile benutzt; byzantinische, armenische und seldschukische Überlieferungen werden in großzügiger und origineller Weise verwertet und in ständigem Studium bei den Bauten einer Anzahl von Architekten neugestaltet, deren größter und am stärksten hervorragender Vertreter der geniale Sinan ist. Auch zur

Istanbul (Türkei). Die Ahmedijje-Moschee, ein Werk des Hofarchitekten Mehmèd. Sultan Ahmed I. (1603-1617) ließ sie 1609 bis 1617 errichten, und sie sollte nach dem Wunsch des Herrschers der Hagia Sophia den Rang streitig machen. Die Sultan Ahmed-Moschee ist die einzige Moschee in Istanbul, die sechs Minarette hat. Ihrer Anlage nach folgt sie der Schahzade-Moschee; auch bei ihr ist die Zentralkuppel von vier Apsiden umgeben.

Istanbul (Türkei). Die Sultan Ahmed-Moschee (1609-1617) vom Hof her gesehen. Charakteristisch ist der pyramidale Aufbau, dessen Emporstreben in wellenförmiger Bewegung durch die Kuppeln und Apsiden belebt wird.

Zeit der Dekadenz, als der Mut zu großen Werken nachgelassen hat, sollte der osmanische Stil unter dem Barockeinfluß des 18. Jahrhunderts noch eine erstaunlich lebendige Schöpferkraft beweisen, wobei die neuen Kurvenformen in oft genialer Weise der in ihrem Ursprung eckigen Formensprache der Architektur integriert worden sind.

Die Grundlagen der osmanischen Architektur sind bei der Baukunst der Seldschuken von Rum zu suchen sowie in der Architektur ihrer Nachfolgestaaten, vor allem der Fürstentümer der Karamaniden, Germiani, Sarukhaniden, Aydiniden und Menteshéiden. (Wir müssen uns hier mit der bloßen Aufzählung begnügen.) In dieser ersten Phase setzt sich das Prinzip durch, das monumentale Tor zu reduzieren, es wird auf die Proportionen der jetzt von Fenstern durchbrochenen Fassade zurückgeführt. In zunehmendem Maße konzentriert sich das Interesse auf die Kuppel, bis sie zum dominierenden Element der Moschee wird. Der Typ des breiten oder mit Säulen ausgestatteten Betsaals wirkt sich für eine Zeitlang weiter anregend aus, wofür wir ein Beispiel in der Moschee des Isa Bey in Ephesos haben, die das Werk eines Baumeisters aus Damaskus ist. Hier wird das Motiv des Hofes wiederaufgenommen, den man in der Seldschuken-Zeit aufzugeben geneigt war. Ebenfalls einen Breitsaal, aber keinen Hof hat die Große Moschee (Ulu Dschami) von Bursa; dort ist jedes Geviert der Halle von einer eigenen kleinen Kuppel überwölbt, die auf mächtigen Pfeilern ruht, – auf diese Weise wird der Raum in eine Menge von Einzelzellen aufgespalten. Allmählich setzt sich der Typ der Moschee mit nur einem von einer Kuppel überwölbten Raum durch. Beispiele dafür sind die Moschee des Alaaddín in Bursa (1326) und die wunderschöne Jeschil-Dschami (Grüne Moschee) in Iznik (1378). Diese Moscheen haben Vorhallen mit drei Bogen, die von kleinen Kuppeln oder Gewölben überdacht sind; in ihnen kann man byzantinische Einflüsse erkennen, die auch bei den Mauern mit dem wechselnden Material von Steinen und Ziegeln, vor allem in den Bauten von Iznik und Bursa aus der ersten osmanischen Periode in Erscheinung treten (später hat man in zunehmendem Maße Marmor benutzt).

Aus dem seldschukischen Vorbild der Medresse mit Vier Iwan-Anlage hat sich ein Bautyp entwickelt, dessen Grundriß einem umgekehrten T gleicht und der oft eine zweigeschossige Anlage ist. Dieses Schema wird nicht nur für den Betsaal, sondern auch für Schule, Kloster, Hospiz und Speisesaal benutzt. Derartige Bauten – erwähnt seien die Moschee von Orchan (1340) und die von Murad I. (1363) sowie die Jeschil-Dschami in Bursa (1421) – zeigen eine vollendete formale Gestaltung für eine Vielfalt von Bedürfnissen, die nicht in einer einzigen, kaum differenzierten Mauerumhüllung verschwinden, sondern sogar außen dargestellt und verkündet werden. Beim Baukörper des Hauptiwan, der wie eine Apsis aus dem Komplex hervorragt und oft von Fenstern durchbrochen ist, läßt sich nicht ausschließen, daß er auf byzantinische Bauten zurückgeführt werden kann. Der dem Hof entsprechende Raum, der um einige Stufen niedriger liegt als die ihn umgebenden Räume, wird von einer Kuppel überwölbt, die im Scheitel ein «Auge» hat. Im allgemeinen ist auch der Hauptiwan von einer Kuppel gekrönt, bei der der Übergang vom Mauerquadrat mittels der chrakteristischen «türkischen Dreiecke» gelöst wird. Bei den Bauten mit dem Schema des umgekehrten T, in denen zwei aneinander anschließende Kuppelsäle vorkommen, wird praktisch die seldschukische Tendenz zu einem eher langen als breiten Saal fortgesetzt; aber «alle diese Lösungen, so interessant sie auch sein mögen, laufen auf eine Zersplitterung des architektonischen Raumes hinaus und haben einen Mangel an Einheit und das Fehlen eines Grundmotivs mit allen seinen Variationen zur Folge.» (Monneret.)

Das Programm für die imperiale osmanische Große Moschee, wo sich Ausdruck und architektonische Gestaltung auf die Kuppel konzentrieren, ist erst nach der Eroberung Konstantinopels voll verwirklicht worden: in der Hagia Sophia wurde das anregende Vorbild und in dem Baumeister Sinan der geniale Interpret gefunden. Eine bemerkenswerte Annäherung an dieses architektonische Ziel zeigt schon die Üch Sherefelí-Moschee von Edirne (Adrianopel), die Murad II. zwischen 1437 und 1447 erbauen ließ. Dort besteht der Betsaal, dem ein Arkadenhof vorgelagert ist, aus einem großen Kuppelraum mit sechseckigem Sockel, der von zwei schmalen, jeweils mit zwei Kuppeln überdachten Schiffen flankiert ist (ein Schema, das noch mit anatolischen Vorbildern zusammenhängt, wie der Großen Moschee von Manisa, die der Sarukhanide Ishàk Bey im Jahre 1374 errichten ließ). Leider ist die Moschee, die Mohammed der Eroberer 1462 bis 1463 am Platz der justinianischen Apostelkirche erbauen ließ, zerstört worden. Wir wissen aber aus Beschreibungen, aus Zeichnungen und aus einer Nachbildung in Konya, die Selim I. veranlaßt hat, daß bei dieser Moschee das beherrschende Element eine große Kuppel (mit einem Durchmesser von 26 Metern) war, die sich an der Kiblaseite im Süden um eine Halbkuppel erweiterte; zwei von drei kleineren Kuppeln überdachte Seitenschiffe umschlossen das Ganze. Es war der erste Versuch in großem Maßstab, den ein osmanischer Architekt, angeregt durch die Bauten des byzantinischen Kaiserreichs, unternommen hat, den Betsaal zu einem großen einheitlichen Raum zu gestalten, – ein Versuch, der in kleinerem Maßstab schon 1446 in Tire bei der kleinen Mo-

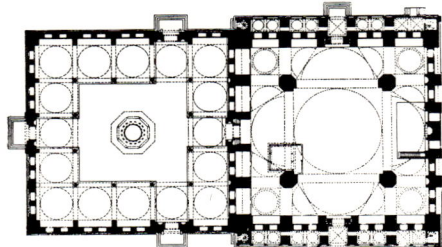

Istanbul. Grundriß der Schahzade-Moschee, die Sinan geschaffen hat. Das Problem des Zentralbaus hat Sinan hier in der Weise gelöst, daß er die Hauptkuppel durch vier Halbkuppeln abgestützt hat, die sich zu beiden Seiten wiederum in Exedren ausweiten.

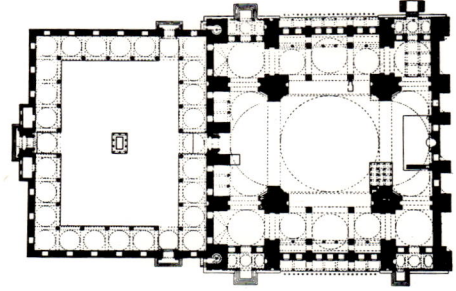

Istanbul. Grundriß der Süleimanijje-Moschee.

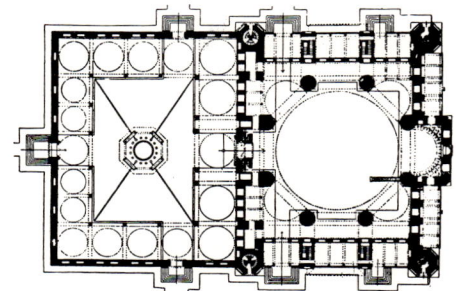

Adrianopel / Edirne. Grundriß der Selimijje-Moschee.

schee des Yahshi Bey erprobt worden ist. Aus der ursprünglichen Bauzeit der Moschee des Eroberers (die man in den Jahren 1767 bis 1771 nach ihrer Zerstörung durch eine Feuersbrunst nach einem anderen Modell wiederhergestellt hat) stammt noch der Hof mit den Bogengängen, die von kleinen Kuppeln überdacht sind. Diese Anlage stimmt typenmäßig mit dem Arkadenhof der Üch Sherefelí-Moschee in Adrianopel überein und sollte bei den osmanischen kaiserlichen Moscheen zum klassischen Schema werden. Einen unmittelbareren Einfluß der Hagia Sophia zeigt die Moschee des Sultans Bajesid II. in Istanbul (1501-1506).

Ein ursprünglicher und schöpferischer Interpret der architektonischen Lehren der Hagia Sophia ist Sinan Aghà gewesen, der im Jahre 1489 bei Kayseri geboren wurde und aus einer christlichen Familie stammte (aus der er in der Devsirme des Jahres 1512 rekrutiert wurde); seiner Bildung und seinem Geist nach ist er jedoch ein islamischer Türke gewesen. In ihm haben wir die erste authentische Gestalt eines Baumeisters, der aus der islamischen mittelalterlichen Anonymität heraustritt; nicht zu bezweifeln ist, daß er zu den größten Architekten aller Zeiten gehört. Mehr als dreihundertfünfzig Werke werden ihm zugeschrieben, und er wird als ein Meister anerkannt, der die ihm folgenden Generationen von Architekten entscheidend beeinflußt hat. Für seine künstlerische Laufbahn sind drei Werke besonders bezeichnend; sie stammen aus der Zeit seiner Reife beziehungsweise aus seinem Alter, in dem ihm noch seine volle Kraft zur Verfügung stand. Es sind die Moscheen Schahzade, auch Prinzenmoschee genannt (1544-1548), und die Süleimanijje (1550-1557), beide in Istanbul, sowie die Selimijje (1569-1575), die Moschee Selims II. in Adrianopel (Edirne). In der ersten Moschee beschäftigt sich Sinan mit dem Problem eines Zentralbaus und entwickelt in monumentaler Gestaltung ein Thema, das bereits ein Vierteljahrhundert vorher in der Moschee des Fatih Pashà in Diyarbakir in Angriff genommen worden war. Die Moschee Schahzade wird von einer Kuppel von neunzehn Metern Durchmesser überwölbt, deren Tambour von vielen Fenstern durchbrochen ist. Ihre Last wird auf vier Bogen übertragen, die ihrerseits auf oktogonalen Pfeilern ruhen; vier Halbkuppeln, die sich jeweils in zwei Exedren ausweiten, stützen die Hauptkuppel ab, und von vier kleinen Kuppeln sind die Eckräume überwölbt. Die Zentralkuppel wirkt besonders leicht und steht im Gegensatz zu der eher massiven Außenansicht, die jedoch harmonisch gegliedert und durch die vier stabilisierenden, von den oktogonalen Pfeilern getragenen Türmchen gekennzeichnet ist. Von wunderbarer Eleganz sind die beiden für die türkische Landschaft charakteristischen «Nadelminarette». In diesen verfeinerten Türmen wirken noch die seldschukischen Vorbilder nach.

In der von Süleiman dem Prächtigen gegründeten Moschee, der Süleimanijje, nimmt Sinan den Raumgedanken der Hagia Sophia wieder auf und interpretiert ihn auf islamische Weise, nämlich in konkretem Sinn. Diese seine Schöpfung kann in vieler Hinsicht als sein Meisterwerk betrachtet werden. Um die Monumentalität der Moschee noch zu steigern, wurde sie auf dem höchsten Hügel von Istanbul errichtet. «Das Schiff ist zu beiden Enden vollkommen symmetrisch, wo sich jeweils ein Halbkuppelraum mit zwei seitlichen Apsiden in den Ecken anschließt. Auf den beiden Längsseiten ist unter den Bogen der Zentralkuppel die Weite durch zwei Säulen in drei Teile unterteilt. Drei Bogen unterschiedlicher Größe ruhen auf diesen Stützen, das heißt beide Arkaden haben einen größeren Mittelbogen, der von zwei kleineren Bogen flankiert ist. Die hinter den Arkaden gelegenen Schiffe werden von fünf Kuppeln, drei größeren und zwei kleineren, überwölbt. In der Süleimanijje gibt es keine oberen Emporen, wie sie in der Hagia Sophia vorhanden sind. Stark betont sind in der Moschee die vier großen Bogen, auf denen die Zentralkuppel ruht, während sie bei dem byzantinischen Vorbild nicht hervortreten, – damit wird die deutliche Absetzung des struktiven Gerüsts erreicht.» (Monneret.)

Als sein Lehrlingswerk hat Sinan die Moschee Schahzade betrachtet, bei der die Leichtigkeit der Kuppel in der Außenansicht durch die Überlagerung der verschiedenen Bauglieder verlorenging und der Michrab nicht von jedem Teil des Betsaals gut zu sehen war; die Süleimanijje hat er als sein Gesellenstück beurteilt. Für sein Meisterwerk aber hielt er mit gutem Recht die Selimijje in Adrianopel, die er im Alter von achtzig Jahren 1569 begann und die er im Jahre 1574 vollendet hat. Die Moschee steht auf einem Hügel und beherrscht die Stadt mit den harmonischen Linien, die ihr Umriß bietet, den vier schlanke Minarette noch betonen. Bei dieser

Istanbul. Plan vom Topkapi Seray:
1. Der erste Hof, in dem sich der Tshinili Köshk befindet, ist auf der Zeichnung nicht wiedergegeben
2. Das mittlere Tor
3. Zweiter Hof
4. Küchen
5. Schatzhaus
6. Krankenhaus
7. Dritter Hof
8. Bibliothek Ahmeds III.
9. Harem
10. Vierter Hof
11. Revàn Köshk
12. Bagdad Köshk

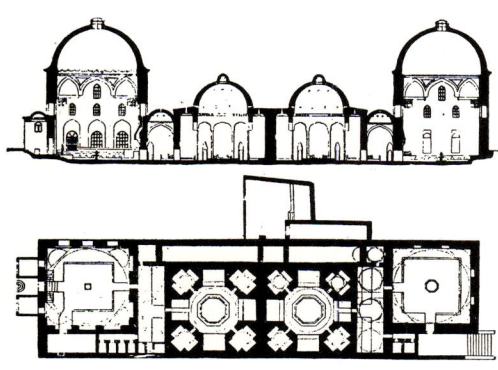

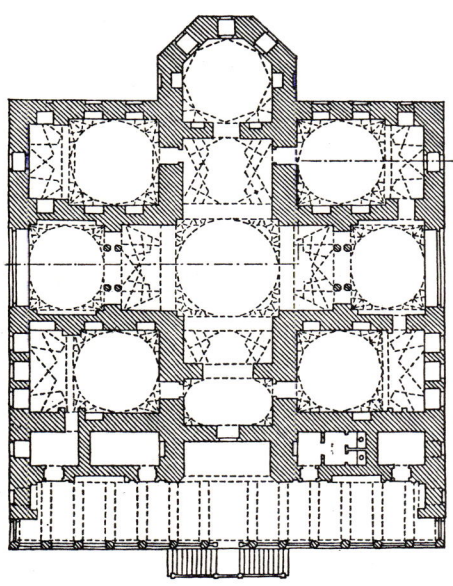

Moschee, die Selim II. als Zeichen des Triumphes für die Eroberung von Zypern errichten ließ, nimmt Sinan in wahrhaft monumentaler Form das Problem des Zentralbaus wieder auf und hat in ihr vielleicht die erhabenste ästhetische Raumwirkung unter den Bauten dieses Typs erreicht. In der Selimijje ruht die Kuppel auf acht Bogen, welche die Last auf gleichviele Rundpfeiler ableiten, deren Schwere durch sparsame Kannelüren vermindert worden ist. Zwischen den Bogen liegen in den Ecken außerhalb des Kuppelkreises vier von Halbkuppeln überwölbte Apsiden, während zwischen den anderen vier Bogen jeweils eine rechteckige Nische angeordnet ist. Die dem Eingang gegenüberliegende Nische mit dem Michrab hat eine größere Tiefe als die anderen und ist wie die Apsiden überwölbt, doch liegt ihr Scheitel tiefer als bei den Konchen mit den Halbkuppeln. Der ganze Betsaal ist im Oktogon unter der gewaltigen Kuppel konzentriert. Sie erhebt sich leicht mit aufwärtsstrebender Bewegung, ein Eindruck, der durch die harmonischen Proportionen der mächtigen Pfeiler vermittelt wird. Durch die weiten Fenster fällt starkes Licht herein, in dem man die herrliche Raumgestaltung deutlich erkennen kann. In bewundernswerter Übereinstimmung des Ausdrucks wird die Erhabenheit des Innenraums in die Eleganz und Klarheit der Außenansicht übertragen. Das Werk dieses einmaligen Künstlers ist oft mit den großen Bauten der italienischen Renaissance in Verbindung gebracht worden, eine Beziehung, die man zwar nicht ausschließen, aber auch schwer beweisen kann. Das Streben nach Harmonie, die bei der Architektur auf geometrischer Vollkommenheit beruht, die Hingabe an den Symbolismus von Kreis und Kuppel, die Leidenschaft für reine geometrische Formen, die fast puritanische Einstellung zur Ornamentation, – alle diese Züge, von denen die Werke und Ideen Sinans durchdrungen sind, haben nicht bloß zufällig an die Persönlichkeit eines Leon Battista Alberti erinnert.

Sinans Werke haben lange Zeit großen Einfluß auf die osmanischen Baumeister ausgeübt. Sie folgten aber nicht dem ihnen vom Meister in der Süleimanijje und Selimijje angezeigten Weg, sondern hielten sich an das Modell der Schahzade, wie folgende Werke zeigen: die Yeni Walide-Moschee, die der Baumeister Davúd Aghà 1597 entwarf, die aber erst 1663 vollendet wurde, und die Moschee, die Sultan Ahmed I. gegründet hat, ein Werk des Hofbaumeisters Mehmèd Aghà, deren Bauzeit in die Jahre 1609 bis 1617 fiel. Diese Moschee, die nach dem Wunsch des Sultans Ahmed I. (1603-1617) der Hagia Sophia den Rang streitig machen sollte, war die letzte Große Moschee der klassischen osmanischen Zeit. Sie liegt in der Nähe des Hippodroms. Den schönsten Eindruck gewinnt man von der Außenansicht, die großartig und harmonisch ist und vor allem vom Meer her gesehen wunderbar wirkt; charakteristisch ist der geschlossene Aufbau, den die sechs Nadelminarette noch betonen. Im Inneren wirkt die Moschee schwächer; die Spannung, die vom Raum ausgeht, ist gering, während ein Gefühl der Zerstreuung überwiegt. Verstärkt wird dieser Eindruck dadurch, daß die ursprünglichen Farbfenster nicht mehr erhalten sind, durch die ein dämmriges, mystisches Licht erzeugt wurde. Die riesigen Rundpfeiler, die mit einer eierstabähnlichen Ornamentation säulenartig kanneliert sind, wirken gewaltig und allzu massig im Vergleich zur Kuppel, die etwas zu schlank erscheint mit dem 43 Meter über der Erde liegenden Scheitelpunkt und ihrem Durchmesser von 23,5 Metern. Im Inneren ist die Moschee etwa zu drei Vierteln mit Fliesen aus den Manufakturen von Iznik ausgekleidet, deren gesamte Produktion durch Erlaß des Sultans im Jahre 1613 für die im Bau befindliche Moschee beschlagnahmt wurde. In dem keramischen Dekor überwiegen die blauen Töne, darum ist die Sultan Ahmed-Moschee auch unter dem Namen «Blaue Moschee» bekannt.

Die Verbindung mit dem Osmanischen Staat kommt bei diesen Moscheen in den großartigen Baukomplexen zum Ausdruck, in die sie eingegliedert sind und in deren Gebäuden karitative und kulturelle Institutionen untergebracht waren, wie Medressen, Krankenhäuser, Pilgerherbergen, Speisestätten für die Armen - eine neue, typisch osmanische Einrichtung –, Märkte, Karawansereien und meist auch die Grabkapelle des Gründers. Beim Mausoleum setzt sich der seldschukische Typ fort, aber die Kuppelüberdachung tritt auch außen in Erscheinung. Eine große Entwicklung erleben die Thermalbäder, von denen sich eine große Anzahl erhalten hat und die oft sogar noch in Gebrauch sind. Mit geringen Abwandlungen ist ihre Anlage wie folgt gegliedert: Ein großer quadratischer Kuppelraum dient zum Um-

kleiden und als Saal, in dem man sich trifft, an ihn schließen sich das *frigidarium* und danach das *caldarium* an. Die Kuppeln dieser Räume haben im Scheitel ein «Auge», das mit farbigem, aus Venedig importiertem Glas geschlossen ist. Unter den vielen Einrichtungen dieser Art seien das Bad des Mahmúd Pashà, das 1466 fertiggestellt wurde, erwähnt – es ist die erste in Istanbul erbaute osmanische Badeanlage *(hammam)* – sowie das Doppelbad des Hasekí Hürrèm, das Sinan (1556) geschaffen hat; es ist horizontal in zwei symmetrischen Teilen aufgebaut, von denen einer für die Männer, der andere für die Frauen bestimmt war.

Bei den ausgedehnten prunkvollen Palastanlagen der Sultane herrschte das Prinzip der Zusammenstellung einzelner Bauten vor, – diese Kioske und Pavillone waren in Höfen und Gärten verteilt. Zerstört ist der Schloßkomplex von Bursa, und der von Adrianopel hat sich nur in Resten erhalten. Erhalten blieb uns aber die berühmteste Anlage, der Topkapi Seray in Istanbul, der an der Spitze der Halbinsel von Stambul, wo im Altertum die Akropolis von Byzanz lag, errichtet worden ist. Mit dem Bau wurde im Jahre 1462 unter Mohammed dem Eroberer begonnen; zehn Jahre später war die Anlage fertiggestellt. Damals erst wurde Istanbul tatsächlich zur Residenz der Sultane. Die Geschichte des Schloßbezirks, in dem sich nicht nur der Regierungssitz befand, sondern der darüberhinaus zu einem lebendigen kulturellen Zentrum wurde, war von der Geschichte des Reiches bestimmt und deckt sich mit ihr. Hier wird uns eine umfangreiche Schau der großen profanen Architektur der Osmanen geboten.

Die verschiedenen, in mehreren Epochen entstandenen Bauten verteilen sich auf vier Höfe. Zu den ältesten Gebäuden (1472) gehört der Tshinili Köshk, der «Majolikapavillon», dessen keramischer Dekor sehr stark an die timuridischen Vorbilder erinnert. Die Räume sind auf die vier Eckzonen verteilt und von zwei sich kreuzförmig schneidenden Fluren aus zugänglich, die in ihrem Schnittpunkt von einer

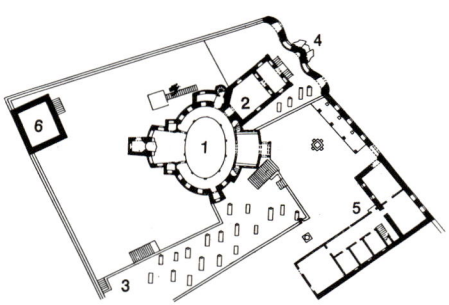

Istanbul. Plan von der Baugruppe des Küchük Efendi:
1. Der ovale Saal, in dem die rituellen Tänze der im benachbarten Kloster wohnenden Derwische aufgeführt wurden
2. Oratorium
3. Friedhof
4. Brunnen
5. Zellen
6. Zisterne

Kuppel gekrönt werden. Vorgelagert ist noch eine Veranda, deren Dach auf Säulen ruht (Talàr). Dieses Schema iranisch-zentralasiatischen Ursprungs sollte in der osmanischen Architektur bei den Privatbauten weite Verbreitung finden.

Die Grundlage des Osmanischen Staates war zwar die Landwirtschaft, aber seine wirtschaftliche Dynamik beruhte, wie stets in den islamischen Ländern, auf dem Handel. Durch Betreiben der Zentralmacht vor allem wurde das Land mit einem Netz von gut organisierten Karawansereien überzogen. Die unseres Wissens älteste von ihnen stammt aus der Zeit Bajesids I. und steht in Bithynien; in ihr ist der seldschukische Typ dieser Anlagen fortgesetzt worden. Im Inneren werden dann mit der Zeit zwei riesige Kamine hinzugefügt, eine Bequemlichkeit, die damals bei Bauten dieser Art nicht sehr verbreitet war. Nach Ansicht von Goodwin soll der Name *Issiz han*, was «Karawanserei ohne Rauch» heißt, auf diese Einrich-treten hat und vor allem in Holland leidenschaftliche Züchter fand. Von dort war tung hindeuten. Einige dem Handel dienende Bauten, wie die überdachten Märkte – die ursprünglich dem Verkauf von Stoffen *(bedestèn)* vorbehalten waren – bilden sich als Typen aus. Von ihren Einnahmen wurden meist karitative und kulturelle Einrichtungen unterhalten. Der berühmte Basar von Istanbul hat sich um einen Bedestèn entwickelt, ursprünglich eine Holzkonstruktion, die Mohammed der Eroberer im Jahre 1461 errichten ließ.

Abgesehen vom Bau der Moschee Ahmeds I. und der Vollendung der Yeni Walide-Moschee sind im 17. Jahrhundert keine großen Werke entstanden. Die Bauten sind im allgemeinen der Größe nach eher bescheiden, und man kann eine gewisse Tendenz zur Verkleinerung feststellen, die mit der Einführung einer neuen und genaueren Unterteilung der Maßeinheiten im gleichen Jahrhundert zusammenfällt. Bemerkenswerte Bauten dieser Zeit sind der Revàn Köshk aus dem Jahre 1635 und der Bagdad Köshk, der 1638 gebaut wurde; beide befinden sich im vierten Hof des Topkapi Seray und stellen in ihrer Anlage eine Variante des Tshinili Köshk dar.

Die ersten Dezennien des 18. Jahrhunderts sind zwar eine kurze, aber glückliche Epoche für die osmanische Kultur, in der Zeichen für eine lebendige Erneuerung und von Aufgeschlossenheit für Reformversuche festzustellen sind. In jenen Jahren wird in Istanbul die erste türkische Druckerei gegründet, und Übersetzungen von antiken und modernen wissenschaftlichen Werken der europäischen Literatur werden in Angriff genommen. Diese Periode ist unter dem Namen «Tulpen-Epoche» *(lalè)* bekannt, weil jene Blume zum typischen Element dieser anmutigen und glücklichen Zeit der türkischen Kunst und Kultur wurde. Die im Orient wildwachsende Blume hatte Busbecq, der Botschafter Ferdinands I. (1503-1564) an der Hohen Pforte, nach Wien gebracht.

In der Architektur sind mehrere Bauten zwar nicht von großem Umfang, aber von ausgezeichneter Qualität geschaffen worden. Zu erwähnen sind die Häuser und Pavillone an den Ufern des Bosporus, die überwiegend aus Holz *(yali)* gebaut wurden. Zu den bezaubernden Werken dieser Zeit gehören auch die zahlreichen Brunnen – im 18. Jahrhundert hat man mehr als zehntausend gezählt –, die damals Istanbul mit Wasser versorgt haben. Es gibt zwei Arten davon; den Wandbrunnen *(sebil)*, der anscheinend zuerst bei den Mauern der anatolischen Moscheen in der Seldschuken-Zeit in Erscheinung trat, und die *chesmè*, das sind freistehende Brunnen, die für die großen osmanischen Städte charakteristisch sind. Zu den anmutigsten Beispielen gehört der Brunnen Ahmeds III. aus dem Jahre 1728, der hinter der Hagia Sophia steht. Sein Kiosk hat einen quadratischen Grundriß mit abgerundeten, sich vorwölbenden Ecken und ein weit vorkragendes, charakteristisches Pyramidendach, das fünf kleine Türme krönen. Mit besonderer Aufmerksamkeit wurden die Konturen und Umrahmungen in höchst sensiblen Linien entworfen, worin eine spontane Bereitschaft zur Aufnahme der barocken, gerade aus Frankreich eindringenden Tendenzen zu erkennen ist. Wenn auch Barock und Rokoko mehr beim Dekor als auf die Strukturen Einfluß gewinnen sollten, und letztere in ihren Grundzügen osmanisch bleiben, so kann man doch positiv zu bewertende Bemühungen feststellen, die der Auseinandersetzung und der Interpretation der architektonischen Formensprache der französischen Baukunst des 17. Jahrhunderts auch in den Plänen gelten. Ein Beispiel dafür bietet die Moschee Nuruosmanijje in Istanbul, die von Mahmud I. begonnen und unter Osman III. 1755 vollendet wurde. Dort ist der Betsaal zwar den Konventionen entsprechend rechteckig

Marrakesch (Marokko). Das Minarett der Kutubija-Moschee («Moschee der Buchhändler»). Es wurde unter dem Almohaden-Kalifen 'Abd al-Mumin begonnen und unter dem Kalifen Ja'kub al-Mansur vollendet. Bei den Ausgrabungen kam etwas Merkwürdiges ans Licht, was im übrigen durch einen anonymen Chronisten der Zeit bestätigt ist: Vor dem Michrab stieß man auf acht Gräben unter dem Boden des Betsaals, aus denen mit Hilfe eines Mechanismus, von dem ebenfalls Reste gefunden wurden, für die Zeit der Predigt Holzschranken einer Maqsura hochgefahren wurden, um den dem Herrscher vorbehaltenen Platz abzusperren.

und von einer Kuppel überwölbt, aber ein Hof mit geschwungenen Linien ist vorgelagert. Ein wahrhaftiges kleines barockes Juwel ist der Bautenkomplex des Küchük Efendi aus dem Jahre 1825, ebenfalls in Istanbul, mit dem ovalen Saal, in dem auch die rituellen Tänze der Derwische *(semahanè)* des angrenzenden Klosters *(tekke)* aufgeführt wurden.

Verglichen mit der Zurückhaltung der klassischen Periode werden in der spätosmanischen Zeit die Bauten stärker ornamentiert, insgesamt bleibt aber der Dekor in Grenzen, ohne akademische Kälte anzunehmen. Im Inneren der Bauten verschwinden allmählich die glänzenden Verkleidungen aus bunten Fliesen, aber die sich ständig ausweitende Verwendung von Stuck führt schließlich zu einer Qualitätsminderung mit Übertreibung und Maßlosigkeit in der Ornamentik.

Dieser kurze Überblick über die osmanische Baukunst sei damit abgeschlossen, daß wir uns das Urteil von Monneret de Villard zu eigen machen, in dem er Eifer und Beharrlichkeit hervorhebt, mit denen in der türkischen Architektur die ästhetischen Gesetze erforscht worden sind: « Wir sehen zum erstenmal in der Welt des Islam, daß mehrere, einander folgende große Architekten den Bau als Kunstwerk begreifen, als Ausdruck ihrer architektonischen Phantasie und nicht als eine Wiederholung und Ausarbeitung eines vorgegebenen Bautyps. Die türkischen Baumeister haben den Mut, alle bestehenden Traditionen zu verwerfen: den Betsaal als Breitsaal, seine Anlage in Schiffen, eine besondere Achsenausrichtung und so fort. Sie sehen in ihm ein Kunstwerk, in dem sie ihre eigene und besondere Raumidee ausdrücken wollen, – und dies ist das einzige, echte architektonische Problem. Diese türkische Schule, die im allgemeinen zu wenig beachtet und sogar für zweitrangig gehalten wird, muß von jedem, der eine Vorstellung darüber hat, was Architektur und was Kunst ist, ihrer wahren Bedeutung nach Anerkennung finden.»

Rabat (Marokko). Die Hassan-Moschee, die von dem Almohaden-Kalifen al-Mansur anscheinend zur Erinnerung an den Sieg über die Christen bei Alarcos (1196) gegründet wurde, aber unvollendet geblieben ist. Die im Pisébau errichteten Mauern hatten vierzehn zum riesigen Betsaal führende Tore und schlossen eine rechtwinklige Fläche von 180 Metern Tiefe und 140 Metern Breite ein. In der Mitte des nach Norden gelegenen Hofes befand sich eine Zisterne in der Achse zum Minarett. Anscheinend war der Hof von Arkaden umgeben, in denen vielleicht die Schiffe des Betsaals ihre Fortsetzung fanden. Damit ließe sich auch die Kahlheit vom Unterbau des Minaretts erklären, die durch die Galerien verdeckt werden sollte.

Der Minnesänger

Seit ich ihre Stimme hörte,
Ist die Seele mir entfloh'n;
Trauer nur zurückgelassen
Hat in mir der süße Ton.
Immer, immer bin ich ihrer,
Bin Dschehanens eingedenk;
Niemals sah ich sie, und gab ihr
Dieses Herz doch zum Geschenk.
Ihren vielgeliebten Namen,
Der mir über alles gilt,
Ruf' ich an, betränten Auges,
Wie ein Mönch sein Heil'genbild.

[Littmann, Seite 63]

170

Die islamischen Gebiete des Westens

Sevilla (Spanien). Die «Giralda». Dieser Turm hat seinen Namen von der sich im Winde drehenden allegorischen Figur mit der Fahne; sie stellt den Triumph des Glaubens dar und krönt den Turm. Jetzt dient die «Giralda» als Glockenturm der Kathedrale und war früher das Minarett der Moschee, die der Almohaden-Kalif Abu Ja'kub im Jahre 1171 am Platz der aus dem 9. Jahrhundert stammenden Omajjaden-Moschee errichten ließ. Die jüngere Moschee wurde für den Bau der christlichen Kathedrale niedergerissen.

Folgende Seite:
Fès (Marokko). Die al-Attarin-Medresse (das heißt «vom Viertel der Parfümhändler»), die aus dem Jahre 1323 stammt. Blick auf den Hof. Sie gehört zu den durch Vollkommenheit und Eleganz hervorragenden Bauten des Maurischen Stils.

Der Maghreb (Nordafrika) und Andalusien (Spanien) stellen eine kulturelle Einheit innerhalb der islamischen Welt mit besonderen Eigenarten dar, die sich vor allem in der zweiten Hälfte des 11. Jahrhunderts herausgebildet haben. In jener Zeit ist die Mehrzahl dieser damals von Unruhen zerrissenen und politisch geteilten Gebiete von den Fürsten einer jungen Berber-Dynastie, den Almoraviden, unter dem missionarischen Anspruch der religiösen Erneuerung zu einem Reich zusammengeschlossen worden. Die Nomadenstämme der neuen Dynastie waren selbst erst vor kurzem zum Islam bekehrt worden. Diese Ereignisse haben im äußersten Westen der islamischen Welt zu ähnlichen Erscheinungen geführt, wie sie fast gleichzeitig im östlichen Teil des Dar al-Islam unter den türkischen Seldschuken zu beobachten waren.

Nach dem Zusammenbruch des Kalifats der Omajjaden in Spanien in der ersten Hälfte des 11. Jahrhunderts hatten sich zahlreiche frühere Statthalter das Gebiet von Andalusien geteilt. Die so entstandenen vielen kleinen Fürstentümer lagen ständig miteinander im Kampf, gleichzeitig aber blühte eine lebendige Kultur von höchster Verfeinerung, deren Zentren neben Cordoba mit seiner weltberühmten Bibliothek, Sevilla, Granada, Toledo, Malaga, Saragossa, Valencia waren. In dieser unruhigen Zeit – die nach den spanischen Quellen die Epoche der «Taifas-Könige» genannt wird, was sich von dem arabischen *muluk al-Tawàif* (König der Teile) herleitet – hat sich im christlich gebliebenen Spanien der Geist der *Reconquista* durchgesetzt. Ihm konnte das politisch zerrissene Andalusien keinen genügend starken Widerstand entgegensetzen, sodaß dem König von Kastilien, Alfons VI., die Eroberung Toledos gelang, das damit endgültig den Mauren entrissen wurde. Um das Vordringen der Christen aufzuhalten, wandten sich die muslimischen Fürsten Andalusiens um Hilfe an die mächtigen Almoraviden, die fast den ganzen Maghreb unter ihre Herrschaft gebracht hatten.

Die Almoraviden *(al-murabitun,* was «das Volk der Ribat» heißt) waren – wie erwähnt – Berber-Nomaden, die an den Grenzen der westlichen Sahara von den Ribat aus den Heiligen Krieg führten. Unter ihrem Führer Yussuf Ibn Tachfin schlossen sie sich zu einem lebenskräftigen Staat zusammen, mit dem Ziel, die Länder des Maghreb zur rechten Lehre zurückzuführen, und gründeten im Jahre 1061 Marrakesch. Zur gleichen Zeit wird der westliche Maghreb von den Einfällen der arabischen Nomadenstämme der Banu Hilàl heimgesucht, wobei die Fatimiden von Ägypten diese Kriegszüge gegen die ihnen abtrünnig gewordenen Vasallen unterstützt haben. Zwar erlitten die betroffenen Länder damals unermeßliche Schäden, anderseits aber wurde durch diese Invasionen die arabische Sprache immer mehr verbreitet. Nachdem also die Lage in Spanien kritisch geworden war, wurden die Almoraviden durch den Emir von Sevilla, den feinsinnigen Dichter al-Matami, ersucht, die Bedrohung des Islam durch Unterstützung abzuwenden. Nichts als der gemeinsame Glaube an Allah verband die hochkultivierten Fürsten Andalusiens mit den rohen Kameltreibern aus der Wüste, die bald unter Yussuf Ibn Tachfin als Kämpfer des Heiligen Krieges in Spanien eindrangen und in der denkwürdigen Schlacht bei Sallaka (1086) der christlichen Reconquista Einhalt geboten. Binnen kurzem haben dann die Almoraviden die Macht in Andalusien übernommen und die Taifas-Könige verjagt.

Die unter den Berbern herrschende Unruhe brachte den Almoraviden-Staat aber bald in eine Krise, und mit dem Aufstieg eines neuen islamischen Herrschergeschlechts, das aus dem Hohen Atlas von Marokko stammte – ebenfalls Berber –, wurden die Almoraviden gestürzt. Die neue Dynastie ist aus einer religiösen Bewegung hervorgegangen, deren Anhänger die Rückkehr zum Dogma der absoluten Einheit Gottes verlangten, weswegen sie *al-muwahhid* genannt wurden («die Gottes Einheit Bekennenden» – woraus der Name Almohaden abgeleitet wurde), außerdem lehnten sie die orthodoxen Rechtsschulen ab. Die Bewegung war von Abu Mohammed Ibn Tumart gegründet worden, der sich 1121 als *Mahdi* («der von Gott Geleitete») ausgab, welcher allein das Gesetz und die Überlieferungen auslegen könne. Da er in der Sprache der Berber predigte und schrieb, gewann er gros-

sen Anhang. Nach Ausrufung des Heiligen Krieges wandte er sich der Eroberung des Maghreb zu, die nach seinem Tod (1128) durch seinen Schüler 'Abd al-Mumin fortgesetzt wurde. Dieser ist zweifellos der größte aller Berber-Heerführer gewesen. Im Jahre 1160 dehnt sich sein Reich bereits bis an die Syrte aus, und ab 1145 machte er sich an die Eroberung Andalusiens. Er ist nicht nur ein tapferer Feldherr gewesen, sondern er war auch klug in der Verwaltung der eroberten Länder, die zum einzigen wirklich großen islamischen Reich zusammengeschlossen wurden, das der Westen erlebt hat. Die Verwaltung ist unter 'Abd al-Mumin zentralisiert worden, und alle Länder hatten Steuern zu zahlen.

Mit der Annahme des Kalifentitels erklärte sich 'Abd al-Mumin zum Rivalen der Kalifen von Bagdad und Kairo, und es gelingt ihm, die Macht über seine Glaubensgenossen zu festigen, die noch immer voller Unruhe sind und allein nach dem Heiligen Krieg verlangen. Schließlich setzt er noch die Erbberechtigung für seine Nachkommen durch, die damit für etwa ein Jahrhundert die geistliche und weltliche Herrschaft über das riesige Reich, zu dem die ganze Berberei und ein großer Teil Spaniens gehören, behaupten konnten. Den Christen wurde durch den dritten Kalifen, Ja'kub al-Mansur (1194-1198), im Jahre 1195 in Spanien bei Alarcos eine entscheidende Niederlage bereitet.

Mit der gleichen Schnelligkeit, mit der das Reich der Almohaden entstand – und vielleicht aus eben diesem Grunde –, verfiel es in der ersten Hälfte des 13. Jahrhunderts. Den ersten Schlag versetzten ihm die vereinten christlichen Heere, die, unterstützt durch die Kreuzritter, die Streitkräfte der Almohaden bei Las Navas de Tolosa (1212) besiegten. Im Jahre 1236 wurde Cordoba dem Islam entrissen. Im Verlauf weniger Jahre versuchten dann die Statthalter mehrerer Provinzen Aufstände; diese Selbständigkeitsbestrebungen trugen dazu bei, das Almohaden-Reich in vier Teile zu zersplittern (1229-1269). In Ifrikija haben die Hafsiden ihre Unabhängigkeit erklärt, wobei ihnen die weite Entfernung von der Zentralmacht zugute kam, die jetzt de facto in Sevilla konzentriert war. Im östlichen Algerien setzten sich die Abd al-Waditen (1235-1554) fest und schufen ein eigenes Reich mit Tlemcen als Hauptstadt. In Marokko bewies eine neue Berber-Dynastie, die Meriniden (1269-1465), ihr Glück; sie konnten sich in Fès festsetzen. Ihre Versuche, die Verbindung mit Spanien zu erhalten (1275-1344) und die Berberei wieder zu vereinen, schlugen hingegen beide fehl. In Spanien schließlich wurden die Almohaden von den Nasriden, den Herrschern Granadas (1236-1492), verdrängt, die wiederum immer mehr unter den Druck der Reconquista gerieten, dann Vasallen der Könige von Spanien wurden, bis ihnen ihr Reich von den Katholischen Königen Ferdinand und Isabella endgültig genommen wurde. Im 16. Jahrhundert gerät dann ganz Afrika, mit Ausnahme von Marokko, unter den Einfluß des Osmanischen Reiches.

Der äußerste Westen der islamischen Welt ist durch ein intensives kulturelles Leben gekennzeichnet gewesen. Sein Zentrum lag in Spanien, wo sich eine Verbindung eigener Art zwischen Morgen- und Abendland vollzogen hat, eine Art fruchtbarer Symbiose, in der das Erbe der aus dem Osten stammenden geistigen Strömungen in einer Atmosphäre von großer intellektueller Freiheit und in einer selbständigen Art verarbeitet worden ist. Die Übermittlung des griechisch-arabischen Denkens an Europa ist von Spanien ausgegangen. Ibn Baddscha (Avempace, gestorben 1138) und Ibn Roschd (Averroës, gestorben 1198), den Dante bewundert hat, waren beide Andalusier: sie haben eine Philosophie in aristotelischer Tradition geschaffen, die auf die Scholastik von großem Einfluß gewesen ist. In hebräischen und lateinischen Übersetzungen, die in Spanien angefertigt worden sind, erhielt das Abendland einen großen vergessenen oder auch neuen Schatz von wissenschaftlichen Erkenntnissen aus Medizin und Botanik, Pharmakologie und Agronomie. Zu den berühmten Werken gehören das Kompendium über die Augenkrankheiten, zusammengestellt von Ibn Zuhr (Avenzoar, gestorben 1162), und der «Führer der Unschlüssigen», ein Werk des Juden Musa ibn-Maimun (bei uns als Maimonides bekannt, gestorben 1208), der ein Schüler des Averroës und gleich ihm Philosoph und Arzt gewesen ist. Die Dichtung bleibt zwar insgesamt in den Traditionen der klassischen arabischen Poesie, doch finden sich auch eigene Töne, die vor allem in bestimmten Reimstrophen unter starker Verwendung von Elementen der Volkssprache und der neulateinischen Sprachen auffallen, Elemente, die vielleicht der Poesie Troubadours zur Anregung dienten. In der Prosa nimmt Ibn Dschubair mit seinen Reiseberichten einen hervorragenden Platz ein, und die Gestalt des Ibn Kaldún, der aus einer andalusischen Familie stammte, obwohl er in Tunesien geboren wurde (1332-1406), der ein berühmter Geschichtsschreiber und Soziologe war, ist in der gesamten islamischen Historiographie einmalig.

Im Maghreb bleibt der Islam im wesentlichen sunnitisch orthodox. Ketzerische Ideen, ob sie nun von den Khargiten stammen, die sich in die Landschaft Mzab zurückziehen, oder von den Almohaden verbreitet wurden, werden ausgemerzt. In diesem etwas strengen Islam kommt aber eine robuste Volksreligion zum Ausdruck, die in Analogie zu den Erscheinungen der seldschukischen Welt durch eine Art von Mystizismus, der eine besondere Form des «Heiligenkults» entwickelt, mitgetragen wird. Die Gräber der Heiligen, der *marabút* (eine Verballhornung von *murabit*, «der Mann des Ribat», das heißt der Glaubenskämpfer), genießen große Verehrung, und um sie entwickeln sich die *zàwiya*, Zentren, die der klösterlichen Erziehung oder den Exerzitien dienen, wo der Glaube gepflegt wird und von wo er sich ausbreitet; sie sind für den Islam der westlichen Welt eine typische Erscheinung.

Die islamische Kunst des äußersten Westens, die man auch Maurische Kunst nennt – was sich von *Moros* herleitet, wie in Spanien die islamischen Eindringlinge aus Afrika genannt wurden –, ist die Frucht einer Begegnung mehrerer Elemente: auf altem römischen Kulturboden waren die künstlerischen Traditionen des islamischen Ostens, die die Omajjaden eingeführt hatten, mit der Kunst der islamischen Berber zusammengetroffen, und als vierte Komponente waren noch die westgotischen Elemente hinzugekommen. Nach Ansicht des Gelehrten George Marçais sollte diese Kunst, da sie sich in Spanien entwickelt hat, genauer als Spanisch-Maurische Kunst bezeichnet werden. Da Andalusien erst in den Almoraviden-Staat und dann in das Almohaden-Reich eingegliedert wurde, hat sich dieser Stil im ganzen Maghreb verbreitet.

In der Architektur sind die Linien meist streng und beschränken sich auf das Wesentliche; die Freude an Kompositionen von klarer Stereometrie fällt auf. Charakteristisch sind Dächer mit glasierten grünen Ziegeln. Der Baudekor wird aus Stein

Granada (Spanien). Die Alhambra («qalàt alhamra», das heißt «Rote Festung») von Norden gesehen. Links erkennt man den Komares-Turm. Die Bauten der Alhambra wurden zum großen Teil unter den Nasriden Yussuf I. (1333-1354) und Mohammed V. (1354-1391) errichtet.

Tlemcen. Die Zeichnung gibt die Rippenkuppel über dem Michrab wieder. Sie stammt aus der Almoraviden-Zeit und wurde unter dem Sultan Ali ibn Yussuf erbaut.

174

oder gebrannten Ziegeln in sehr flachem Relief gestaltet; im Inneren, aber auch bei den Fassaden der Höfe wird für die Ornamentation viel modellierter Gips verwandt. Beim reifen maurischen Stil sind Mosaiken aus Keramik in den Farben Weiß, Braun, Ocker, Grün, Violett und Hellblau weit verbreitet und werden sowohl im Innern bei den hohen Wandsockeln angewandt wie auch außen bei den Feldern der Verkleidungen. Abstrakte Arabesken, geometrische Motive und selbstverständlich Schriftbänder, wie gewohnt, überwiegen in der Ornamentik. Die aus dem Orient stammenden Stalaktitenzellen sind außerordentlich verbreitet, vor allem bei den späteren Werken, sodaß man in den Räumen oft den befremdenden Eindruck von unterirdischen Gewölben hat. Der im Scheitel kielförmig abgewandelte Hufeisenbogen überwiegt in den Moscheen, aber auch die Halbkreisbogen sowie die anderen, früher entwickelten Formen kommen vor. Charakteristisch ist auch für die Bauten dieser Zeit, daß man stets Kapitellen begegnet, deren Formen sich auf ein stilisiertes römisches Kompositkapitell zurückleiten lassen.

Die «Taifas-Könige»

Unter den Taifas-Königen waren die 'Abbadiden von Sevilla (1042-1091) die mächtigsten Fürsten. Sie wollten in Nachahmung des Hofes von Cordoba, wo Dichter und Literaten in eleganter und blumenreicher Sprache das süße Leben von Andalusien besungen hatten, auch in ihrem Alcazar einen glänzenden Hof um sich versammeln. Die Kultur dieser kleinen Fürstentümer ist anscheinend im wesentlichen eine weltliche Kultur gewesen, beeinflußt durch den religiösen Skeptizismus der Klassiker; auch ihre Kunst scheint unter den gleichen Kriterien gestanden zu haben. Da uns von ihr zu wenig erhalten blieb, können wir diese Vermutung nicht mit Entschiedenheit vertreten. Erwähnt sei von den Bauten dieser Zeit das kleine Oratorium der Aljaferia von Saragossa, des Palastes, den der Emir Abu Jafar al-Muktadir (1046-1081) erbauen ließ. Dort ist vor allem die Ornamentation beachtenswert, die von Cordoba angeregt ist, aber durch Blütenmotive und durch geometrische und epigraphische Elemente ergänzt wurde, die eine Vorwegnahme des späteren, sogenannten «Maurischen Stils» darstellen. Bei dem einfachen

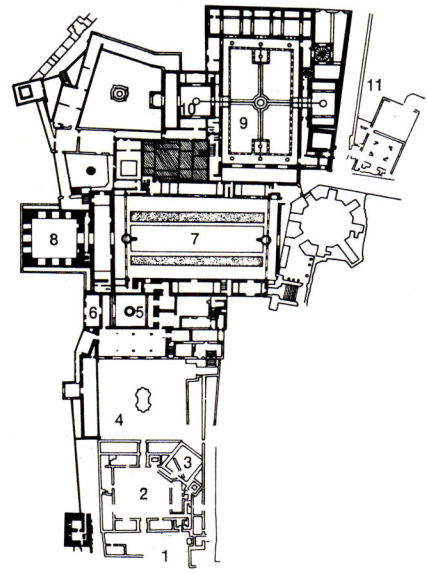

Granada. Plan der Alhambra:
1. Eingangsplatz
2. Erster Hof
3. Moschee
4. Der Patio von Machuca
5. Der Patio des Cuarto Dorado
6. Cuarto Dorado
7. Der Myrtenhof, auch Alberca-Hof genannt
8. Der Komares-Turm, in dem sich der Gesandten-Saal befindet
9. Der Löwenhof
10. Der Saal der Dos Hermanas (der «zwei Schwestern»)
11. Der Saal der Abencerrajen

quadratischen Saal, den einst eine Kuppel mit oktogonaler Übergangszone und Ecknischen gekrönt hat, sind die Wände mit einem dichten, fast ohne Unterbrechung kontinuierlich sich ausbreitenden Dekor überzogen, wodurch ein Eindruck von Schwere und Überladenheit entsteht.

Die ständigen Kämpfe zwischen den Taifas-Königen führten zur Entwicklung einer beachtlichen militärischen Baukunst. Die Festungen, die gleichzeitig Residenzen der Emire waren, wurden nach den Vorbildern der Kalifenbauten errichtet, das heißt die Vorteile des Terrains wurden ausgenutzt und zusätzliche Befestigungen in Form von Verstärkungen, von rechteckigen oder halbrunden Türmen und Bollwerken wurden angebaut. In dieser Zeit beginnt man aus Sparsamkeitsgründen bei den Festungen von den Hausteinen, die den Toren vorbehalten bleiben, zum Pisébau überzugehen, – eine sich später erhärtende Mischung aus Schlamm, Lehm und Geröll in Stampfbauweise wurde verwendet. Diese Technik ist dann auch im Maghreb aufgenommen worden, wo sie für die einheimische Architektur kennzeichnend wurde.

Die Almoraviden

Die wichtigsten Bauten dieser strengen Glaubenskämpfer waren, wie sich versteht, Festungen und Moscheen. Vor allem letztere vermitteln uns eine Vorstellung von der Entwicklung des Maurischen Stils. Unter den Almoraviden haben sich die Bande zwischen Spanien und der Welt der Berber verstärkt, das heißt zwischen einem «an Traditionen und Kultur reichen Land» und dem «an kämpferischer Kraft reichen» Afrika (Marçais). So ist ein Austausch von Künstlern und Baumodellen zustandegekommen, ganz abzusehen von den Kontingenten für den Heiligen Krieg.

In Spanien haben sich einige Moscheen erhalten, die von den ersten Almoraviden erbaut wurden, aber die Moscheen in Algerien aus der gleichen Zeit sind viel charakteristischer: genannt seien die Großen Moscheen von Algier, Nedroma und Tlemcen. Ihre einfachen und strengen Anlagen zeigen zahlreiche auf die Kiblawand zulaufende Schiffe, die durch Pfeiler, auf denen Halbkreisbogen ruhen, abgegrenzt sind. In Algier wie auch in Tlemcen fällt eine bewußte Nachahmung der Großen Moschee von Cordoba auf. Im ersten Fall sind es die beiden Arkadenordnungen mit Zackenbogen, die die elf Schiffe des Betsaals in ihrer ganzen Breite durchqueren. In der zweiten Moschee ist es die Anlage des Mittelschiffs und des Michrab, den epigraphische und in Zackenbogen verlaufende Friese umrahmen. In Tlemcen begegnet man, wie schon in Cordoba, einer Rippenkuppel und außerdem einem Gitterfenster, das die Michrabnische hervorhebt und eine Inschrift trägt, nach der die Datierung zumindest dieses Teils der Moschee möglich ist, und zwar auf das Jahr 530 nach der Hidschra, was der Regierungszeit des Sultans Ali ibn Yussuf (1135-1136) entspricht. Eine andere Kuppel von Tlemcen hat ein Stalaktitengewölbe, und diese Moschee wird dadurch besonders interessant, daß aus Andalusien stammende Elemente mit solchen orientalischer Herkunft (in diesem Falle aus Persien) abwechseln, – so ist in ihr eine wichtige Etappe der Entwicklung des Maurischen Stils festgehalten.

Die von den Almoraviden errichteten Festungen und Verteidigungswerke sind zum großen Teil zerstört worden; aber im nördlichen Marokko haben sich die Umfassungsmauern der Zitadelle von Amargu (12. Jahrhundert) erhalten, die aus nicht rechteckig behauenen Steinen in polygonaler Anlage errichtet und durch Rundtürme verstärkt sind, außerdem ein Tor haben, dem ein Bollwerk vorgelagert ist. Der gleichen Art von Steinen begegnet man bei den ältesten Teilen (1135) der Mauern von Taza, die in einer für die Berber charakteristischen Weise ausgeführt sind (es sei etwa an die Bauten von Qalà, der Residenz der Hammaditen und an

Granada (Spanien). Der Löwenhof, der aus der zweiten Hälfte des 14. Jahrhunderts, der Zeit Mohammeds V., stammt.

176

Ashír erinnert), ferner sieht man sie bei der Festung von Tasgimut (12. Jahrhundert), wo sie nach andalusischer Weise schon zusammen mit Stampfbauwerk vorkommen, – eine Technik, die später von den Almohaden oft angewandt wird.

Die Almohaden

Recht intensiv ist die Bautätigkeit der Almohaden gewesen; neben repräsentativen Sakralbauten wie den Großen Moscheen von Marrakesch, Sevilla und Rabat – praktisch die drei Hauptstädte der Dynastie – wurden zahlreiche Wehrbauten und öffentliche Einrichtungen wie Krankenhäuser, Bäder und Aquädukte erstellt.
Verglichen mit der bereits maßvollen Architektur der Almoraviden, denen ihre Nachfolger aber übertriebenen Luxus und Erschlaffung der Sitten durch den langen Aufenthalt in den Gebieten des verderbten Andalusien vorwarfen, ist die Kunst der Almohaden von ausgesprochener Strenge der Linien gekennzeichnet und ist in der Ornamentation, die sich auf wenige architektonische Elemente oder auf schematische Blütenmotive beschränkt, geradezu arm. Obwohl manche zur Baukunst der östlichen Berberei gehörende Details verschwinden (zum Beispiel die Stalaktitenzellen oder die Verkleidungen aus glasierten Fliesen), bleibt die spanisch-maurische Prägung sowohl in den Anlagen wie bei der Ornamentik erhalten.
Dank des politischen Zusammenschlusses, den die Almohaden für den gesamten Westen der islamischen Welt erreicht hatten, verbreitet sich der synkretistische Stil ihrer Zeit, der auf den Almoraviden-Stil zurückgeht, welcher wiederum von Entlehnungen aus der Omajjaden-Kunst Spaniens gespeist wurde, von den Grenzen Kastiliens bis zu den tripolitanischen Küsten. Er hat sogar die Dynastie der Almohaden überdauert.
Die wichtigsten sakralen und profanen Bauten findet man in den drei Hauptstädten, aber auch viele kleinere Städte wie Taza, Tinmal, Fès, Tlemcen, Meknès, Gibraltar und Badajoz haben in militärischen und öffentlichen Bauten Erinnerungen aus der Zeit der Almohaden bewahrt. Die ältesten Bauten (die Moscheen von Taza und Tinmal) scheinen aus der Zeit des Mahdi Ibn Tumart zu stammen, dessen Grab in seinem Geburtsort Tinmal zu einem volkstümlichen Wallfahrtsort wurde. Obwohl die erwähnten Moscheen im Verlauf der Jahrhunderte mehrere Male wiederhergestellt wurden, ist es nicht schwer, in ihren Anlagen starke Verwandtschaft mit den Großen Moscheen der Almoraviden in Fès und Algier festzustellen, die selbst wiederum nach dem Vorbild der Moschee von Cordoba geschaffen wurden. Es handelt sich dabei im wesentlichen um den Betsaal, dessen Schiffe rechtwinklig zur Kiblawand ausgerichtet sind; das Balkenwerk wird von Pfeilern getragen, während sich die Bedachung nach dem Michrab richtet; es sind abgestumpfte Pyramiden (in Taza) oder Kuppeln (in Tinmal). Bei der letztgenannten Moschee gibt es auch einen von zwei Galerien begrenzten Hof, die die Schiffe des Betsaals fortsetzen, außerdem drei Tore an jeder Seitenmauer. Dieses Detail kommt auch in Cordoba vor, wurde vielleicht aber von Bauten der Fatimiden in Ifrikija entlehnt, genau wie die Verkleidungen der Kuppeln mit Stalaktitenzellen, die bereits in Qalà, der Residenz der Hammaditen, vorkamen, wie Golvin bewiesen hat. Auf den Kalifen ʿAbd al-Mumin geht der Bau der ersten «Moschee der Buchhändler» (Kutubija-Moschee) in Marrakesch (1140) zurück. Sie wurde dann plötzlich wegen ihrer falschen Orientierung aufgegeben und einige Jahrzehnte später (1195) in der Nähe, mit einer noch mehr verfehlten Orientierung neu erbaut. Das verhindert aber nicht, daß die Kutubija-Moschee «durch ihre harmonische Anlage . . . durch die schönen Perspektiven, die ihre Schiffe bieten, durch die reinen Linien ihrer Arkaden, durch die maßvolle, aber weitausgedehnte Ornamentation und durch die erhabene Schönheit ihres Minaretts zu den Höchstleistungen der islamischen Architektur des Westens gezählt werden kann» (G. Marçais).
Aus der gleichen Zeit wie die Kutubija-Moschee stammt die Anlage der unvollendeten sogenannten Hassan-Moschee in Rabat (1196-1197). Nach dem Geschichtsschreiber Ibn Abi Zur ist sie (mit dem dazugehörigen Minarett) von dem Almohaden-Kalifen al-Mansur aus Anlaß seines Sieges bei Alarcos (1195) zusam-

Klagelieder des gefangenen Königs Al-Muʼtamid
Nichts mehr schafft mir ferner Freude, was mir ehedem gefiel,
Nicht der frohe Klang der Becher noch der Zither Saitenspiel;
Für der Mädchen Liebesblicke, ihr Verschämttun, ihren Scherz,
Die mich ehmals wohl ergötzten, ist verschlossen mir das Herz.
Aber glaub drum nicht, in dumpfer Andacht sei erstickt mein Mut,
Nein, ich schwör's, in meinen Adern strömt noch feurig Jugendblut;
Doch das einz'ge, was mir Freude schaffen könnte, ja, der Wein,
Der mir alle Schmerzen stillte, Vater, wäre dein Verzeihn.
Und ein Zweites noch ersehn' ich: in der Feinde dichten Schwarm
Einzudringen, während ringsum ihre Häupter mäht mein Arm.

[Littmann, Seite 96]

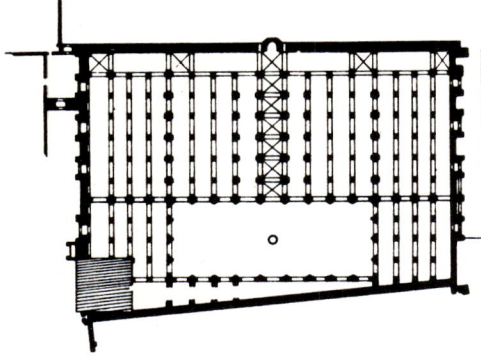

Marrakesch. Grundriß der Kutubija-Moschee. Sie hat siebzehn auf die Kiblawand zulaufende Schiffe und zeigt in ihrer Anlage das für die maghrebinischen Moscheen typische T-Schema.

men mit der Stadt Rabat (Ribat el-Fath, «Ribat des Sieges») gegründet worden, die auch einen Mauerring mit monumentalen Toren erhielt. Die gleich dem Minarett unvollendet gebliebene Große Moschee von Rabat ist etwas rätselhaft in ihrer Anlage, obwohl perfekte Symmetrie beim Plan maßgebend war. So ergaben sich für die Archäologen, die sie zu rekonstruieren versuchten, manche und nicht unerhebliche Probleme. Sie war in riesigen Dimensionen geplant – deswegen ist sie vielleicht auch unvollendet geblieben –, wahrscheinlich sollte sie für die große Zahl der Teilnehmer am Heiligen Krieg, die in Rabat zusammentrafen, ausreichen.

Die wichtigste Neuerung bei dem eigentlichen Heiligtum (einer Säulenhalle mit einundzwanzig rechtwinklig zur Kiblawand und drei parallel zu ihr verlaufenden Schiffen in der für den Westen typischen Anlage in Form eines umgekehrten T) stellen die beiden rechteckigen Höfe dar, die an den Seiten die Schiffe unterbrechen und von denen man nicht recht weiß, wozu sie gedient haben. Es läßt sich nicht ausschließen, daß sie zur Beleuchtung des grandiosen Komplexes beitragen sollten. Die gleichen Richtlinien grandioser Monumentalität müssen bei der Konzeption der Großen Moschee von Sevilla fünfundzwanzig Jahre vorher (1171) bestimmend gewesen sein. Sie ist jedoch leider zerstört worden, um der Kathedrale Platz zu machen, und ihr wunderbares Minarett (begonnen im Jahre 1184) wurde zum Glockenturm der Kathedrale umgestaltet.

Die Moschee der Kasba (Zitadelle) von Marrakesch, die Ja'kub al-Mansur im Jahre 1196 erbauen ließ, hat eine auf andere Weise merkwürdige Anlage als die Moschee von Rabat, wenn auch spätere Umgestaltungen nicht auszuschließen sind. Bei ihr nehmen die offenen Räume – vier kleine zusätzliche Höfe außer dem Zentralhof, um den sie paarweise angeordnet sind – den größten Platz ein. Der Betsaal im T-Schema und mit drei Kuppeln über dem Transept besteht aus elf rechtwinklig zur Kiblawand und zwei parallel zu ihr verlaufenden Schiffen. Das Minarett an der Nord-Ost-Ecke der Fassade ist nicht von so beeindruckender Größe wie die vorher erwähnten, aber kommt ihnen an Ebenmaß und Ausgewogenheit gleich und gewinnt durch seinen schönen keramischen Dekor. Alle Minarette aus der Almohaden-Zeit haben nicht nur Verwandtschaft mit den Moscheetürmen der östlichen Berberei (Kairuan, Sfax und die Hammaditen-Stadt Qalà), sondern ihre Abstammung vom Minarett von Cordoba, das auf die Omajjaden-Zeit zurückgeht, ist nicht zu verkennen. Für diesen Minarett-Typ ist das Vorbild im Leuchtturm zu finden, und von ihm haben sie den quadratischen Grundriß übernommen wie auch die Form des manchmal in mehrere Stockwerke gegliederten Turms, der zu einer ebenfalls kubischen Laterne überleitet, die von einer einfachen kleinen Kuppel oder einer Rippenkuppel (Kutubija-Moschee) gekrönt ist. Turm und Laterne haben einen Zinnenkranz mit sägezahnförmigen Gliedern. Die Fassaden der Minarette sind meist durch eine Reihe von Fenstern geschmückt, die von Zackenbogen mit Girlanden und Rautennetzen umrahmt und in viereckigen Feldern angeordnet sind.

Von den Profanbauten der Almohaden wissen wir wenig, da sie sich in ihrer asketisch-religiösen Einstellung mehr dem Bau von frommen Institutionen, wie Medressen und *maristàn* gewidmet haben. Zahlenmäßig an erster Stelle stehen jedoch die Wehrbauten, die sie überall in ihrem Reich errichtet haben, für die dennoch hier ein Hinweis genügen soll. Abgesehen von den äußerst einfachen Anlagen, ist für alle Bauten der Almohaden die Sparsamkeit ihres streng architektonisch gebundenen Dekors kennzeichnend. Die Ornamentation beschränkt sich auf die Einrahmung der Michrabs, auf die Kuppeln und die Minarette. Naturalistische Motive fehlen ganz, stilisierte florale Formen werden vorgezogen, wie die auf einen kaum angedeuteten Umriß reduzierte Palmette der Almoraviden; aber auch architektonische Motive kommen häufig vor, wie der mit Girlanden oder baldachinartig geschmückte Zackenbogen, der vielleicht auf eine Kombination des Spitzbogens mit Stalaktitenzellen zurückgeht, die als Motiv in Ifrikija bereits verbreitet waren. Backsteine, besonders zugeschnittene Steine und glasierte Keramik werden als Material bei den Minaretten und den monumentalen Toren bevorzugt; Stuck ist für die Michrabs und die Verkleidungen der Kuppeln beliebt.

Toledo (Spanien). Die Puerta del Sol. Das Tor wurde in der Zeit von 1375 bis 1399 im Mudejar-Stil erbaut.

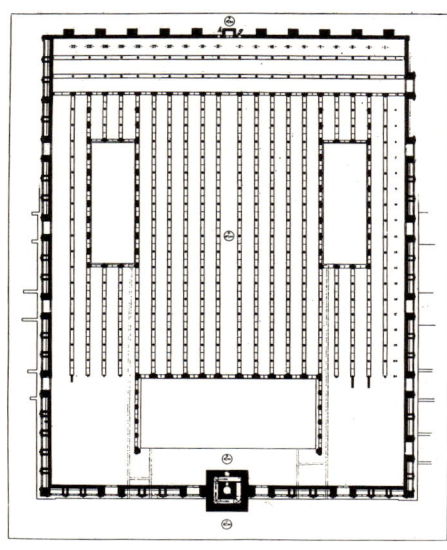

Rabat. Grundriß der Hassan-Moschee. Diese Anlage ist nicht nur durch ihre Dimensionen ungewöhnlich, sondern auch durch die beiden Innenhöfe, die den Rhythmus der Schiffe unterbrechen.

Rechts:
Toledo (Spanien). Die Kirche Santa Maria la Blanca, eine frühere Synagoge, ist im Mudejar-Stil erbaut. Sie wurde unter Alfons VIII. (1158-1214) gegründet, wurde nach dem Jahre 1250 wiederhergestellt und gleicht in ihrer Anlage einer Moschee. Der Betsaal ist in fünf Schiffe mit neun Feldern unterteilt, deren Arkaden von Hufeisenbogen gebildet sind. Der Dekor auf den Arkadenmauern erinnert an die Ornamentik der Almohaden-Moscheen Nordafrikas.

Spanien und der Maghreb vom 13. bis zum 17. Jahrhundert

Von den Dynastien, die sich – wie bereits erwähnt – in der ersten Hälfte des 13. Jahrhunderts das Almohaden-Reich geteilt haben, waren vom militärischen und organisatorischen Standpunkt am mächtigsten die Meriniden, die demzufolge auch die Reichsten waren. Sie setzten sich in Fès fest, das sie zu ihrer Residenz machten, und das jetzt Fas el-Djedid (das neue Fès) genannt wurde. Zunächst ist die Stadt mit Mauern umgeben worden, und dann erhielt sie eine Große Moschee (1276). Der «maurische» Stil hat bei den Meriniden noch mehr als unter den Nasriden von Granada seinen Höhepunkt erreicht. Unter Mißachtung der Strenge, die die Architektur der Almohaden im Dekor bewiesen hat, sollte die spanisch-maghrebinische Ornamentik nach ihrer Entwicklung in den drei vorausgegangener Jahrhunderten jetzt ihren Triumph, aber auch ihren Verfall erleben.

Die Meriniden haben eine große Bautätigkeit entfaltet und ließen zahlreiche Moscheen nicht nur in ihrer Hauptstadt, sondern auch in anderen maghrebinischen Städten wie Taza, Oujda und Tlemcen errichten. In der Gegend von Tlemcen haben sie während der Belagerung dieser Stadt die Lagerstadt al-Mansura («die Siegreiche») erbaut und mit Mauern umgeben, die von monumentalen Toren durchbrochen sind; auch eine riesige Moschee wurde errichtet, die in ihrem streng geometrischen Plan der Hassan-Moschee in Rabat ähnelt, jedoch nur einen einzigen quadratischen Hof hat, dessen Haupteingangstor neben dem Minarett liegt, das in Gestalt und Dekor ebenfalls dem Minarett von Rabat ähnelt. Die Anlagen

Sevilla (Spanien). Der Alcazar. Unter Peter dem Grausamen um 1364 im Mudejar-Stil erbaut, wurde der Palast vor allem unter Karl V. weitgehend umgestaltet. An den Kaiser erinnern noch die zahlreichen Wappen mit seinem Emblem, den Heraklessäulen.

Kairuan. Die Zeichnung gibt das schöne Tor Bab Lalla Rihana wieder, das die Hafsiden im Jahre 1294 an der Großen Moschee anbauen ließen.

der anderen Moscheen sind ziemlich einfach, genau wie die Pläne für die Medressen, die die Meriniden in großer Zahl bauen ließen, weil sie die theologischen Studien fördern wollten. Der quadratische Hof, den wir in al-Mansura gesehen haben, bleibt für die Meriniden-Moscheen charakteristisch, bei denen im übrigen der Betsaal nur wenige Schiffe hat, die in den Galerien des Hofes eine Verlängerung finden und beim parallel zur Kiblawand verlaufenden Transept enden. Die Medressen haben – mit Ausnahme der Bu Inaniyya-Medresse von Fès, die die Erinnerung an die beiden Iwane zu Seiten des Hofes aus der Seldschuken-Architektur bewahrt – einen großen Mittelhof mit einem kleinen Wasserbecken, der von Galerien und den Zellen der Studenten umgeben ist, während sich im Hintergrund ein großer Saal für den Unterricht und das gemeinsame Gebet befindet.

Die Ornamentation dieser Bauten ist im Gegensatz zu ihrer einfachen Anlage wahrhaft prächtig: die al-Sarrij-Medresse (1321) und die al-Attarin-Medresse (1323), beide in Fès, sowie das kleine Oratorium des Sidi bel-Hassan (1296) in Tlemcen kann man zu den Meisterwerken des Maurischen Stils zählen. Die Wände sind sowohl außen wie innen fast völlig vom Dekor überzogen, der meist aus Stuck besteht, in den die später bemalten Ornamente eingeschnitten wurden. Bei den Steinplatten sind die Reliefs ganz flach gehalten, sie werden nur für die Umrahmungen der großen Tore verwandt. Marmor kommt bloß bei den Schaften und Kapitellen der Säulen vor. Die Ziegel sind auf einer Mörtelgrundschicht angebracht und rotbraun bemalt worden. Aus farbigen keramischen Inkrustationen wird oben an den Minaretten der Dekor als geometrisches Flechtwerk gestaltet, aber auch bei den Wandsockeln kommen diese Mosaiken aus Keramik vor. Die Decken sind überwiegend aus geschnitztem Holz mit wunderbaren Paneelen, die durch dünne Stege voneinander getrennt sind, – diese Täfelungen wurden in Spanien unter dem Namen *artesonados* bekannt. Die Fenster haben Gitter aus Gips mit eingesetztem farbigen Glas, und die Tore erhielten gravierte und durchbrochene Bronzeverkleidungen.

Die Hafsiden von Tunis und die Abd al-Waditen von Tlemcen konnten sich an Macht nicht mit den Meriniden messen, haben sich aber in ihren Bauten nach dem gleichen Geschmack gerichtet und haben oft erstaunliche Ergebnisse erzielt.

Während in den von den Berbern beherrschten Gebieten die Sakralbauten Vorrang hatten, hat sich in Andalusien unter den Nasriden die profane Baukunst stärker entwickelt. Typisch dafür sind die Palastanlagen der Alhambra von Granada, die von Yussuf (1333-1354) und seinem Sohn Mohammed V. (1354-1391) auf einem Hügel gegenüber der Stadt erbaut wurden. Bei ihrer merkwürdig unregelmäßigen Anlage hat man sich vielleicht an nordafrikanische Vorbilder (Qalà der Hammaditen) gehalten. Der gesamte Komplex ist in verschiedene, voneinander getrennte Einheiten gegliedert, die jeweils um einen zentral gelegenen Hof zusammengeschlossen sind. Mittelpunkte der beiden größeren Baugruppen sind der Myrtenhof (Patio de los Arrayanes) und der Löwenhof (Patio de los Leones). Dem Nasriden Yussuf I. sind anscheinend außer den Umfassungsmauern mit ihren zahlreichen Toren und Verteidigungstürmen auch die Säle zuzuschreiben, die den Myrtenhof umgeben (der wegen des großen, in seiner Mitte gelegenen rechteckigen Wasserbeckens, *birka*, auch Alberca-Hof genannt wird), nämlich der Cuarto Dorado und der prunkvolle Gesandtensaal im Komares-Turm, ferner noch das Oratorium und die Bäder. Aus der Zeit Mohammeds V. hingegen stammen wohl die den Löwenhof umgebenden Bauten, zu denen der Haremstrakt gehört, außerdem eine *rawda* (die Fürstengruft) und die Audienzsäle, von denen der Schwestern-Saal der berühmteste ist; wahrscheinlich ist er überhaupt der schönste Raum des ganzen Palastes. Vom Jahre 1526 an haben die christlichen Könige, insbesondere Karl V. den Bau eines Palastes auf der Alhambra unternommen, aber er blieb unvollendet; außerdem wurde südlich vom Myrtenhof eine Kirche errichtet.

Die Alhambra ist berühmt für den verschwenderischen Dekor ihrer Innenräume, der in starkem Gegensatz zu dem kargen Anblick der Außenmauern steht. Sie wird von vielen als vollkommenes Werk der islamischen Baukunst angesehen wegen des harmonischen Gleichgewichts, das dort zwischen der einfachen Anlage der Bauten und dem reichen, aber mit gezügelter Phantasie entfalteten Dekor erreicht worden ist. Alle Säle und die von Arkaden umgebenen Höfe haben fast durchweg

Stuckverkleidungen, bei denen der Dekor ausgeschnitten, eingeprägt, mit dem Stichel bearbeitet und in verschiedenen blauen Tönen, in Rot und Grün bemalt worden ist, wozu noch häufig Vergoldungen hinzukamen, die zur glanzvollen Steigerung der Wirkung beitrugen. Unter den Motiven der Ornamentik findet man eine Vielfalt von Blumenformen, die mit Arabesken und kunstvollen, in Feldern, Kartuschen und Streifen angeordneten Inschriften verknüpft sind. Die Decken lösen sich oft in «wabenförmig» miteinander verbundenen Stalaktitenzellen auf, oder es waren Kassettendecken, deren rechteckige, durch feingeschnitzte Holzleisten voneinander abgetrennte Felder mit Metall belegt waren. Eine wesentliche Rolle spielen in der Ornamentation die Bogen, meist im Scheitel gebrochene Hufeisenbogen, deren Laibung durch Stalaktitenzellen ausgefüllt ist; aber auch Rundbogen mit feingezahnten Rädern kommen in großer Zahl vor.

Manchmal, wie beim Löwenhof, scheinen die Bogen sich wechselseitig zu übersteigen, wenn sie mit den sie stützenden einfachen oder doppelten Säulen zwei nebeneinander angeordneten Systemen zugehören. Wenn auch kein wirklich originales Element bei der Alhambra nachzuweisen ist, so muß man doch bewundernd anerkennen, daß die Baumeister und vor allem die bei der Ornamentation beschäftigten Künstler aus den bereits bekannten Formen die letzten Möglichkeiten zu schöpfen verstanden haben, bis im Ausdruck jener Schein der Irrealität erreicht war, dem das höchste Streben der islamischen Architektur galt.

Der «Mudejar-Stil»

Unter der Bezeichnung «Mudejar-Stil», die auf die arabische Wurzel *dajana* zurückgeht mit ihrer Doppelbedeutung von «sich an einem Ort niederlassen» und «sich unterwerfen», versteht man das Schaffen jener islamischen Künstler, die nach der christlichen Reconquista Andalusiens zwar *vassalos moros* (maurische Vasallen) geworden waren, aber bei Bedarf im Dienst christlicher Fürsten nach den eigenen maurischen Traditionen weiterarbeiten konnten. Diese Kunst hat nach dem Fall Granadas noch drei Jahrhunderte weiterbestanden, wenn auch der ursprüngliche Geist, als die Inspiration durch die islamischen Ideale wegfiel, nach und nach an Kraft verlor, und sie mit der Zeit und auch in ihrer Ausdehnung immer mehr zurückgedrängt wurde. Der echte Mudejar-Stil, das heißt die Fortsetzung der «maurischen» Kunst, ist auf die höfische Kunst beschränkt. Das für diesen Stil bezeichnendste Bauwerk ist der Alcazar von Sevilla, der um 1364 unter Peter dem Grausamen erbaut wurde. Obwohl die Residenz in den späteren Jahrhunderten manche Umgestaltungen erfahren hat und durch ungeschickte Restaurationen im Jahre 1857 geradezu verschandelt wurde, hat sich der Alcazar noch viel von seinem ursprünglichen Glanz bewahrt. Lateinische Inschriften aus dem Evangelium des Johannes und aus einem Psalm findet man neben kufischen Schriftfriesen, die den Ruhm des «Don Pedro» verkünden, ein Beweis für die Vielfalt der gleichzeitig wirkenden Komponenten. Wie in der Alhambra sind die Empfangsräume um einen Zentralhof, den Patio de las Doncellas, angeordnet, der wohl unter Karl V. nach dem damals herrschenden italienischen Geschmack völlig umgestaltet wurde.

Ein anderer für den Mudejar-Stil typischer Bau ist die ehemalige Synagoge in Toledo, die zu der katholischen Kirche Santa Maria la Blanca umgebaut wurde. Ihre Gründung geht wahrscheinlich auf einen hebräischen Minister Alfons VIII. (1158-1214) zurück; danach wurde sie gegen Ende des 13. Jahrhunderts, nachdem sie durch Brand schwer beschädigt worden war, beinahe ganz neu aufgebaut und hat im Laufe der späteren Jahrhunderte noch Umgestaltungen erfahren. Die ursprüngliche Anlage nach Art einer Moschee hat sich erhalten, sie zeigt einen Breitsaal, der durch vier Reihen mächtiger oktogonaler Pfeiler in fünf Schiffe mit neun Feldern unterteilt ist. Die auf den Pfeilern ruhenden Hufeisenbogen sind stark erhöht. Der sparsame Dekor beschränkt sich fast ausschließlich auf die Kapitelle mit den sehr eindrücklichen Akanthus-Voluten und auf die Friese der Arkadenmauern, bei denen geometrische Motive mit Blütenelementen verschlungen sind; sie erinnern stark an die mehr als fünfzig Jahre älteren Almohaden-Moscheen von Tinmal oder Marrakesch.

Im Mudejar-Stil gibt es in Toledo auch ein Werk der militärischen Baukunst, die Puerta del Sol, die in ihrem jetzigen Zustand auf die Amtszeit des Erzbischofs Don Pedro Tenoria (1375-1399) zurückgeht. Seinem Typ nach gehört das Tor zu den Festungstürmen des 12. Jahrhunderts, die aus den Mauern vorspringen und in den Ecken rechtwinklig mit ihnen zusammenstoßen. In Nordafrika hat die Kunst mit dem Verfall der Meriniden keine Weiterentwicklung mehr erlebt. In Marokko fand zwar eine Wiederbelebung statt, als die Scherife aus den Geschlechtern der Sa'aditen und Alawiden an die Macht kamen, aber nunmehr erschöpft sich die Kunst im äußersten Westen der islamischen Welt in ständiger und ermüdender Wiederholung. In der Architektur der Sahara, wie zum Beispiel bei der Sekte der Ibaditen von Mzab, die sich in die Wüste zurückgezogen hatten, oder bei den Muslimen Schwarzafrikas kann man eine stärkere Vitalität in der Ausdruckskraft feststellen, auch wenn die Formen oft noch volkstümlichen Traditionen verhaftet sind.

Quellennachweis zu den Zitaten
E. A. Bayer: «Firdosis Königsbuch», übersetzt von Friedrich Rückert, Bd. III, Berlin 1895.
Herbert W. Duda: «Ferhad und Schirin», Prag 1933.
Julius Hart: «Divan der persischen Poesie», Halle 1887.
Klabund: «Das Sinngedicht des persischen Zeltmachers» (Omar Khayyâm), München 1917.
Enno Littmann: «Arabische und Abessinische Dichtungen», Zürich 1958.
Friedrich Rückert: «Die Hamâsa von Abu Temmâm», Stuttgart 1846.
Muslih ed din Saadi: «Der Ratgeber für den Umgang mit Menschen», übertragen von Fr. Rosen, Berlin 1921.
Dr. L. Ullmann: «Der Koran», Bielefeld 1857[4].
Ewald Wagner: «Abu Nuwas», Wiesbaden 1965.
Max Weisweiler: «Das Halsband der Taube», Leiden 1942[4].

Legende:

Arabien zur Zeit Mohammeds (622–632)

Die unter den ersten Kalifen (632–661) eroberten Gebiete

Die unter den Omajjaden (661–750) eroberten Gebiete

Anhang

Die Entwicklung der Islamforschung

Das Vorurteil gegen den Islam und der humanistische Mythos vom «griechischen Wunder» haben starke Hemmungen aufgebaut, sodaß sich die europäische Kultur nicht ohne Vorbehalte und Verzögerungen der islamischen Kunst und ihrer archäologischen Erforschung zugewandt hat. Deswegen ist die Islamkunde verhältnismäßig jung, und erst in den frühen Dezennien unseres Jahrhunderts hat man damit begonnen, ihr eine wissenschaftliche Grundlage zu geben.

Selbstverständlich waren schon im Mittelalter die hervorragenden Erzeugnisse des Kunsthandwerks und der Manufakturen der islamischen Länder im Abendland wohlbekannt und wurden sehr geschätzt - man braucht nur an die vielen Kunstgegenstände und Textilien zu denken, die in den Schatzkammern unserer Kirchen aufbewahrt werden -, und diese Bewunderung hat auch in der hohen künstlerischen Blüte der Renaissance nicht nachgelassen, als die islamische Kunst zumindest auf einigen Gebieten und in vielen Provinzen bereits ihre Höhe überschritten hatte und die Phase ihres Verfalls begann.

In dieser Epoche der großen geistigen Umwälzungen, die mit der Reformation einsetzten, sah sich Europa im Osten vor eine neue politische Situation gestellt, die durch die Ausdehnung des mächtigen Osmanischen Reiches entstanden war und eine neue Bedrohung durch den glänzend organisierten Islam bedeutete. Aus dem Bedürfnis nach umfassenderen Informationen ergab sich damals eine Erweiterung der Interessen, in die jetzt auch die orientalischen Kulturen stärker miteinbezogen wurden. So ist zum Beispiel - allerdings mit dem Ziel, «die mohammedanische Heuchelei» zu widerlegen - im Jahre 1543 in Basel eine lateinische Übersetzung des Koran durch den gelehrten Kenner der orientalischen Sprachen Theodor Buchmann (1504-1564), genannt Bibliander, herausgegeben worden. Diese Übersetzung hatte schon zu Beginn des 12. Jahrhunderts Robert von Chester für Petrus Venerabilis, den Abt von Cluny, geschaffen. Der lateinischen Ausgabe von Basel folgte kurz darauf im Jahre 1547 die italienische Übersetzung; sie stellt die erste Übertragung des Koran in eine moderne Sprache des Abendlandes dar und ist in Venedig von Andrea Arrivabene gedruckt worden. In der gleichen Stadt war zwischen 1518 und 1530 der erste Druck des Koran in arabischen Schriftzeichen erschienen, die Ausgabe ist aber, wohl auf Befehl von Papst Paul III., vernichtet worden. Bis zum Ende des 17. Jahrhunderts mußte man warten, bis die erste kritische Ausgabe des Koran, und zwar in lateinischer Sprache, veröffentlicht wurde; sie erschien von 1691 bis 1698 in drei Bänden in Padua. Der aus Lucca stammende Gelehrte Lodovico Marraci (1612-1700) hatte gut vierzig Jahre seines Lebens auf diese Studien verwandt, sein Werk ist unter dem bezeichnenden Titel «Refutatio Alcorani» bekannt.

Im 17. Jahrhundert lebten auch jene Männer, die wir als die Begründer der archäologischen Erforschung des Nahen Ostens bezeichnen können; es waren kluge und aufmerksame Reisende, wie der Römer Pietro della Valle (1586-1652), der zuerst über die Keilschrift berichtet hat. Als ein Mensch der Gegenreformation war er zwar in religiösen Fragen durch Vorurteile beschränkt, aber er hat uns in seinen «Lettere familiari» aus der Türkei, aus Persien und Indien ein lebendiges und dank seiner aufmerksamen Beobachtungen fesselndes Bild von den Ländern und Menschen, die er kennengelernt hat, hinterlassen. Auch der Franzose J. Chardin ist zu erwähnen, der die Länder der Levante nicht nur bereist hat, um seine Kenntnisse zu erweitern, sondern auch - wie er in der Einleitung zu seinen 1683 veröffentlichten «Voyages en Perse» selbst sagt - als geschickter Kaufmann «pour travailler à l'établissement de ma fortune».

Die Übersetzung der Erzählungen aus «Tausendundeine Nacht», die von Antoine Galland in den Jahren 1704 bis 1717 veröffentlicht wurde, steht am Beginn des Jahrhunderts der Aufklärung; sie bringt die glänzende Gesellschaft jener Epoche auf den Geschmack der *turquerie* und läßt die Vorliebe für Exotisches entstehen, - Tendenzen, die in der zweiten Hälfte des 18. Jahrhunderts auch auf die Architektur übergreifen. Allerdings darf man nicht erwarten, in diesen kapriziösen Schöpfungen des Rokoko – überwiegend Gartenpavillonen – getreue Wiedergaben der zu vermutenden literarischen Vorbilder zu sehen.

Im 18. Jahrhundert kann man bereits zu Beginn aber auch beobachten, wie sich eine solide orientalische Wissenschaft entwickelt. Die ersten für die Altertumskunde bedeutsamen Objekte, die systematisch erforscht werden, sind die Münzen mit kufischen Inschriften, die in den Sammlungen Nordeuropas zusammengetragen worden waren. Sie stammten aus Funden in den baltischen Ländern, in Deutschland oder Polen und waren zwischen dem 8. und 11. Jahrhundert über die großen kontinentalen Handelsstraßen, die das Reich der 'Abbasiden mit Schweden verbanden, dorthin gelangt. Bereits aus dem Jahre 1724 liegt eine Arbeit von G. J. Kehr über «sarazenische» Silbermünzen des 8. bis 11. Jahrhunderts vor. Im Jahre 1782 hat dann Adler die zu den Sammlungen des Borgia-Museums von Velletri gehörenden Münzen des Museum Cuficum Borgianum in einer Publikation beschrieben, wobei in der gleichen Arbeit noch andere aus der ganzen Welt stammende Kunstobjekte und archäologische Funde aus dem Besitz des Kardinals Borgia von ihm behandelt worden sind. Zu Beginn des 19. Jahrhunderts hat die islamische Numismatik ihren großen Systematiker in C. M. Fraehn gefunden, dessen Werk durch eine gründliche philologische Schulung abgesichert ist und nicht in sterile Gelehrsamkeit verfällt.

Ein anderes Gebiet der islamischen Altertumskunde, dem mit die ersten Forschungen gegolten haben, war die Epigraphik. Im Jahre 1790 versucht der Sizilianer Rosario Gregorio eine systematische Darstellung der arabischen Inschriften von Sizilien in seiner «Rerum Arabicum quae ad Historiam Siculam spectant Ampla Collectio»; ein mutiges, aber noch nicht ausgereiftes Unternehmen, das später in den Jahren 1875 bis 1885 von Michele Amari, dem großen Geschichtsschreiber der islamischen Vergangenheit Siziliens, in hervorragender Weise durchgeführt worden ist. Das erste ernstzunehmende Werk zur Epigraphik ist Reinauds «Description des monuments musulmans du Cabinet de M. le Duc de Blacas», das 1828 in Paris in Druck ging. Hier ist zum erstenmal eine ganze Sammlung kostbarer islamischer Kunstobjekte mit großer Gelehrsamkeit in einer Publikation behandelt worden. Das Werk aber, das in gewisser Weise zum Eckstein für die islamische Altertumskunde geworden ist, sind die neunzehn Bände der «Description de l'Egypte», die zwischen 1809 und 1828 als Bericht über die systematische Erkundung des Landes während der Napoleonischen Expedition von 1798 erschienen sind.

Angeregt von den neuen Ideen der Romantik werden die ersten Werke veröffentlicht, die sich ausdrücklich mit der islamischen Architektur eines ganzen Gebietes beschäftigen, wie das 1813 erschienene Werk von Murphy «Arabian Antiquities of Spain», das Spanien gewidmet ist. Die Krise des Osmanischen Reichs und die immer systematischere koloniale Durchdringung der islamischen Länder führen zu einer ganzen Reihe von Werken, die den Monumenten der orientalischen Vergangenheit gewidmet sind. Das Wissen über Asien nimmt zu, aber die Zeit für ein besseres Verständnis scheint noch nicht gekommen zu sein, obwohl durch die Aufklärung die systematische Voreingenommenheit wohl erschüttert worden ist. Der «Description de l'Egypte» folgt eine ganze Reihe umfangreicher Werke über islamische Bauten und anderes Material zur islamischen Kultur.

Die Schätze der islamischen Kunst bleiben aber noch in erster Linie Material für philologische und antiquarische Forschungen und sollten nur langsam in einen größeren kulturellen Zusammenhang eingeordnet werden. Die Lehre von Alois Riegl (1858-1905), einem Kunsthistoriker der Wiener Schule, der kein Orientalist war, sich aber mit seiner entwicklungsgeschichtlichen Betrachtungsweise gegen die herrschende philologische und positivistische Einstellung aufgelehnt hat, wobei er die hierarchische Unterscheidung von freier und angewandter Kunst bekämpfte, fand nur bedingt Anerkennung. Durch sie ist aber eine Betrachtungsweise gefördert worden, die der künstlerischen Produktion des Islam eine größere Autonomie zugestand und sie nicht als eine Kunst zweiter Klasse oder als Verfallserscheinung angesehen hat. Von einer islamischen Kunstgeschichte kann mit Recht erst seit dem Beginn unseres Jahrhunderts, und zwar seit Friedrich Sarre (1865-1945) gesprochen werden, der mit seinen weitreichenden Kenntnissen und umfassenden Interessen das bis dahin im wesentlichen vernachlässigte Werk der stilistischen Erforschung und Klassifizierung begann. Eine andere auf diesem Gebiet hervorragende Persönlichkeit ist Ernst Herzfeld (1879-1948) gewesen. Von Sarre und Herzfeld stammt der meisterhafte Forschungsbericht über Mesopotamien mit dem Titel «Archäologische Reise im Euphrat- und Tigris-Gebiet», erschienen in Berlin 1911 bis 1920 (an dem sich auch Van Berchem beteiligt hat). Dieses Werk bildet den ersten Band der «Forschungen zur islamischen Kunst». Sarre und Herzfeld sind auch die Untersuchungen der bisher vielleicht wichtigsten Grabungen an einer islamischen Stätte zu verdanken, nämlich der von Samarra, das für eine kurze Zeit die Hauptstadt der 'Abbasiden war. Diese Grabungen haben unsere Kenntnisse über die Kultur des klassischen Islam zur 'Abbasiden-Zeit in einigen wesentlichen Punkten unterstützt. In den ersten Jahren unseres Jahrhunderts beginnt sich der Reichtum der Omajjaden-Architektur zu enthüllen und wird zwischen den beiden Weltkriegen immer deutlicher, während gleichzeitig die Problematik wächst. Für die Ursprünge der islamischen Kunst muß das zwar postume (1966 veröffentlichte) und unvollständige Werk des außergewöhnlichen, großen Kenners der orientalischen Kunst, Ugo Monneret de Villard (1881-1954), unbedingt erwähnt werden, ein Buch von fundamentaler Bedeutung, nämlich seine «Introduzione allo studio dell'archeologia islamica».

In unserer Zeit sind die Forschungen zur Abgrenzung der verschiedenen Kunstprovinzen des Islam voll in gang. Abgesehen von den ständig wachsenden Publikationen über das in den Museen aufbewahrte Material – Keramik, Metallarbeiten, Miniaturen, Gläser, Elfenbeinschnitzereien und so weiter – und den Untersuchungen der bereits bekannten Bauwerke sowie jener, die dauernd noch entdeckt werden, finden auch archäologische Grabungen statt, die zwar noch recht beschränkt sind, aber doch immer zahlreicher werden. Grundlegende Erkenntnisse für dieses Ziel erbrachten die Arbeiten von Gelehrten wie A. U. Pope, E. Diez und A. Godard für die persische Architektur, von K. A. C. Creswell für Ägypten, ferner von G. Marçais und H. Terrasse für die Länder des islamischen Westens und von A. Gabriel für die türkischen Bauten in Anatolien, schließlich von E. Herzfeld und J. Sauvaget für das syrische Gebiet zur Zeit der Aijubiden und Mamluken. Eine besonders reiche Kunstprovinz stellt Zentralasien dar, dessen charakteristische Züge durch das unermüdliche Werk einer Anzahl sowjetischer Fachautoren, unter denen Denike, Rempel und Galina Pugachenkova erwähnt seien, herausgeschält werden. Eine der ältesten Institutionen für die Altertümer Asiens, deren Gründung auf das Jahr 1861 zurückgeht, ist in Indien tätig. Dort gibt es ein reiches, fast unermeßliches Erbe an Bauten, von denen aber nur ein kleiner Teil wirklich bekannt, oft aber dann in hervorragender Weise in den verschiedenen Serien des «Archaeological Survey of India» publiziert worden ist. Aus dem Jahre 1881 stammt eine der ältesten Einrichtungen, die der Erhaltung islamischer Bauten dient, nämlich das «Comité de Conservation des Monuments de l'Art Arabe», auf das Ägypten mit Recht stolz ist.

In diesem Zusammenhang stellt sich die Frage, wie stehen die islamischen Intellektuellen zur Kunst ihrer Vergangenheit? Es fehlt nicht an Wissenschaftlern und Spezialisten für die islamische Kunst unter den Türken, Persern, Arabern oder Pakistani, mögen sie technisch wie ideologisch auch noch sehr an das europäische Vorbild gebunden sein. Betrachtet man hingegen die Länder, die schon lange oder erst seit kurzer Zeit unabhängig sind, so ist da einerseits die heutige Türkei, die ihre islamischen Monumente aufmerksam studiert, während man in den anderen Ländern Tendenzen beobachten kann, sich – wenn nicht in Worten, so doch in der Tat – lieber der vorislamischen Vergangenheit zuzuwenden, als sei es nicht «modern», die Monumente des Islam zu studieren. Es ist wohl keine Übertreibung, wenn man in dieser Einstellung die langfristige Wirkung der erniedrigenden und bedrückenden Kolonialherrschaft zu erkennen glaubt.